परम पूज्य

दलाई लामा

ख़ामोश लोगों की ओर से

अनबाउंड स्क्रिप्ट का उपक्रम

ख़ामोश लोगों की ओर से - परम पूज्य दलाई लामा

प्रथम संस्करण : July, 2025

ISBN : 978-93-48497-26-0

प्रकाशक : अनबाउंड स्क्रिप्ट
2/41, अंसारी रोड,
दरियागंज, दिल्ली - 110002
वेबसाइट : www.unboundscript.com
ई-मेल : books@unboundscript.com
फोन नं. : 011-35807601

KHAMOSH LOGO KI ORE SE
Written by Dalai Lama
Translated by Chaman Lal Gupt

मुद्रक : यश प्रिंटोग्राफ़िक्स, नोएडा, उ.प्र.

मूल्य : ₹ 299/-

परम पूज्य

दलाई लामा

ख़ामोश लोगों की ओर से

अनुवादक : चमन लाल गुप्त

अनुक्रम

ऐतिहासिक तिब्बत परम्परागत रूप से तीन क्षेत्रों, उ-त्सांग, खाम और अमदो से मिलकर बना था।

यह मानचित्र किसी पैमाने के आधार पर तैयार नहीं किया गया है। यह केवल समझाने के लिए है। इसमें प्रदर्शित सीमाएँ न तो प्रामाणिक हैं और न ही आधिकारिक। आधिकारिक सीमाओं के लिए भारतीय सर्वेक्षण विभाग अथवा उपयुक्त प्राधिकारी वर्ग से संपर्क करें।

प्रस्तावना

17 मार्च, 1959 के अँधेरे में, ठण्डी बर्फ-सी जमी हवाओं के बीच मैं, नोरबूलिंग्का महल से भेष बदलकर, सामान्य लोगों की पोषाक 'छुना' पहनकर, चुपके से मुख्य द्वार से बाहर आ गया। यह जन्मभूमि तिब्बत से दूर, छः दशकों से भी लम्बे निर्वासित जीवन का प्रारम्भ था। यद्यपि पलायन का बीज तो मुझमें उसी दिन पड़ गया था जब साम्यवादी चीन ने 1950 में मेरे देश पर आक्रमण किया था। परन्तु तत्कालीन कारण राजधानी ल्हासा शहर में बढ़ता हुआ तनाव था, जिसका विस्फोट चीनी आक्रमण के लगभग नौ वर्ष पश्चात, 10 मार्च, 1959 को हुआ। लगभग नौ वर्ष तक अपने लोगों की भलाई के लिए मैंने साम्यवादी चीन के साथ तालमेल बिठाने का प्रयास किया परन्तु यह असंभव-सा कार्य था। मेरे वहाँ से चले आने के कुछ दिन पश्चात चीन की जन मुक्ति सेना ने ल्हासा पर बम बरसाये। इस प्रकार मेरे देश और लोगों की त्रासद कहानी बीसवीं शताब्दी के उत्तरार्द्ध से प्रारम्भ होकर इक्कीसवीं शताब्दी तक फैलती चली गई।

1959 में जब पहली बार मुझे भारत में निर्वासित होकर आना पड़ा, तब से मेरा मुख्य काम तिब्बतियों के मुद्दे को उठाना रहा। अब मैं अपने जीवन के नवें दशक में पहुँच रहा हूँ। तिब्बत की समस्या अभी भी अनसुलझी है, जब कि मेरा देश अब भी दमनकारी साम्यवादी चीनी शासन के चंगुल में फँसा है। तिब्बत के भीतर बसे तिब्बतियों को सम्मानपूर्वक जीने के अधिकार से वंचित

रखा जा रहा है और उन्हें अपनी इच्छा और संस्कृति के अनुसार अपनी पसन्द का जीवन नहीं जीने दिया जा रहा, जैसा कि वे 1950 से पहले, हजारों वर्ष से करते आए हैं। आज तिब्बत के नये शासक मेरे द्वारा तिब्बती पहचान की चर्चा करना खतरनाक मानते हैं। इसलिए यह खतरा है कि "भौगोलिक अखण्डता" और "स्थिरता" के नाम पर, हमारी सभ्यता को मिटाने के प्रयास किए जाएँगे।

यह पुस्तक मूलतः तिब्बत और तिब्बतियों के पक्ष में साम्यवादी चीन के क्रमागत नेताओं से गत सात दशकों में मेरा जो सम्बन्ध बना, इसका ब्यौरा है। यह चीन में बसे उन लोगों की अंतरात्मा से भी अपील है जो महायान बौद्धमत (जिसे मैं संस्कृत परम्परा कहता हूँ) के अनुयायी होने के कारण हमारी साझी विरासत के हिस्सेदार हैं, साथ ही वृहद् अन्तरराष्ट्रीय समुदाय से निवेदन है कि वे तिब्बतियों की दशा पर ध्यान दें। हमारे सम्मुख अस्तित्व का संकट है; एक प्राचीन सभ्यता और उसके लोग, उनकी संस्कृति, भाषा और धर्म खतरे में है। बीजिंग के साथ लम्बे समय तक जुड़े रहने के अपने अनुभवों के आधार पर कुछ सुझाव देना भी इस पुस्तक का ध्येय है, जिससे आगे का मार्ग खोजने में सहायता मिल सकती है। यह सच है कि हमारा संघर्ष ऐसे लोगों का संघर्ष है जिनका लम्बा इतिहास है और विशिष्ट संस्कृति है। यह आवश्यक है कि यह संघर्ष मेरे जीवन के पश्चात् भी चलता रहे। अपनी धरती के स्वामी होने का अधिकार, अनिश्चित काल के लिए तिब्बतियों से छीना नहीं जा सकता और न ही उनकी स्वाधीनता की अकांक्षा को दमन के द्वारा सदा के लिए कुचला जा सकता है। इतिहास से जो एक स्पष्ट शिक्षा हमें मिली है, वह है- यदि आप लोगों को स्थाई रूप से दुखी रखते हैं तो आपको स्थिर समाज नहीं मिल सकता।

भूमिका

अपने अन्य लक्ष्यों के विपरीत, जिन्हें मैंने अपने जीवन में चुना, तिब्बत और तिब्बतियों का दायित्व मुझ पर उसी दिन से आ गया जब दो वर्ष की अवस्था में मुझे दलाई लामा चुना गया। इसे औपचारिक रूप 1950 में दिया गया, जब मुझे सोलह[1] वर्ष की आयु में तिब्बत का सांसारिक नेतृत्व दिया गया। तब से लेकर आज तक मैंने तिब्बतियों और अपनी संस्कृति की रक्षा का दायित्व अपने दिल में बसाकर रखा है और आजीवन इस कर्तव्य को निभाऊँगा।

इस प्रमुख प्रतिबद्धता के साथ-साथ कुछ अन्य प्रतिबद्धताएँ भी हैं, जिन्हें मैंने अपने जीवन के उद्देश्य के रूप में स्वीकार किया है, जिनमें मूलभूत मानवीय मूल्यों को सार्वभौम अथवा धर्म-निरपेक्ष आचार नीति के आधार पर विकसित करना, अंतरधार्मिक समझदारी व समरसता को पोषित करना और भारत के प्राचीन विवेक एवं ज्ञान के प्रति गहन आदर का भाव विकसित करना है। मुझे प्रसन्नता है कि मैं अपनी व्यापक वार्ताओं, पुस्तकों और विस्तृत अन्तरराष्ट्रीय यात्राओं द्वारा, ऐसे अन्य सभी क्षेत्रों में कुछ ठोस योगदान दे पाया हूँ।

---

1. 'यह तिब्बती गणना पद्धति के अनुसार है; गैर तिब्बती पद्धति की गणना से उस समय दलाई लामा की आयु पंद्रह वर्ष की थी।

सभी प्रकार की टिप्पणियाँ और चयनित ग्रंथ सूची, दलाई लामा के पुराने अंग्रेजी अनुवादक थुपतेन जिंपा द्वारा तैयार की गई हैं ताकि पाठकों को मूल स्रोतों की जानकारी और अन्य ज़रूरी व्याख्याएँ मिलने में सुविधा हो।

जहाँ तक तिब्बत का प्रश्न है, जो मेरी पहली और सबसे बड़ी जिम्मेदारी थी, राह बहुत कठिन रही है। मैंने चीनी साम्यवादियों के साथ, जिन्होंने 1950 में मेरे देश पर आक्रमण किया, निरन्तर वार्ता द्वारा समझौते के अवसर खोजने का प्रयास किया। गहन वार्ताओं के तीन दौर हुए। प्रथम 1950 के दशक में, जब मैं तिब्बत में युवा नेता था, 1980 के दशक में जब चीनी नेता डेंग जियाओपिंग ने चीन को बाहरी दुनिया के लिए खोला और इस शताब्दी के पहले दशक में। मेरे जीवन के अन्य सभी क्षेत्रों में तथा मेरे कार्य के सभी अंगों में, मेरा संबंध ऐसे लोगों से रहा है, जिनकी प्रतिबद्धता हमारे साझे दृष्टिकोण से थी, जो विश्वासपात्र थे, असहमत होते हुए भी ईमानदारी से अपनी बात कह पाते थे और सचमुच एक-दूसरे से जुड़कर कुछ सीखना चाहते थे। चीन के साम्यवादी नेतृत्व की बात इससे भिन्न थी; चेयरमैन माओ-त्से-तुंग से लेकर राष्ट्रपति जिनपिंग तक जो इस कालखंड में हुए, स्थितियाँ भिन्न रहीं। मेरी प्रायः यही शिकायत रही है कि साम्यवादी-चीनी नेताओं के पास बोलने के लिए मुँह तो है परन्तु सुनने के लिए कोई कान नहीं है।

उदाहरण के लिए, मई 2021 में चीन की सरकार द्वारा जारी श्वेत-पत्र को ही लें। इस दस्तावेज का प्रारम्भ इस कथन से होता है कि 1950 में चीन के आक्रमण के पश्चात तिब्बत के लोग "आक्रान्ता साम्राज्यवाद से सदा के लिए मुक्त हो गए और एकता के उज्ज्वल पथ पर चल पड़े हैं और आज तिब्बती एक स्थिर सामाजिक वातावरण और सांस्कृतिक संपन्नता का आनन्द ले रहे हैं।" इस आख्यान के अन्त में कहा गया कि जब से साम्यवादी चीन ने 'तिब्बत को शान्तिपूर्ण ढंग से मुक्त किया है, तिब्बती राष्ट्र और यहाँ के लोग निरन्तर अधिकाधिक स्वतंत्रता, संपन्नता, और संतोष की सीढ़ियाँ, जनवादी गणतंत्रात्मक चीन (पीआरसी) में चढ़ते जा रहे हैं। यदि आक्रमण के पश्चात किसी भी कालखण्ड में यह बात सच होती तो चीन के आधिपत्य के विरुद्ध सात दशकों से निरन्तर हो रहे प्रतिरोध का किसी के पास क्या उत्तर है? ऐसा प्रतीत होता है कि साम्यवादी चीन के पास सरल सा उत्तर है, "यह दलाई लामा की अलगाववादी गतिविधियों के कारण है।" यहाँ वे जिस बात की ओर संकेत कर रहे हैं वह हमारी अहिंसात्मक, लम्बी, आज़ादी की लड़ाई है, और यह प्रयास है अपनी भाषा, संस्कृति, पारिस्थितिकी और धर्म को बचाने का। हम तिब्बती वे लोग हैं जो इस तिब्बती पठार पर सहस्राब्दियों से रहते आए हैं और हमें अपनी मातृभूमि का संरक्षक होने का पूरा अधिकार है। तिब्बत की समस्या केवल

आर्थिक नहीं है क्योंकि हम मानते हैं कि जनवादी गणतंत्रात्मक चीन के द्वारा आर्थिक उदारीकरण अपनाने के पश्चात् चीन की आर्थिक दशा पर्याप्त सुधरी है। यह समस्या लोगों की अपनी विशिष्ट भाषा, संस्कृति और धार्मिक विरासत के साथ अपना अस्तित्व बनाए रखने के अधिकार और आवश्यकता से जुड़ी है। चूँकि जो लोग तिब्बत में रहते हैं उन्हें बोलने की बिल्कुल आज़ादी नहीं है, और मैं 1959 में निर्वासन में आ गया था, इसलिए इन बेज़ुबानों की ज़ुबान बनने का दायित्व विशेष रूप से मुझपर है।

जब हमारा लक्ष्य परस्पर स्वीकृत वार्ताओं के माध्यम से समाधान खोजने का है तो इस लक्ष्य की पूर्ति के लिए तिब्बतियों को वार्ता की मेज़ पर बैठकर चर्चा करनी ही पड़ेगी। जब तक समझौते से समाधान नहीं खोज लिया जाता तब तक मुक्त दुनिया में रह रहे तिब्बतियों का यह नैतिक दायित्व बनता है कि वे तिब्बत में रहने वाले अपने भाइयों और बहनों के लिए आवाज़ उठाते रहें। ऐसा करना न तो चीन विरोधी है और न ही अलगाववादी। वास्तव में अलग करना तो दूर रहा, ईमानदारी और खुले मन से ऐसे आधार को स्थापित किया जा सकता है जिससे दोनों पक्ष एक दूसरे को समझने और उनकी आवश्यकताओं को पूरा करने पर ध्यान दे सकते हैं। जब हम ऐसा वातावरण तैयार कर पाएँगे कि दोनों पक्ष खुलकर बातचीत कर सकें तभी स्थाई समाधान तक पहुँच सकते हैं। हम भाग्यशाली हैं कि विश्वभर में हमें इतने अधिक मित्र मिले हैं, जिन्होंने हमारे साथ और हमारे लक्ष्य के साथ एकजुटता प्रदर्शित की है। सरकारों ने विशेष रूप से संसदीय स्तर पर तथा विश्वभर की अन्तरराष्ट्रीय संस्थाओं ने तिब्बत के लिए वास्तविक स्वायत्तता की माँग के हमारे दृष्टिकोण का दृढ़ता से समर्थन किया है। यह मध्यमार्ग एक ओर तिब्बतियों की स्वाधीनता की लालसा तथा दूसरी ओर वर्तमान की यथार्थ स्थिति के बीच है, जहाँ किसी संस्था अथवा तिब्बतियों को अपनी मातृभूमि में स्वशासन का कोई अधिकार नहीं है। संयुक्त राष्ट्र संघ द्वारा अनेक प्रस्ताव पारित किए गए हैं, यूरोप की संसद तथा अन्य कई देशों ने भी किए हैं, जिनमें विशेष रूप से संयुक्त राज्य अमेरिका आता है, जहाँ प्रस्तावों के साथ-साथ, महत्त्वपूर्ण कानून भी पारित किए गए हैं।

यह हमारा विशेष सौभाग्य रहा है कि भारत में हमारा उदारतापूर्ण स्वागत किया गया और भारत तथा भारतीय लोगों का निरन्तर सहयोग मिला, इसमें

भारत में मेरे शरणार्थी बनकर आने से लेकर अब तक की सारी सरकारें शामिल हैं। भारत के प्रथम प्रधान मंत्री पंडित जवाहर लाल नेहरू से लेकर वर्तमान प्रधानमंत्री नरेन्द्र मोदी तक, भारत ने कभी भी अपने आतिथ्य, उदारता और समर्थन में मेरे लिए, तिब्बती शरणार्थियों के लिए, और हमारे युवकों को शिक्षित करने और हमारी संस्कृति तथा संस्थाओं को निर्वासन में पुन: निर्मित करने में झिझक नहीं दिखाई। मेरे लिए व्यक्तिगत रूप से यह अत्यधिक मर्मस्पर्शी था। सातवीं शताब्दी से जब से बौद्ध ग्रन्थों का संस्कृत से तिब्बती भाषा में अनुवाद हुआ, हम तिब्बतियों ने सदा ही भारत को "सज्जन लोगों का देश" (आर्यावर्त) माना है। हमारी बौद्ध परम्परा, जिससे हम बहुत प्यार करते हैं, वह भारत से आयी है। हमारी तिब्बती लिपि, देवनागरी लिपि को आदर्श बनाकर सातवीं शताब्दी में निर्मित हुई। हमारे दर्शन, मनोविज्ञान, तर्क शास्त्र और ब्रह्मांड ज्ञान, नालन्दा परम्परा की देन हैं। हमारा खगोल विज्ञान और कैलेंडर प्रणाली, कालचक्र तंत्र से अत्यधिक संपन्न हुई है। हमारा चिकित्सा विज्ञान और उसका अभ्यास आयुर्वेद द्वारा प्रभावित है। इस प्रकार भारत को अपने दूसरे घर के रूप में पाकर मुझे मजबूत आधार मिला है।

मैंने अपने जीवन का बड़ा भाग भारत में बिताया है। मेरा मस्तिष्क भारत की समृद्ध दार्शनिक परम्पराओं से समृद्ध हुआ है और मेरा शरीर भारत के दाल चावल से पुष्ट हुआ है। जब कभी मैं अन्तरराष्ट्रीय भ्रमण के लिए निकलता था तो मैं आम तौर पर कहता था कि मैं भारत की ओर से मानवता के लिए दो महान उपहार लाया हूँ धार्मिक बहुलवाद और अहिंसा के उपदेश, अहिंसा का सिद्धांत।

मुझे 1950 से जनवादी गणतंत्रीय चीन के साथ बातचीत करते हुए, सात दशक से भी अधिक हो चुके हैं। इस लम्बे अन्तराल में मैंने उस देश के नेतृत्व के कम से कम पाँच विभिन्न कालखंड देखे हैं। पहले, चेयरमैन माओ के समय में समाज में और राजनीति में निरन्तर हो रही उथल-पुथल के बीच विचारधारा महत्त्वपूर्ण थी, जिसकी पूर्णाहुति विनाशकारी सांस्कृतिक क्रांति में हुई। लाखों मारे गए और असंख्य लोगों ने असहनीय कष्ट सहे। तत्पश्चात डेंग जियाओपिंग के काल में, विचारधारा का महत्त्व कमज़ोर पड़ा और ज़ोर सम्पदा-अर्जन पर हुआ। वास्तव में डेंग अपने इस जयघोष के कारण प्रसिद्ध हुआ कि "धनवान होना, शानदार होना है।" इसके पश्चात युग आया जियांग जेमिन का, जिसमें

साम्यवादी दल का विस्तार हुआ और चीनी समाज के अन्य वर्गों को इसमें जगह दी गई, नारा दिया गया "तीन प्रतिनिधि"[2]। इसके बाद जिन ताओ का समय आया, जिनका नारा था- "समाजवादी समरस समाज", जिसमें कम-से-कम यह प्रयास किया गया कि डेंग युग में बढ़ी आर्थिक विषमता कम की जाए। आज का चीन शी जिनपिंग के नेतृत्व में चल रहा है, जिन्होंने घोषणा की है कि यह- "समाजवाद और चीनी विशिष्टताओं का नया युग है।" शी के गत दस वर्ष के कार्यकाल का व्यक्तिगत स्वतंत्रता और दैनिक जीवन की कसौटी पर मूल्यांकन करने पर प्रतीत होता है कि चीन पुन: माओ के युग की दमनकारी नीतियों की ओर लौट रहा है, जो अब श्रेष्ठतम डिजिटल तकनीकों के माध्यम से जासूसी और नियंत्रण कर रहा है। आज जो चीन में चल रहा है, वह सार रूप में बाजारवादी पूँजीवाद है, जिसके साथ लेनिनवादी राज्य-नियंत्रण का जुनून भी जुड़ा है। यह मूलभूत विरोधाभास है, जो अत्यधिक असंतुलित है, क्योंकि पूंजीवाद के लिए आवश्यक है कि अर्थव्यवस्था उदार हो, जिसके लिए अंततः समाज का मुक्त होना आवश्यक है, जबकि हर स्तर पर दल के नियन्त्रण का हठ, समाज को संकुचित करने की माँग करता है। ये दो-ध्रुवीय शक्तियाँ चीन को दो अलग-अलग दिशाओं में खींच रही हैं। प्रश्न यही है कि ऐसा कितने समय तक चल सकता है?

यद्यपि लगभग पचहत्तर वर्ष के इतिहास में सतही तौर पर लगता है कि एक ही साम्यवादी दल की सरकार रही है परन्तु उसके नीचे बहुत बड़े परिवर्तन छुपे हैं। विशेष रूप से माओ त्से तुंग के समय में परिवर्तन मूलभूत थे और आश्चर्यजनक तीव्रगति से हुए। वे लोग जो उस आयु वर्ग के हैं, जिन्होंने शीत युद्ध का समय देखा है, उन्हें याद होगा कि सोवियत यूनियन कितना स्थिर और स्थायी प्रतीत होता था। परन्तु जब परिवर्तन हुआ तो वह ऐसी असाधारण गति से आया और ऐसे तरीके से आया, जिसका अनुमान क्रेमलिन की समझ रखने वाले बहुत कम लोगों को था। एक बात निश्चित है कि कोई भी सर्वसत्तावादी शासन, चाहे उसे व्यक्ति चला रहा हो या दल, सदा बना नहीं रह सकता, क्योंकि

2 जियांग ने चीनी साम्यवादी दल और चीन के लोगों के बीच संबन्धों को स्पष्ट करने के लिए एक नया सिद्धांत दिया और पार्टी को निम्न बातों का प्रतिनिधित्व करने की आवश्यकता पर बल दिया: (1) चीन की उन्नत उत्पादक शक्तियों के विकास की प्रवृत्तियाँ; (2) चीन की उन्नत संस्कृति का दिशानिर्देश; (3) चीन के बहुसंख्य समाज के मूलभूत हित।

वह उन्ही लोगों को गाली देता है जिनकी वकालत का दम भरता है, और साथ ही आज़ादी की लालसा मानव स्वभाव में बहुत बलवती है। इससे भी बढ़कर, इस शासन की अपनी प्रकृति अविश्वास, संदेह, आम आदमी से भयभीत रहने की है, जिससे सर्वसत्तावादी शासन सहज ही अस्थिर होते हैं। यद्यपि यह संभव है कि थोड़े समय के लिए बन्दूक विजयी हो जाए। साम्यवादी चीन के सन्दर्भ में, 1989 में तियानानमेन चौक पर छात्रों का लोकप्रिय आन्दोलन इस बात का साक्षी था कि लोगों को वैयक्तिक स्वतंत्रता और वास्तविक खुलापन चाहिए। इस बात से कोई फर्क नहीं पड़ता कि आज तिब्बत ऊपर से किस प्रकार का दिखता है, सरल सच्चाई तो यही है कि अधिकाधिक मुक्ति की कामना समाप्त नहीं हुई है।

डेंग द्वारा पूंजीवाद को अपनाकर, चीन को बाहरी दुनिया के लिए खोलने के कारण ही आज चीन बड़ी अर्थ व्यवस्था है, इसके लिए चीन को उनका अभारी होना चाहिए। यह स्वाभाविक है कि आर्थिक शक्ति के साथ ही सैन्य-शक्ति और अन्तरराष्ट्रीय राजनीतिक प्रभाव भी आता है। कोई देश आने वाले दो तीन दशकों में इन शक्तियों का उपयोग कैसे करता है, उससे तय होगा कि आने वाले समय में वह किधर जाएगा। क्या वह आन्तरिक और बाह्य तौर पर आधिपत्य और आक्रमण का मार्ग चुनेगा? या फिर वह दायित्व निर्वहन का मार्ग चुनेगा और विश्व के रंगमंच पर अपनी रचनात्मक भूमिका को पहचानते हुए मानवता के समक्ष उपस्थित चुनौतियों जैसे शांति, जलवायु परिवर्तन और निर्धनता-उन्मूलन में नेता की भूमिका निभाएगा? आज चीन दोराहे पर खड़ा है। वह दूसरा मार्ग चुने, यह न केवल पूरे विश्व के लिए बल्कि स्वयं चीन के लोगों के लिए भी हितकर होगा। वास्तव में सार रूप में यही चीन और उसके लोगों के दिल की बात है। यहाँ पर, मेरा विश्वास है कि लम्बे समय से लम्बित तिब्बत समस्या का समाधान वार्ता के माध्यम से करके वह अपने लोगों को और विश्व को संकेत दे सकता है कि वह दूसरा रास्ता चुन रहा है। उनके नेताओं में जो बात अपेक्षित है वह है दूरदर्शिता, साहस और उदारता।

1

आक्रमण और हमारे नये मालिक

7 अक्तूबर 1950 को खाम (पूर्वी तिब्बत) में ड्रिचु(यांग्शी) नदी को जन मुक्ति सेना के लगभग चालीस हजार सैनिकों ने पार किया। इसी माह उन्नीस तारीख आते-आते उन्होंने चामदो और वहाँ के गवर्नर नगाबो नगावांग जिग्मे को अपने अधीन कर लिया, जिसे कुछ समय पूर्व ही पूर्वी तिब्बत में इस पद पर नियुक्त किया गया था। इस प्रकार मेरे देश पर साम्यवादी चीन का आक्रमण प्रारम्भ हुआ। नव-स्वतंत्र भारत ने चीनी गणराज्य के समक्ष यह कहते हुए विरोध दर्ज करवाया कि उसका यह कदम इस क्षेत्र में शान्ति स्थापना के हित में नहीं है। तिब्बत में आयु-गणना की प्रणाली के अनुसार उस समय मैं केवल सोलह वर्ष का था। तब तक मुझे यह आशंका हो चली थी कि कुछ भयानक घटित होने वाला है, क्योंकि मैंने छुपकर यह देख लिया था कि मेरे संरक्षक तद्रक रिनपोछे[1] के चेहरे पर, उनके सम्मुख प्रस्तुत पत्र को पढ़ते समय अविश्वास की छाया गहरा गयी थी। बाद में मुझे पता चला कि वह पत्र वास्तव में एक टेलीग्राम था, जिसे पूर्वी तिब्बत के गवर्नर नाबो ने चीनी सेना द्वारा एक चौकी पर आक्रमण की सूचना देने के लिए भेजा था। कुछ मिनट के पश्चात् संरक्षक कमरे से बाहर चले गए और उन्होंने मंत्रिमंडल को बुलाने के आदेश दिए। 11नवम्बर को तिब्बती सरकार ने संयुक्त राष्ट्र संघ के समक्ष अपील की।

1. तद्रक रिनपोछे उस समय युवा दलाई लामा के संरक्षक और वरिष्ठ शिक्षक दोनों थे तथा बाद में उनके औपचारिक शिक्षा के जिम्मेदार पर्यवेक्षक भी।

> सेवा में महासचिव, संयुक्त राष्ट्र संघ,
>
> पूरे विश्व की नजरें कोरिया पर जमी है, जहाँ पर आक्रमण का प्रतिरोध अन्तरराष्ट्रीय शक्तियाँ कर रही हैं। सुदूर तिब्बत में भी ऐसी ही घटनाएँ घट रही हैं परन्तु उन पर किसी का ध्यान नहीं जा रहा। हम, आपके माध्यम से तिब्बत के सीमावर्ती क्षेत्र में घट रही घटनाओं को इस विश्वास के साथ प्रस्तुत कर रहे हैं कि विश्व के किसी भी कोने में किसी भी आक्रमण की छूट नहीं दी जाएगी और न ही उसकी स्वतंत्रता अरक्षित रहेगी...
>
> ...तिब्बत पर-चीन के अधिकार से संघर्ष के क्षेत्र का विस्तार होगा तथा एशिया के अन्य देशों की स्वतंत्रता और स्थिरता पर भी संकट बढ़ जाएगा।

केवल एल सेल्वाडोर ने ही इस विषय को संयुक्त राष्ट्र सभा की कार्यसूची में रखने का प्रयास किया। दुःख की बात है कि किसी भी बड़ी विश्वशक्ति ने इस कदम का समर्थन नहीं किया। तिब्बत के इतिहास के इस निर्णायक क्षण में ब्रिटिश राज से, अपने ऐतिहासिक संबंधों के चलते, हमें यह आशा थी कि ब्रिटेन हमारा साथ देगा और हमारे प्रति सहानुभूति दिखाएगा, विशेषकर तब जब ल्हासा और शिमला में (क्रमश: 1904, और 1914) वह हमसे समझौते कर चुका था। ऐसा प्रतीत होता था कि संसार ने हमें असहाय छोड़ दिया है।

ब्रिटेन और अन्य महाशक्तियों ने कहा कि तिब्बत की सही स्थिति के विषय में स्पष्टता नहीं है, जबकि वे 1950 में यह जानते थे कि तिब्बत एक स्वतंत्र राष्ट्र है। तिब्बत से मेरे निर्वासन के पश्चात 1959 में न्यायविदों के अन्तरराष्ट्रीय कमीशन ने तिब्बत के स्वतंत्र अस्तित्व की पुष्टि कर दी। दुःखद विडम्बना यह है कि यह ब्रिटेन और रूसी साम्राज्य की महाशक्तियाँ ही थीं जो मध्य एशिया में वर्चस्व की लड़ाई लड़ रही थीं, जिसे बड़ा खेल कहा गया, जिनके कारण तिब्बत के अन्तरराष्ट्रीय दर्जे पर धुँधलका छाया था। ब्रिटेन ने, विशेष रूप से स्वतंत्र राष्ट्र के रूप में, तिब्बत से अतीत में संबंध बनाए थे और उसे अपने विषय में निर्णय लेने में सक्षम स्वीकार किया था। उसने तिब्बतियों को शस्त्रों की आपूर्ती भी की थी ताकि वे पूर्वी क्षेत्र में चीनी अतिक्रमणों का सामना कर सकें। साथ ही ब्रिटेन ने चीन के साथ भी बातचीत जारी रखी, मानो उसका तिब्बत पर अधिकार हो। ऐसा करने के लिए उन्होंने 'अल्पप्रभुता'(suzerainty)[2] की अवधारणा का

---

2 कैंब्रिज डिक्शनरी के अनुसार 'अल्पप्रभुता'(suzerainty) का अर्थ ऐसे देश से है जिस पर आधा नियन्त्रण किसी अन्य देश का हो।

सहारा लिया, जो संप्रभुता से भिन्न है। यदि आप मुझे ऐतिहासिक संदर्भ में बात रखने की इजाज़त दें तो मैं कहूँगा कि ब्रिटेन ने क्विंग साम्राज्य और आधुनिक राज्य-राष्ट्र चीन के अन्तर को जानबूझकर अनदेखा किया। क्विंग साम्राज्य, मांचू साम्राज्य था, जिसके आधिपत्य में समय-समय पर अनेक राष्ट्र रहे थे। दूसरी ओर वर्तमान चीन साम्राज्यवाद-विरोधी होने का दावा करते हुए अनेक राष्ट्रीयताओं वाला राज्य था, साम्राज्य नहीं। इस प्रकार चीन का, तिब्बत पर संप्रभुता की जगह 'अल्पप्रभुता' का मूलभूत तर्क भी दोषपूर्ण सिद्ध होता है। इसी दोषपूर्ण तर्क की सच्चाई को न समझ पाने (अथवा राजनैतिक अनिच्छा) के कारण, तिब्बती स्वतंत्रता की जमीनी हकीकत को स्वीकार न करने के कारण तथा 'बड़े खेल' में चली गई चालों के कारण, तिब्बत के 'कानूनी स्थिति' के अन्तरराष्ट्रीय दृष्टिकोण को चारों ओर से ढकने के लिए धुंध पैदा की गयी।

साम्यवादी चीन के आक्रमण ने व्यक्तिगत रूप से मुझे अत्यधिक प्रभावित किया। मैंने पोटला महल में अपने सफाई कर्मचारियों को कहते सुना कि राजधानी ल्हासा में ऐसे पोस्टर चिपकाए गए हैं, जिनमें मुझे पूर्ण सांसारिक अधिकार देने की माँग की गई है। मुझे बताया गया कि गलियों में लोग गीत गा-गाकर दलाई लामा को पूर्ण वयस्क अधिकार देने की माँग कर रहे हैं। इस विषय में क्या किया जाए, इसपर लोग दो हिस्सों में बँटे थे। एक पक्ष का कहना था कि दलाई लामा अभी इसके लिए बहुत छोटे हैं और दूसरे पक्ष का मानना था कि मुझे शक्तियाँ प्रदान करने का समय आ गया है। अन्ततः संरक्षक की अध्यक्षता में मंत्रिमंडल ने इस विषय में राजकीय भविष्य वक्ताओं[3] से परामर्श का निर्णय लिया।

उस समारोह में, जहाँ बहुत कुछ दाँव पर लगा होने के कारण वातावरण में तनाव था, एक समय ऐसा आया जब भावाविष्ट अवस्था में भविष्य वक्ता ने एक 'खता' (रेशमी दुपट्टा) मेरी गोद में रख दिया और चिल्लाया 'दई ला बॉब'- समय आ गया है। इस प्रकार 17 नवम्बर, 1950 को मुझे तिब्बत के सांसारिक नेता के रूप में सिंहासन पर बिठा दिया गया, सामान्य परिस्थितियों में यह अवसर परम्परागत रूप से दो वर्ष बाद आता। इस अवसर को खास बनाने के लिए मेरे द्वारा 'आम मुआफ़ी' की घोषणा की गयी और तिब्बत की सभी जेलों से कैदियों को रिहा कर दिया गया।

---

3 तिब्बती बौद्ध परम्परा में भविष्य-वाणी करना सामान्य बात है। और राजकीय भविष्य-वक्ता से मतलब नेचुंग और गेडांग से है, जो दलाई लामा की परम्परा से खासतौर से जुड़े थे।

साम्यवादी चीन के बलात आक्रमण ने मुझपर इस नेतृत्व की भूमिका थोपी थी। एक झटके में ही एक लापरवाह युवा पर ऐसे देश के नेतृत्व का भार आ पड़ा था जिसपर हमला हो रहा था। यही कारण है कि मैं आमतौर पर यह कहता हूँ कि मैंने सोलह वर्ष की अवस्था में अपनी आज़ादी खो दी थी। मेरे देश के साथ भी ऐसा ही हुआ, आक्रमण के सात सप्ताह के अंदर, नवम्बर तक 'खाम' (पूर्वी तिब्बत) का यथार्थ में पतन हो चुका था।

वर्ष का अंत होते-होते देश पर युद्ध का खतरा मंडराते देखकर मैंने जनता के नये नेता रूप में, अपने मंत्रिमंडल की सलाह पर भारत, संयुक्त राज्य अमेरिका, ब्रिटेन और नेपाल में इस आशा के साथ प्रतिनिधि मण्डल भेजने का निर्णय लिया कि इन देशों को हमारी ओर से हस्तक्षेप के लिए सहमत किया जा सके। मैंने पूर्वी तिब्बत में स्थित चामदो में एक प्रतिनिधि मण्डल इस आशा से रवाना किया कि वह तिब्बती सीमा से चीनी सेनाओं के पीछे हटने पर बातचीत करेगा। चीनी सेनाओं के पूर्वी तिब्बत में और अधिक पाँव जमा लेने पर यह निर्णय लिया गया कि मुझे ल्हासा से भारतीय सीमा के निकट यादोंग (यांतुग) चले जाना चाहिए ताकि आश्यकता पड़ने पर भारत की ओर पलायन किया जा सके। विचित्र बात यह है कि तिब्बत के शासक के रूप में मेरा पहला बड़ा कार्य भारतीय सीमा की ओर पलायन का था। इस अवसर का लाभ उठाते हुए मेरी माँ, मेरे सबसे छोटे भाई तेंजिन चोग्याल को साथ लेकर भारत में तीर्थ यात्रा के लिए चली गईं।

जन मुक्ति सेना खाम की पश्चिमी सीमा पर ग्यामदा नाम के स्थान पर रुक गई। ल्हासा तक का मार्ग खुला था परन्तु वे शेष देश को बिना बल प्रयोग के पा लेना चाहते थे। हमारे पास उनके द्वारा थोपी गई वार्ता में भाग लेने के अतिरिक्त कोई उपाय नहीं था। इस प्रतिनिधि मण्डल के नेतृत्व के लिए पूर्वी तिब्बत के गवर्नर नाबो को चुना गया था। नाबो से कहा गया था कि वह मेरी ओर से अधिकृत वार्ता तभी प्रारम्भ कर सकते हैं जब चीनी सेनाएँ आगे न बढ़ने पर राजी हों। अप्रैल 1957 में मेरा प्रतिनिधि मण्डल बिजिंग पहुँच गया और आधिकारिक वार्ता प्रारम्भ हो गई।

प्रारम्भिक दौर में कभी-कभी प्रतिनिधि मण्डल से तार द्वारा संपर्क हो जाता था परन्तु बाद में पूरी तरह सन्नाटा छा गया। उस समय मैं यादोंग में प्रतीक्षा

करता रहा। तब एक दिन 23 मई 1951 को मैंने अपने पुराने बुश रेडियो पर रेडियो पिकिंग से तिब्बती भाषा में एक प्रसारण सुना जिसमें तथाकथित 'स्थानीय तिब्बती सरकार' और चीनी गणराज्य के बीच तिब्बत की शान्तिपूर्ण मुक्ति के लिए एक सत्रह सूत्रीय समझौते की घोषणा की गई थी। आप कल्पना कर सकते हैं कि मुझे कितना बड़ा धक्का लगा होगा। इस प्रसारण में आगे कहा गया था कि गत सौ वर्षों से तिब्बत पर आक्रामक साम्राज्यवादी शक्तियों ने आधिपत्य जमा रखा था जिन्होंने हर प्रकार के उत्तेजक और कपटपूर्ण कार्य किए, जिससे यहाँ के लोग दासता और पीड़ा के दलदल में धँसते चले गए। इन अपमानजनक कथनों और झूठ के घालमेल से मैं शारीरिक रूप से रुग्ण अनुभव करने लगा।

जब यह प्रतिनिधि मंडल ल्हासा लौटकर आया मुझे तभी पता चल सका कि समझौता वार्ताओं में क्या घटित हुआ था। मेरे प्रतिनिधि मंडल के सदस्यों पर व्यक्तिगत रूप से दबाव डाला गया, उन्हें अपमानित किया गया, गालियाँ दी गईं और उनपर हिंसा करने की धमकी के साथ-साथ मेरे देश के लोगों पर सैनिक कार्यवाही की बात भी कही गयी। जब प्रतिनिधि वार्ता के लिए बैठे तो उनके सम्मुख पहले से तैयार दस सूत्रीय समझौते का मसौदा प्रस्तुत किया गया। मेरे प्रतिनिधि-मंडल ने तर्क दिया कि तिब्बत एक स्वतंत्र देश है और इसके पक्ष में तर्क भी दिए। स्वाभाविक है कि चीनियों ने उन्हें निरस्त कर दिया। तत्पश्चात उन्होंने दस सूत्रीय मसौदे को सत्रह सूत्रीय मसौदे के रूप में अंतिम चेतावनी की तरह प्रस्तुत किया। दबाव के कारण तिब्बती प्रतिनिधि मंडल के पास उसे स्वीकार करने के अतिरिक्त कोई रास्ता नहीं था। मेरे अथवा मेरी सरकार के साथ नाबो और उसके साथियों का कोई सम्पर्क न होने के कारण उनके पास सरकार की ओर से किसी समझौते पर हस्ताक्षर करने का कोई अधिकार नहीं था फिर भी चीनी अधिकारियों ने नाबो से पूछा कि क्या उनके पास सरकारी मुहर है। यद्यपि उनके पास पूर्वी तिब्बत सरकार की मुहर थी परन्तु फिर भी उसने मुहर के होने से इन्कार कर दिया। इससे विचलित न होते हुए, तब चीनियों ने उनके लिए नयी मुहरें बनवाकर प्रतिनिधि मण्डल के हर सदस्य को दी और अभिलेखों पर 23 नवम्बर, 1951 को पाँचों सदस्यों के अलग-अलग हस्ताक्षर करवा लिए।

14 जुलाई को चेयरमैन माओ का एक प्रतिनिधि मंडल उनका एक पत्र लेकर मेरे पास आया। मैंने चीनी सेनापति चान चिंग-वू से कहा कि मैं चेयरमैन माओ को सत्रह सूत्रीय समझौते के विषय में, ल्हासा पहुँचकर अन्य साथियों से परामर्श के पश्चात ही उत्तर दे पाऊँगा। स्वाभाविक रूप से राजधानी ल्हासा में, मेरे लौटने को लेकर मंत्रिमंडल में गहन चर्चा हुई। मैंने तब यादोंग से भारत पलायन न करने का निर्णय लिया और अमेरिका द्वारा किसी देश में शरण पाने के लिए मध्यस्थता का प्रस्ताव भी अस्वीकार कर दिया।

अन्ततः मैंने निर्णय लिया कि ल्हासा लौट जाना ही सर्वाधिक उपयुक्त होगा और सितम्बर 1951 में 'तिब्बती राष्ट्रीय असेम्बली' का विशेष सत्र बुलाया गया। नाबो ने तथाकथित समझौते की प्रस्तुति दी। लम्बी बहस के पश्चात यह निर्णय लिया गया कि सीमाओं पर चीनी सेनाओं के विशाल जमावड़े के कारण हमारे पास कोई विकल्प नहीं है। उस समय तिब्बती सेना की कुल संख्या 8500 सैनिकों की थी जबकि युद्ध में तपे 88,000 चीनी जन मुक्ति सेना के साम्यवादी सैनिक हमारी सीमाओं का अतिक्रमण करने के लिए तैयार खड़े थे। तिब्बत की सेना के पास ब्रिटिश एनफील्ड बंदूकें, मशीन गन और गोले ही थे।

सत्रह सूत्रीय समझौता, चीन के साथ तिब्बत के काल्पनिक ऐतिहासिक संबंधों की दुहाई की प्रस्तावना के साथ प्रारम्भ होता है- "तिब्बती राष्ट्रीयता, चीनी सीमाओं के भीतर स्थित राष्ट्रीयताओं में लम्बे इतिहास वाली राष्ट्रीयता है... हमारी महान मातृभूमि।" अब मुझे निम्नलिखित प्रावधानों को उद्धृत करने की आज्ञा दीजिए:

- "तिब्बती लोग, अपनी मातृभूमि के विशाल परिवार, जो चीनी गणतंत्र है, में लौट आएँगे।"
- "तिब्बत की स्थानीय सरकार जनमुक्ति सेना को तिब्बत में प्रवेश के लिए सक्रिय सहायता देगी, ताकि राष्ट्रीय सुरक्षा सुदृढ़ हो सके।"
- "तिब्बती लोगों को केन्द्र की जनवादी सरकार के नेतृत्व के अधीन राष्ट्रीय-क्षेत्रीय स्वायत्तता का अधिकार प्रदान किया जाएगा।"
- "केन्द्रीय सरकार तिब्बत की वर्तमान शासन प्रणाली में कोई परिवर्तन नहीं करेगी। केन्द्रीय अधिकारी, दलाई लामा के पद, कार्य प्रणाली और अधिकारों में किसी तरह का परिवर्तन नहीं करेंगे।"

- “तिब्बती लोगों की धार्मिक आस्थाओं (विश्वासों), रीति-रिवाजों और आदतों (परंपराओं) का सम्मान किया जाएगा तथा लामाओं के मठों का संरक्षण होगा।”
- “मौखिक और लिखित भाषा और तिब्बती राष्ट्रीयता के लोगों की स्कूली शिक्षा तिब्बत में फिलवक्त मौजूद स्थितियों के अनुरूप क्रमशः विकसित की जाएगी।”[4]

यद्यपि यह समझौता हम पर थोपा गया था फिर भी इस अभिलेख के पाठानुसार चीनी गणतंत्र की सरकार तिब्बतियों को क्षेत्रीय स्वायत्तता और स्वशासन, जिसमें धर्म की आज़ादी, भाषा की सुरक्षा, यहाँ की भूमि और पर्यावरण के संरक्षण का अधिकार, तथा तिब्बतियों को विशिष्ट संस्कृति और विरासत के साथ जीने का अधिकार देने के लिए प्रतिबद्ध थी। यह समझौता 1959 तक, जब मैंने तिब्बत से पलायन किया, चीन और तिब्बत के बीच संबंधों का आधार रहा। ऐसा प्रतीत होता है कि अन्तरराष्ट्रीय समुदाय में से कुछ ने इसी समझौते को तिब्बत के दर्जे का आधार मान लिया। इसमें एक विचित्र विरोधाभास दिखाई पड़ता है। उस समय की भू-राजनैतिक स्थिति कुछ भी रही हो, सच्चाई यह है कि 1950 के पश्चात तिब्बत को चीन का हिस्सा मान लेने से देश को जीत लेने और दबाव में समझौते पर हस्ताक्षर करवाने की वैधता पर मुहर लग गयी। जहाँ तक तिब्बत का प्रश्न है, उसके लिए सत्रह सूत्रीय समझौता उसके प्रतिनिधि मंडल पर दबाव डालकर हस्ताक्षर करवाने और आक्रान्ता द्वारा सीमाओं पर सेनाओं की धमकी देकर किया गया समझौता है।

यद्यपि बाद में बीजिंग ने तिब्बत पर आक्रमण को, तिब्बत पर अपने ऐतिहासिक स्वामित्व के आधार पर न्याय संगत बताया, परन्तु माओ के समय तक, तिब्बत पर आक्रमण, एक स्वतंत्र देश पर सैन्य बल के आधार पर अधिकार करना ही था। मुझे बताया गया है कि तिब्बत की स्वतंत्रता के विषय में माओ के विचार उसके द्वारा अमरीकी पत्रकार और लेखक एडगर स्नो, के समक्ष दिए बयान से स्पष्ट होते हैं। अपने ‘लांग मार्च’ के दौरान, तिब्बत क्षेत्र में भोजन की खोज में भटकते हुए माओ ने कहा था कि “चीन के साम्यवादियों पर यही एकमात्र विदेशी ऋण है, जिसे एक दिन चुकाया जायेगा।” आज अभिलेखागार

4 ‘सत्रह सूत्रीय समझौता’ के लिए देखें - International Commission of Jurists, Question of Tibet, 139-42; Tsering Shakya, Dragon in the Land of Snows, appendix 1.

के दस्तावेजों में यह दर्ज है कि जनवरी 1950 में माओ ने जोसेफ स्टालिन से पूछा था कि क्या सोवियत यूनियन, तिब्बत पर चीनी आक्रमण की योजना में, चीनी सैनिकों को वहाँ पहुँचाने के लिए, हवाई जहाज दे सकता है।

मुझे बताया गया है कि कुछ भू-राजनीतिक विशेषज्ञों और इतिहासकारों ने, माओ द्वारा बीजिंग में साम्यवादी शासन की स्थापना के तुरन्त पश्चात तिब्बत पर आक्रमण के दो कारण बताए हैं। इनमें से एक माओ और उसके सहयोगियों द्वारा 'सौ वर्ष के राष्ट्रीय अपमान' के पश्चात 'राष्ट्रीय सम्मान' को स्थापित करने की आवश्यकता है। उनके विचारानुसार इस कार्य का महत्त्वपूर्ण हिस्सा है मांचू क्विंग साम्राज्य में सम्मिलित क्षेत्रों पर पुनः आधिपत्य स्थापित करना। इस संदर्भ में माओ को तिब्बत की आज़ादी एक प्रत्यक्ष कमी के रूप में दिखती होगी अथवा विरोधाभासी प्रतीत होती होगी, क्योंकि वह क्विंग साम्राज्य का हिस्सा रहे सभी क्षेत्रों पर साम्यवादी चीन का दावा मानते थे।

विशेषज्ञों के अनुसार दूसरा कारण तिब्बत की सामरिक भौगोलिक स्थिति है, जिसमें इसकी सीमाएँ पूर्वी तुर्किस्तान(शिनजियांग), नेपाल, भूटान, तथा पूर्व में चीन से लगती हैं। 1954 में, मुझसे तीन वर्ष छोटे पंचेन लामा, जिनका संस्थान तिब्बती बौद्ध धर्म में अत्यधिक विशिष्ट स्थान रखता है और जो दलाई लामा से घनिष्ठ रूप से जुड़े हैं, मेरे साथ बीजिंग की यात्रा पर गए थे। माओ ने उन्हें बताया था- "अब तिब्बती, हान लोगों से सहयोग कर रहे हैं, अब हमारी सुरक्षा पंक्ति ऊपरी यांगशी नदी नहीं, हिमालयी पर्वत होंगे।"[5] उनकी अभिप्रेरणा कुछ रही हो, परन्तु हमने अपने आपको साम्यवादी चीन के जूते के नीचे दबा पाया।

5 माओ ने उस समय पंचेन लामा से जो कहा उसे सी गोल्डस्टीन की पुस्तक 'ए हिस्ट्री ऑफ मॉडर्न तिब्बत', संस्करण-2, द काम विफोर द स्टॉर्म 1951-55 (बर्कले: यूनिवर्सिटी ऑफ कैलोफोर्निया, 2007) 22, से उद्धरित किया गया है। "हान" से अभिप्राय चीन के उस जातीय समुदाय है जो पीपल्स रिपब्लिक ऑफ चाइना का बहुसंख्यक समाज है।

2

चेयरमैन माओ से मुलाक़ात

दलाई लामा की भूमिका में मैं अपने लोगों पर आई विपत्ति को कम करने का प्रयास कर रहा था। 26 अक्तूबर, 1951 को चीन की जनमुक्ति सेना 18वीं टुकड़ी के लगभग तीन हजार सैनिक ल्हासा में प्रवेश कर गए। इसके तुरन्त पश्चात् सैनिकों का एक और बड़ा समूह घोड़ों की बड़ी संख्या के साथ ल्हासा में आ गया, जिससे अनाज की भारी कमी हो गई। 1951 में ल्हासा शहर की जनसंख्या तीस हजार से कुछ ही अधिक थी और आप कल्पना कर सकते हैं कि इतनी बड़ी संख्या में सैनिकों के घुस आने से क्या प्रभाव पड़ा होगा। पूर्वी तिब्बत से हजारों तिब्बती शरणार्थियों के आ जाने से परिस्थितियाँ और अधिक खराब हुईं।

1951 से 1959 तक का समय मेरे जीवन का सबसे चुनौतीपूर्ण समय था। आंशिक रूप से मैं अब भी 'गेशे लाराम उपाधि' के लिए अध्ययन कर रहा था। यह 'गुलेक परम्परा' में मठों द्वारा स्थापित विश्वविद्यालयों के अन्तर्गत औपचारिक विद्वत्तापरक सर्वोच्च प्रशिक्षण की उपाधि थी। यह अध्यात्म विद्या में डॉक्टरेट के समकक्ष थी और जो 1959 के फरवरी माह में पूरी हो रही थी। आंशिक तौर पर, एक युवक के रूप में मैं राजनीतिक जटिलताओं के तीव्र ज्ञानार्जन के दौर से गुजर रहा था, जिनका मुझे कोई औपचारिक प्रशिक्षण नहीं मिला था। स्वाभाविक रूप से बौद्ध-दर्शन और मनोविज्ञान की जो गहन शिक्षा

मैं प्राप्त कर रहा था, उससे तिब्बती समुदाय के नेता के रूप में जिन चुनौतियों का सामना करना मेरी नियति थी, उनमें मैं अपना विवेक बनाए रख सका। कार्यस्थल पर इस शिक्षण का अर्थ था कि सरकार के प्रशासनिक अधिकारियों और ल्हासा में स्थित चीनी सेनाध्यक्षों के बीच उठे विवादों का सामना करना होता था, और सबके पास बंदूकें होती थीं। मैं अनचाहे ही एक और टकराव को तैयार तिब्बती अधिकारियों तथा घमण्डी व ज़ोर-जबर्दस्ती करने वाले चीनी जनरलों के बीच फँस जाता था। अन्ततः 1952 में मेरे दो प्रधानमंत्रियों को, जिनमें से एक मठ के और दूसरे सामान्य व्यक्ति थे, त्याग-पत्र देने के लिए विवश कर दिया गया। मैंने उनकी जगह किसी अन्य को नियुक्त न करने का निर्णय लिया क्योंकि मैं जानता था कि उन्हें भी बलि का बकरा बनाया जाएगा इसलिय मैंने स्वयं, यह दायित्व संभालना उचित समझा। ल्हासा में परिस्थितियाँ उत्तरोत्तर तनाव युक्त होती जा रही थीं।

फिर भी मुझे प्रशासन चलाना था तथा कार्य प्रणाली और समाज में सुधार मेरी वरीयताओं में से एक था। मैंने एक सुधार समिति का गठन किया, जिससे अधिक समतापरक प्रणाली विकसित हो सके और सामान्य और गरीब लोगों पर अधिक ध्यान दिया जा सके। जब मैं एक बालक के रूप में बड़ा हो रहा था तो मैंने अपने महल के सफाई कर्मचारियों के बच्चों से, जो मेरे खेल के साथी भी थे, अन्याय और ताकतवर लोगों के दुर्व्यवहार को जाना था। परन्तु मुझे चीनियों की ओर से बड़ी बाधाओं का सामना करना पड़ा क्योंकि वे अपनी प्रणाली से सुधार करना चाहते थे, जो मुख्य भूमि चीन में प्रचलित सुधारों के अनुरूप हो। संभवतः उन्हें ऐसा लगता था कि यदि तिब्बतियों द्वारा सुधार किए जाएँगे तो इससे उनके एजेंडे में रुकावट आ सकती है।

इस प्रकार जब 1954 में चीनी सरकार ने मुझे बीजिंग आमन्त्रित किया तो लगा कि अपने लोगों में सुधार का मेरे पास एकमात्र यही विकल्प है। जून माह में मुझे डेंग जियाओपिंग की ओर से, जो कि उन दिनों तिब्बती मामलों को देख रहे थे और उच्च अधिकारी थे, एक टेलीग्राम प्राप्त हुआ। इसमें मुझे 'नेशनल पीपल्स कांग्रेस' के सितम्बर 1954 में होने वाले उद्घाटन सत्र में उपस्थित रहने के लिए आमन्त्रित किया गया था। ऐसा ही निमन्त्रण पंचेन लामा जी को भी दिया गया था। यद्यपि ल्हासा के लोग, मेरी बीजिंग यात्रा को लेकर अत्यधिक चिंतित थे परन्तु मैंने निर्णय लिया कि अपने लोगों के हित में मेरा वहाँ जाना अच्छा था। अपने ग्रीष्म निवास 'नोरबूलिंग्का' में धार्मिक समारोह में

उपस्थित बड़ी भीड़ के भय का शमन करते हुए मैंने उन्हें आश्वस्त किया कि मैं एक वर्ष के भीतर वापिस लौट आऊँगा।

मुझे आज भी याद है कि जिस दिन मैंने बीजिंग के लिए प्रस्थान किया, अनेक लोग रो रहे थे। मैंने कुछ वृद्धाओं को चिल्लाते हुए सुना "कृपया मत जाइए, यह अच्छा नहीं होगा।" चूँकि उन दिनों काईचू नदी पर कोई पुल नहीं था, इसलिए हमें याक के चमड़े से मढ़ी बेंत के ढांचे वाली परम्परागत नौकाओं, जिन्हें कोरेकल कहते हैं, से नदी पार करनी पड़ी। नदी के दोनों ओर अनेक लोग चिल्ला रहे थे और कुछ तो लग रहा था नदी में कूद पड़ेंगे। बाद में पता चला कि कुछ लोग अचेत हो गए और यहाँ तक कि कुछ लोग मर गए।

4 सितम्बर 1954 को मैं और मेरे साथ पंचेन लामा पूरे प्रतिनिधि मण्डल के साथ शियान से रेलगाड़ी द्वारा अंततः बीजिंग पहुँच गए। स्टेशन पर हमारा स्वागत करने प्रधान मंत्री झाऊ-एनलाई, वाइस चेयरमैन झू-दे, जो कि जन मुक्ति सेना के सेनापति तथा पोलित ब्यूरो के एक स्थाई सदस्य थे, तथा अन्य चीनी अधिकारी आए। कुछ दिनों पश्चात् मैं स्वयं व्यक्तिगत रूप से चेयरमैन माओ-त्से-तुंग से मिला। तब मैं उन्नीस का और वे इकसठ वर्ष के थे। उनका व्यवहार गर्मजोशी भरा और स्वागतपूर्ण था।

इस मीटिंग में अन्य सर्वोच्च नेता सम्मिलित थे, जिनमें झाऊ-एनलाई और लियू-शाओकी भी थे। यह मीटिंग, स्वागत घर में हुई, जो कि फॉरबिडन सिटी के निकट एक शाही उद्यान में स्थित है, जिसे बाद में सरकारी कार्यालयों और वरिष्ठ नेताओं के आवासों में बदल दिया गया। इस मीटिंग की पृष्ठभूमि अत्यधिक आलीशान, भव्य एवं निश्चित रूप से शाही विरासत वाली थी। अब हम माओ-त्से-तुंग के साथ मीटिंग में थे। मैं केवल 19 वर्ष का था और पंचेन लामा 16 वर्ष के तथा हमारे चारों ओर साम्यवादी दल के बड़े नेता बैठे थे। यह कहना मितकथन होगा कि हम इस स्थिति से आश्चर्य चकित थे। पहले-पहल मीटिंग में चेयरमैन माओ बोले और मैं बोला। माओ ने कहा कि वह और केन्द्रीय सरकार मेरी प्रथम बीजिंग यात्रा से प्रसन्न हैं और यह कि चीन और तिब्बत के संबंध बहुत महत्त्वपूर्ण हैं। उन्होंने मुझे यह भी विश्वास दिलाया कि केन्द्र सरकार भविष्य में भी तिब्बत के विकास के लिए बड़े प्रयास करेगी। मैंने अपनी ओर से कहा कि मुझे भी उनसे और अन्य नेताओं से मिलकर अत्यधिक प्रसन्नता हुई है।

मीटिंग लगभग एक घण्टा चली। जब हम चलने लगे तब माओ एवं अन्य नेता हमें द्वार तक छोड़ने आए और स्वयं माओ ने मेरे लिए कार का दरवाजा खोला। जब मैं कार में बैठ रहा था तब माओ ने मुझसे हाथ मिलाते हुए कहा, "तुम्हारा, बीजिंग आना, अपने घर वापिस आने जैसा है। जब कभी तुम बीजिंग आओ, मुझसे सम्पर्क करो... शर्माना नहीं। यदि तुम्हें किसी चीज़ की जरूरत हो तो सीधे मुझसे कहना।"

मैं बैठक से, माओ से प्रभावित होकर निकला और तिब्बत में हालात सुधर सकते हैं इस बात को लेकर उत्साहित था। मेरे साथ कार में एक अद्भुत तिब्बती साम्यवादी फुंसुक वांग्याल थे, जो बीजिंग में मेरे लिए दुभाषिए का काम भी कर रहे थे। मैं इस बात से आनन्दित था कि मेरी माओ-त्से-तुंग और चीनी नेताओं से भेंट इतनी अच्छी हुई थी, वास्तव में मैंने वांग्याल को गले लगा लिया और कहा कि सचमुच मैं आज तक माओ जैसे किसी आदमी से नहीं मिला हूँ। मेरी प्रथम सफल भेंट ने मेरे सहयोगियों, विशेषकर मेरे अध्यापक लिंग रिनपोछे को भी आश्ववस्त कर दिया, जो कि मेरी बीजिंग यात्रा को लेकर बहुत चिंतित थे। फुंशुक वांग्याल सही अर्थों में अन्तरराष्ट्रीय मार्क्सवादी साम्यवाद के सच्चे समर्थक थे। उस समय उनका विश्वास था, जिसके कारण बाद में उन्हें निराशा भी हुई, कि चीनी साम्यवादी भी उनकी ही तरह अन्तरराष्ट्रीय मार्क्सवादी दृष्टि के पोषक हैं। (दशकों बाद जब फुंसुक वांग्याल को यूरोप-यात्रा की अनुमति मिली तो मैंने फोन पर उनसे बात की। मैंने उनसे पूछा, "तुम्हारे सच्चे समाजवाद के स्वप्न का क्या बना?" वह हँस पड़े।)

16 सितम्बर को मैंने प्रथम 'नेशनल पीपल्स कांग्रेस' को सम्बोधित किया और इस बात को रेखांकित किया कि 'पीपल्स रिपब्लिक ऑफ चाइना' के संविधान का मसौदा सभी राष्ट्रीयताओं को अधिकार देता है कि वे अपनी स्वायत्तता के उपभोग के लिए अपने नियम बनाएँ और विकास की विशिष्टताओं के अनुरूप ऐसे प्रावधान करें, जिससे पूर्ण स्वायत्तता का उपभोग कर सकें। इस समय तक मुझे 'पीपल्स रिपब्लिक ऑफ चाइना' की संचालन समिति का उपाध्यक्ष बना दिया गया था।

बीजिंग प्रवास के दौरान मेरी माओ, झाऊ एनलाई तथा डेंग जियाओपिंग सहित अनेक नेताओं से बैठकें हुईं। मेरा परिचय अनेक अन्तरराष्ट्रीय नेताओं से करवाया गया, जिनमें भारत के प्रधानमंत्री जवाहर लाल नेहरू, रूस के राष्ट्रपति

निकेता खुश्चेव तथा बर्मा के प्रधानमन्त्री ऊ-नू भी थे। जब कभी मेरे पास खाली समय होता मैं अपने वरिष्ठ अध्यापक लिंग रिनपोछे से लोंगपा के महान ग्रंथ 'आत्मज्ञान के मार्ग के विविध सोपान' से गहन दार्शनिक खण्ड 'अंतर्दृष्टि' भी प्राप्त करता था। तकनीकी दृष्टि से मैं अभी भी एक छात्र था जो 'गेशे लाराम परीक्षा', के लिए तैयारी कर रहा था। बीजिंग में मेरे प्रवास के दौरान यादगार क्षणों में से एक क्षण वह था जब मैंने औपाचारिक बौद्ध शिक्षण किया, वास्तव में यह एक महत्त्वपूर्ण दीक्षान्त समारोह था, जो कि चीन में रहने वाले तिब्बती बौद्धमत के अनुयाइयों द्वारा वज्रभैरव तापस प्रणाली से संबंधित था। इस शिक्षण में मेरे अनुवादक चीनी सन्यासी फ़ा-शुन थे, जिन्होंने मुझे बताया कि वे बौद्ध धर्म के एक प्रमुख दार्शनिक ग्रंथ 'ग्रेट ट्रीटाइज ऑफ डिफ़रेंशियेसन' (महाविभाषा) पर कार्य कर हैं, जो कि दुसरी शताब्दी का ग्रन्थ है और चीनी भाषा में ही उपलब्ध है। उस समय तक फ़ा-शुन चौदहवीं शताब्दी के गुरु सोंगफ़ा के महान तिब्बती ग्रंथ 'आत्मज्ञान के मार्ग के विविध सोपान' (ट्रीटाइज ऑन द स्टेजिज ऑफ द पाथ ऑफ एनलाइटनमेंट) का अनुवाद कर चुके थे।

तब मैं आन्तरिक चीन की यात्रा पर निकला जैसे तियानजिन की, ताकि मैं देख सकूँ कि साम्यवादी चीनी सरकार ने औद्योगिक रूप से कैसे विकास किया है। फुंशुक वांग्याल को मेरे साथ अनुवादक के रूप में नियुक्त किया गया तथा मेरे साथ एक अन्य साम्यवादी कार्यकर्त्ता लिऊ जेपिंग को भी भेजा गया था, जो कि हुई (मुस्लिम) अल्पसंख्यक वर्ग से थे। मैं बहुत से, विभिन्न स्तर के, पार्टी कार्यकर्ताओं से भी मिला, जिनमें कुछ क्रांतिकाल के वरिष्ठ लोग भी थे और सच्चे साम्यवादी थे। प्रसंगवश बता दूँ कि इनमें से एक शी जोंगशुन भी थे जो वर्तमन चीनी नेता शी जिनपिंग के पिता थे। वे मिलनसार थे और बहुत खुले विचारों के थे। मैं उन्हें सचमुच पसन्द करता था। (मुझे बताया गया कि उस समय मैंने उन्हें जो हाथ घड़ी भेंट की थी, उसे उन्होंने आजीवन सम्भाल कर रखा।)

पहली पीढ़ी के अनेक क्रांतिकारियों की लक्ष्यवादिता, समर्पण तथा अधिक समतापरक समाज का निर्माण करने में उनकी सफलता से मैं सहज ही प्रभावित हुआ था। मैंने मार्क्सवाद और लेनिनवाद का पर्याप्त ज्ञान प्राप्त किया और मैं मार्क्सवादी आर्थिक सिद्धांत, 'संसाधनों का समान वितरण न कि लाभ अर्जन' से प्रभावित हुआ। समाज के कम अधिकार प्राप्त लोगों की सहायता, मजदूर

वर्ग की सहायता का विचार सुन्दर है। हर तरह के शोषण का विरोध और सीमा-रहित विश्व समाज की स्थापना का विचार भी श्रेष्ठ है। क्योंकि अपने यौवन में मैंने इन सब विचारों को पाया और इन्होंने मुझपर गहरा प्रभाव भी छोड़ा, इसीलिए मैं अपने आपको आधा बौद्ध और आधा मार्क्सवादी मानता हूँ। परन्तु अनेक वर्षों के चिन्तन से मैंने जाना कि मार्क्सवाद में करुणा की कमी है। इसका सबसे बड़ा दोष है कि यह मूलभूत मानव मूल्यों की अवहेलना करता है और वर्ग संघर्ष के नाम पर घृणा को जान-बूझकर बढ़ावा देता है। इससे भी बढ़कर बात यह है कि समय बीतने के साथ-साथ चीन में मार्क्सवाद का स्थान लेनिनवाद ने ले लिया, जिसका मूल लक्ष्य है- पार्टी के माध्यम से समाज पर नियन्त्रण।

चीन का भ्रमण करते समय मुझे आंतरिक मंगोलिया[1] में अल्पकालिक यात्रा का अवसर मिल गया। तिब्बतियों और मंगोल वासियों के दीर्घकालिक और गहन आध्यात्मिक रिश्तों के कारण यह यात्रा अत्यधिक मर्मस्पर्शी रही। यद्यपि मेरे लिए चीनी शहरों की यह यात्रा शिक्षाप्रद और आनन्ददायी थी परन्तु मेरे अधिकांश अधिकारियों, और उनमें मेरे दोनों गुरु भी थे, को इसमें कोई रुचि नहीं थी। इस प्रकार जब यह घोषणा की गई कि अब और अधिक सैर सपाटा नहीं होगा तब सामूहिक रूप से सभी ने सुख की साँस ली। मेरी माँ को विशेष रूप से चीन के प्रवास और सैर-सपाटे में आनन्द नहीं आया। एक समय तो वह गम्भीर रूप से बीमार पड़ गयीं। क्योंकि बीजिंग से मेरी वापसी का समय लोसर (चीनी नववर्ष) के निकट था इसलिए मैंने चेयरमैन माओ और अन्य वरिष्ठ नेताओं झाऊ एनलाई, झू-दे और लियू शाओकी के सम्मान में प्रीतिभोज का निमन्त्रण देने का निर्णय लिया। उन सब ने निमन्त्रण स्वीकार किया और हम सब ने यादगार उत्सव मनाया।

एक दिन माओ बिना पूर्व-सूचना के मेरे रुकने के स्थान पर आए। मीटिंग के दौरान उन्होंने अप्रत्याशित रूप से मुझसे पूछा कि क्या तिब्बत का अपना राष्ट्रीय ध्वज है? मैंने कुछ घबराहट के साथ स्वीकार किया कि है, तो उन्होंने कहा कि उसे बनाए रखना हमारे लिए ठीक है। माओ की इस आश्चर्यजनक प्रतिक्रिया का अर्थ था कि कम से कम उस समय तक उनके मन में रूस की तरह,

1 "आन्तरिक मंगोलिया" से अभिप्राय मंगोलिया के उस ऐतिहासिक क्षेत्र से है जो वर्तमान में पीपल्स रिपब्लिक ऑफ चाइना में आन्तरिक मंगोलिया स्वायत्त क्षेत्र कहलाता है। वर्तमान स्वतंत्र मंगोलियन पीपल्स रिपब्लिक में अधिकांश क्षेत्र वह है जो पहले बाहरी मंगोलिया कहलाता था।

चीनी गणराज्य की भी विभिन्न राष्ट्रीयताओं वाले गणराज्य की परिकल्पना थी। वास्तव में मैं जानता हूँ कि माओ ने तिब्बत में स्थित अपने उच्चाधिकारियों झान जिंगबू, झांग गूहुआ और फी मिंग को आज्ञा दी थी कि वे तिब्बत में चीनी लाल सितारों वाले झण्डे के साथ तिब्बत का झण्डा भी फहराएँ और उनके चित्र के साथ मेरा चित्र-भी लगाएँ। इसलिए बाद में निर्वासन के दौरान जब मेरी अन्तरराष्ट्रीय यात्राओं में तिब्बती और अन्तरराष्ट्रीय समर्थक तिब्बती ध्वज फहराते हुए मेरा अभिनंदन करते थे तो मैं कहता था कि ऐसा करने की आज्ञा स्वयं माओ ने दी है। दुःख की बात है कि आज तिब्बत में, तिब्बत का ध्वज अवैध है और किसी के पास पाए जाने पर उसे जेल में डाल दिया जाता है।

बीजिंग छोडने से पूर्व मेरी माओ से अंतिम मीटिंग हुई। वह बहुत प्रसन्न दिखाई पड़ रहे थे और उन्होंने मुझसे कहा कि मैं तार द्वारा सीधे उनसे सम्पर्क रखूँ और इस काम में किसी विश्वस्त तिब्बती को प्रशिक्षित करवाऊँ। तब उन्होंने मेरे निकट आकर कहा "तुम्हारा दिमाग वैज्ञानिक है और यह बहुत अच्छा है। इन महीनों में मैंने तुम्हारी विचारधारा और गतिविधियों को देखा है। तुम्हारा मस्तिष्क बहुत क्रांतिकारी है।" उन्होंने मुझे प्रशासन विषयक सुन्दर व्यावहारिक सुझाव दिए और मैंने उन्हें नोट किया।

जब मीटिंग समाप्त हो रही थी तब माओ ने मुझसे कहा- "तुम जानते हो, तुम्हारा नजरिया अच्छा है। धर्म ज़हर है। इससे जनसंख्या कम होती है क्योंकि यह साधु-साध्वियों को ब्रह्मचारी बनने की शिक्षा देता है और भौतिक उन्नति में बाधक है।" मैं भीतर से हिल गया और अपना भाव छुपाने के लिए आगे की ओर झुक गया मानो कुछ लिख रहा होऊँ। उस समय मुझे पता चला कि उसकीं ओर से आए सारे सकारात्मक संकेतों के बावजूद वह बौद्ध धर्म का विनाशक था।

मार्च 1955 में जब मैं बीजिंग से ल्हासा लौटने की तैयारी कर रहा था, माओ के साथ अंतिम बैठक में उनकी धर्म विषयक विचलित कर देने वाली उक्ति के पश्चात भी मुझे आशा थी कि मैं अपने लोगों को चीनी अधिपत्य से बचा सकूँगा। मुझे लगा कि चीन की मेरी छः माह की यात्रा से मुझे दो प्रकार के लाभ हुए। इससे मुझे यह स्पष्ट हो गया कि हमारा सामना सचमुच किनसे है। और लगता था कि हमने चीनी नेताओं को मना लिया है कि वे सैनिक राजनैतिक समिति द्वारा तिब्बत का प्रशासन सीधे बीजिंग से नहीं चलाएँगे। हमें

स्वायत्तता का पक्का आश्वासन मिला था। वास्तव में तिब्बत वापसी के समय रास्ते में ल्हासा में स्थित जनरल साँग गुहुआ से मुलाकात हुई जो बीजिंग लौट रहे थे। मैंने उन्हें बताया कि बीजिंग जाते समय मैं बहुत चिंतित था परन्तु अब वहाँ से लौटते समय मैं अधिक आश्वस्त और आशावान हूँ। इस प्रकार मुझे कुछ विश्वास हुआ है कि हम चीनियों के साथ काम कर सकेंगे। तिब्बत का आधुनिकीकरण हो सकता है और चीनी गणराज्य के अन्तर्गत, चीनियों के साथ कुछ समानता के स्तर पर, तिब्बती रह पाएँगे।

मैंने सत्रह सूत्रीय समझौते की सीमाओं के अन्तर्गत, अपने देश और लोगों के लिए, चीन के साथ स्थाई समाधान के लिए इमानदारी से प्रयास किए। मैंने कुछ सुधार प्रारम्भ किए-विशेषकर स्वतंत्र न्यायपालिका का गठन, आधुनिक शिक्षा योजनाओं के सुझावों को प्रोत्साहित करना और आधुनिक सड़कों का निर्माण। यह एक निराशाजनक कार्य सिद्ध हुआ जिसकी अवमानना लगातार ल्हासा स्थित चीनी सैन्य और अन्य साम्यवादी अधिकारी करते थे और उनके दमन के विरुद्ध आक्रोश और स्वतः स्फूर्त तिब्बती विद्रोह का खतरा बना रहता था।

सेना और चीनी अधिकारियों ने मेरे प्रयासों का हर कदम पर विरोध किया। तिब्बत स्वायत्तशासी क्षेत्र (पीसीएआरटी) की तैयारी समिति, जिसका मैं अध्यक्ष था, जिसके माध्यम से तिब्बत में सुधार प्रक्रिया में स्वायत्तता दी जानी थी, केवल दिखावा सिद्ध हुई। क्योंकि, वास्तव में सारी शक्तियाँ चीनियों के हाथ में थीं।

बीजिंग में किए गए वायदे और दिए गए आश्वासन खोखले सिद्ध हुए और माओ को भेजे गए मेरे सन्देशों का भी कोई उत्तर नहीं आया। इसके पश्चात जो अकथनीय आपदाओं और कृत्यों का दौर तिब्बतियों के विरुद्ध चला और इस दौरान मैंने चेयरमैन माओ को तीन बार सन्देश भेजा। तीसरी बार तो सुनिश्चित किया कि व्यक्तिगत रूप से सन्देश माओ तक पहुँचे। परन्तु कभी कोई उत्तर नहीं आया। माओ और चीनी नेताओं से जो भी आशा मुझे थी वह ध्वस्त हो गई। जो समझौता हम पर थोपा गया था और उसमें जो वायदे साम्यवादी दल के नेताओं ने हमसे किए थे, वे पूरी तरह निस्सार सिद्ध हुए।

3

भारत की यात्रा

1955 के अन्त में मुझे सिक्कम के युवराज की ओर से भारत की महाबोधि सोसायटी के अध्यक्ष की हैसियत से बुद्ध की 2500वीं सालगिरह के समारोहों में भाग लेने के लिए आमन्त्रित किया गया। ल्हासा में स्थित जनमुक्ति सेना के उच्च अधिकारी फानमिंग ने मुझे निमन्त्रण ठुकरा देने की सलाह दी। उन्होंने कहा कि युवराज का पद इतना बड़ा नहीं है कि उसकी ओर से किसी औपचारिक निमन्त्रण पत्र को स्वीकार किया जाए। इसलिए मैंने चुपचाप ल्हासा स्थित भारतीय मिशन को इस आशय का सन्देश भिजवाया, जिसके परिणाम स्वरूप मुझे भारत के उपराष्ट्रपति सर्वपल्ली राधाकृष्णन की ओर से दूसरा निमन्त्रण पत्र प्राप्त हुआ। कई महीने बाद मुझे बताया गया कि बीजिंग ने मेरी भारत यात्रा की स्वीकृति दे दी है।

वहाँ से चलने से पूर्व मुझे जनरल चांग चिंग-वू ने चेताया, सावधान रहना। भारत में अनेक प्रतिक्रियावादी तत्त्व और जासूस हैं। यदि आपने उनके साथ कोई संबंध रखा तो समझ लेना चाहिए कि हंगरी और पोलैंड में जो हुआ है, वैसा ही यहाँ आपके लोगों के साथ तिब्बत में होगा। वह 1956 में पोलैंड में हुए पोज़नान दमन की ओर संकेत कर रहे थे, जब टैंकों और सैनिकों ने प्रदर्शनकारी नागरिकों पर गोलियाँ चलाई थीं तथा 4 नवम्बर, 1956 में सोवियत संघ ने हंगरी में जनक्रांति को पाशविक क्रूरता से कुचल दिया था, जो कि मेरी यात्रा

से कुछ ही पहले घटित हुआ था। उनकी चेतावनी के बावजूद मैं पवित्र भूमि भारत और उसमें महात्मा बुद्ध के जीवन से जुड़े स्थानों को देख पाने के विचार से अति उत्साहित था।

उसी समय मैं तिब्बत में बिगड़ती स्थितियों से भी परिचित था, विशेषकर ल्हासा स्थित चीनी अधिकारियों की झगड़ालु प्रवृत्ति और अहंकार से। उदाहरण के लिए 1956 तक आते-आते जब चीनी दुभाषिए मुझे मिलने आते थे तो वे कोट के नीचे पिस्टल छुपाए रहते थे, जो पहले नहीं होता था। एक दिन मैंने बन्दूक की नली को स्पष्ट रूप से बाहर झाँकते देखा। ल्हासा में बड़ी संख्या में चीनी सैनिकों की उपस्थिति और पूर्वी तिब्बत की भयावह स्थितियों से बचकर आए शरणार्थियों की बढ़ती संख्या से तनाव बढ़ता जा रहा था। उदाहरण के लिए मार्च 1956 में चीनी गणराज्य की मुक्ति सेना ने लिथांग मठ पर हमला किया, जो कि पूर्वी तिब्बत का तीसरे दलाई लामा से संबंधित महत्त्वपूर्ण संस्थान था, वहाँ उन्होंने मठ पर बम बरसाए, जिससे सैंकड़ों लोग मारे गए और वहाँ के मठाधीश को पकड़ लिया गया।

नवम्बर 1956 में मैं अन्ततः भारत की यात्रा करने में सफल हुआ। मेरे धर्म भाई पंचेन लामा भी मेरे साथ थे, क्योंकि उन्हें भी निमन्त्रण मिला था। मेरे दोनो बड़े भाई तक्त्सेर रिनपोछे और ग्यालो थौंडुप तिब्बत से बाहर रह रहे थे, मुझसे सिक्कम की सीमा पर आकर मिले। किसी प्रकार के अभिवादन से पूर्व उन्होंने जो पहले शब्द कहे, वह थे- 'तुम्हें बिल्कुल वापिस नहीं लौटना चाहिए,' उनकी इस तीव्र इच्छा से मैं विचलित हुआ और इसके लिए पर्याप्त कारण मैं पहले ही बता चुका हूँ। समारोहों में भाग लेने के पश्चात् मैं वापिस जाऊँ या नहीं, इसे लेकर मैं अत्यधिक संशय-ग्रस्त हो गया। उस समय तो हम 25 नवम्बर को हवाई यात्रा करके दिल्ली पहुँचे, जहाँ प्रधानमंत्री जवाहर लाल नेहरू, उपराष्ट्रपति राधाकृष्णन और भारतीय संसद के स्पीकर एम० ए० अयंगर से मिले। तब हमें राष्ट्रपति राजेन्द्र प्रसाद के सरकारी आवास पर मिलने के लिए कार में ले जाया गया। इसके पश्चात अगली सुबह मेरा पहला कार्यक्रम था राजघाट पर जाकर महात्मा गाँधी को श्रद्धांजलि देना, जहाँ गाँधी जी की समाधि है, जो संभवतः हमारे समय के महानतम व्यक्ति थे, जिन्होंने भारत के प्राचीन अहिंसा के दर्शन को अपने लोगों को स्वतन्त्र करने के लिए, अंग्रेजी औपनिवेशिक शासन के विरुद्ध प्रयोग किया। उस स्थल पर मैंने पहले से कहीं अधिक दृढ़ता के साथ प्रण किया कि मैं किसी प्रकार के हिंसक कार्यकलाप में शामिल नहीं होऊँगा।

बुद्ध-जयन्ती का समारोह, बौद्धों के लिए सर्वाधिक पवित्र माने जाने वाले स्थल बोध गया में संपन्न हुआ। महाबोधि स्तूप वह स्थल है, जहाँ एक पीपल के वृक्ष के नीचे महात्मा बुद्ध को आत्मज्ञान प्राप्त हुआ था, जिसे बाद में 'बोधि-वृक्ष' पुकारा जाने लगा। आज वहाँ जो वृक्ष दिखाई पड़ता है, वह लंका स्थित पीपल के वृक्ष की शाखा रोपकर 19 वीं शताब्दी में लगाया गया था और लंका वाला वृक्ष उसी प्राचीन वृक्ष की शाखा से लगाया गया था, जिसके नीचे महात्मा बुद्ध 2600 वर्ष पूर्व बैठे थे। जब मैंने पहली बार उस पवित्र वृक्ष के दर्शन किए, उस समय मेरे मन में क्या भाव जागृत हुए थे, उनका वर्णन मैंने अपनी 1962 में लिखी आत्मकथा में किया है।

> प्रत्येक श्रद्धालु बौद्ध, बोध गया को अपने धर्म एवं उच्चतम धार्मिक-सांस्कृतिक विरासत से जोड़ता है। अपनी युवावस्था से ही मैंने इस यात्रा का विचार किया था और स्वप्न देखा था। अब मैं उस पवित्र आत्मा के समक्ष खड़ा था, जिसने इस पवित्र स्थान पर आत्मज्ञान प्राप्त कर पूरी मानवता की मुक्ति का मार्ग खोल दिया था। जब मैं वहाँ खड़ा था तब एक धार्मिक उत्साह से मेरा मन भर गया और हम सब में विद्यमान रहने वाली दैवी शक्तियों के ज्ञान और प्रभाव से मैं आश्चर्यचकित रह गया।

उस समारोह में मैंने अपने उद्बोधन में भारत में बौद्ध धर्म के लम्बे इतिहास की चर्चा की, वह भारत से किस तरह तिब्बत पहुँचा और जैसा कि मैं पहले चर्चा कर चुका हूँ, भारत के साथ लम्बे ऐतिहासिक और धार्मिक संबंधों की चर्चा की, जो इस संचरण के केन्द्र में थे। मैंने विशेष रूप से महात्मा बुद्ध के अहिंसा के उपदेशों पर ज़ोर दिया और बताया कि यह कैसे विश्व में शान्ति का युग प्रारम्भ कर सकती है। मैंने स्वतंत्र भारत द्वारा अशोक के धर्म चक्र को राष्ट्रीय प्रतीक चिह्न के रूप में स्वीकार करने की भूरी-भूरी प्रशंसा की, जो कि भारत द्वारा बौद्ध धर्म में सार्वभौमिक मूल्यों की स्वीकृति का प्रतीक है। जब औपचारिक समारोह संपन्न सम्पन्न हो गया तब मैंने तीर्थ यात्रा का अवसर निकाला और महात्मा बुद्ध से संबद्ध बोध गया के आस पास के तीर्थ स्थलों और मध्य भारत स्थित सारनाथ तथा बिहार में बौद्ध धर्म के महानतम बौद्ध विश्वविद्यालय नालंदा के साथ-साथ साँची और अजंता के स्मारकों की यात्रा भी की।

मेरी राजगीर की यात्रा विशेष रूप से यादगार रही क्योंकि इसमें स्वयं पंडित जवाहर लाल नेहरू मेरे साथ थे। यह स्थान महात्मा बुद्ध के जीवन से

सम्बद्ध है। यह महायानी बौद्धों के लिए विशेष रूप से पवित्र है क्योंकि इसी स्थल पर उन्होंने 'प्रज्ञापारमिता' नामक धर्मग्रंथ के उपदेश दिए थे। सातवीं शताब्दी के चीनी तीर्थयात्री हुएन सांग के स्मारक की स्थापना औपचारिक रूप से यहाँ की गई और इस समारोह में झाऊ-एनलाई को चीनी गणराज्य के प्रतिनिधि के रूप में उपस्थित रहना था। अंततः झाऊ-एनलाई आ नहीं सके तो चीनी सरकार की भेंट के रूप में, उनकी ओर से, मैंने ही चेक भेंट किया। मुझे और मेरे देशवासियों को जिस प्रकार के काले बादलों ने घेरा हुआ था ऐसे समय में इन पवित्र बौद्ध-स्थलों की यात्रा ने मुझे आनन्द के अविस्मरणीय क्षण दिए, जो काले बादलों में प्रकाश किरणों के समान थे।

मेरे भारत प्रवास के दौरान वहाँ बसे अनेक प्रमुख तिब्बती मुझसे मिलने आए और उन सबने मुझसे कहा कि मैं वापिस अपने देश न जाऊँ। उन्होंने सत्रह सूत्रीय समझौते पर हस्ताक्षर करने के विषय में कठोर प्रतिक्रियाएँ दीं। मेरी प्रधानमंत्री नेहरू के साथ भी अनेक महत्त्वपूर्ण बैठकें हुईं, जो उस समय लगभग 60 वर्ष के थे और स्वतंत्र भारत के प्रथम प्रधानमंत्री थे। मैंने अपनी पहली ही मुलाकात में उन्हें चीनी अतिक्रमण की पूरी कहानी सुनाई और बताया कि हम इसके लिए तैयार नहीं थे। और जब मुझे यह आभास हो गया कि बाहरी दुनिया तिब्बत की आज़ादी के हमारे उचित दावे को मानने को तैयार नहीं है तो मैंने चीनी साम्यवादियों के साथ मिलकर रहने का हर संभव प्रयास किया। तदुपरान्त मैंने उन्हें बताया कि पूर्वी तिब्बत में स्थितियाँ लिथांग मठ पर हमले के पश्चात कितनी बिगड़ चुकी हैं और मुझे भय है कि चीनी हमारे धर्म और रीति रिवाजों को सदा के लिए नष्ट कर देना चाहते हैं। मैंने स्पष्ट किया कि जब तक हम अपनी आज़ादी शांतिपूर्ण ढंग से पुनः प्राप्त नहीं कर लेते, मैं भारत में ही रहना चाहूँगा।

नेहरू मुझसे इस बात पर सहमत थे कि चीनियों के साथ युद्ध करना व्यर्थ है। परन्तु वह इस बात पर भी दृढ़ थे कि मुझे अपने देश वापिस लौट जाना-चाहिए और सत्रह सूत्रीय समझौते के अनुसार चीन की सरकार के साथ काम करना चाहिए। जब मैंने विरोध करते हुए कहा कि उस समझौते के अनुसार कार्य कर पाना अब बिल्कुल संभव नहीं है क्योंकि चीनियों ने मुझसे विश्वासघात किया है तो उन्होंने आश्वासन दिया कि वे इस विषय में प्रधान मंत्री झाऊ-एनलाई से स्वयं बात करेंगे। नेहरू जी के साथ मेरी एक बैठक में वे अपने साथ समझौते की एक प्रति लेकर भी आए। एक के बाद एक विचार बिन्दु पर चर्चा करते हुए

उन्होंने स्पष्ट किया कि उसके आधार पर किस तरह वास्तविक स्वशासन और स्वायत्तता स्थापित की जा सकती है। नेहरू ने झाऊ-एनलाई से हुई अपनी चर्चा के विषय में बताया कि उन्होंने चीनी गणराज्य के भीतर स्वायत्तता विषयक स्पष्ट आश्वासन दिया है।

भारत की यात्रा में झाऊ-एनलाई से वार्ता के अनेक अवसर प्राप्त हुए। अपनी आयु के पाँचवें दशक में झाऊ-एनलाई आकर्षक, विनम्र और तीक्ष्ण बुद्धि वाले- संक्षेप में चालाक और चिकनी-चुपड़ी बातें करने वाले व्यक्ति थे। नवम्बर में दिल्ली में उनके साथ हुई अपनी पहली बैठक में मैंने स्पष्ट रूप से पूर्वी तिब्बत में चीनी अधिकारियों के व्यवहार को लेकर चिन्ता व्यक्त की थी खास तौर से लिथांग मठ पर बमबारी के पश्चात निरीह लोगों का कैसा पाशविक दमन किया गया था और हत्याएँ की गई थीं। मैंने झाऊ से पूछा था कि, उनके सुधारों का क्या हुआ, क्या कारण था कि उत्तर पूर्वी-तिब्बत(अमदो) से हजारों लोग शरणार्थी बनकर मध्य तिब्बत की ओर आने को विवश हुए।

झाऊ ने मुझे पुनः आश्वस्त करने का गंभीर प्रयास किया और स्वीकार किया कि पूर्वी तिब्बत में स्थानीय कनिष्ठ कार्यकर्ताओं ने गंभीर गलतियाँ की हैं, साथ ही कहा कि उच्च अधिकारियों को भी उसकी जिम्मेदारी लेनी चाहिए, क्योंकि उन्हें समय रहते हस्तक्षेप करना चाहिए था। उन्होंने मुझे बताया कि तिब्बत में सुधार तब तक नहीं होंगे जब तक तिब्बती सरकार इसके लिए परिस्थितियाँ अनुकूल नहीं समझती। मैंने उनके साथ 'भारतीय संसद और चीनी कम्युनिस्ट पार्टी कांग्रेस' में अन्तर विषयक अपने विचार भी साझा किए। भारत में सांसद जैसा अनुभव करते हैं, उसी के अनुसार अपनी बात कहने अथवा आवश्यकतानुसार सरकार की आलोचना करने में स्वतंत्र हैं। मैंने यह देखा है कि चीनी सदस्य शायद ही बोलने का साहस कर पाते हैं। यदि वे कभी कोई बात कहते भी हैं तो वह केवल शब्दों में हर-फेर तक सीमित रहती है, कुछ भी महत्त्वपूर्ण नहीं कहते। झाऊ ने प्रतिक्रिया देते हुए कहा कि मैंने केवल प्रथम अधिवेशन देखा है, तब से लेकर दूसरे अधिवेशन तक चीज़ों में बहुत अधिक सुधार हुआ है। झाऊ ने मेरे भाइयों और मेरे मंत्रिमंडल के प्रमुख मंत्रियों से मिलने का कष्ट भी किया जिनमे नाबो (Nabbo) भी थे, जिनसे मेरी सरकार की ओर से बलपूर्वक सत्रह सूत्रीय समझौते पर हस्ताक्षर करवाए गए थे।

आखिरी बार मैं झाऊ से तब मिला जब वह पाकिस्तान की यात्रा करके आए थे। 30 दिसम्बर 1956 को मुझे सन्देश मिला कि झाऊ भारत वापिस आ गए हैं और वह मुझसे मिलना चाहते हैं। मैं रेलगाड़ी से शीघ्र ही दिल्ली की ओर रवाना हो गया और स्टेशन पर चीनी राजदूत पान ज़िली मेरे स्वागत के लिए उपस्थित थे। उन्होंने इस बात पर ज़ोर दिया कि मैं उसके साथ उसकी कार में बैठकर चलूँ। भारतीय प्रोटोकाल अधिकारियों और सुरक्षा कर्मियों की सहायता से हम सीधे चीनी दूतावास में पहुँचे जहाँ मैं राजदूत, झाऊ-एनलाई तथा मार्शल हे लांग से मिला। जब तक मेरे कर्मचारी पहुँचे मैं बैठक में शामिल हो चुका था और उन्हें यह भी पता नहीं था कि मैं भीतर हूँ या नहीं और कुछ तो यह भी सोच रहे थे कि कहीं मेरा अपहरण तो नहीं कर लिया गया। बैठक के दौरान कोई एक गर्म शॉल लेकर आया और उसने कहा कि मेरे कर्मचारी यह सुनिश्चित करना चाहते है कि मुझे ठण्ड तो नहीं लग रही है। बाद में उन्होंने बताया कि वे चिन्तित थे और मुझ तक यह सन्देश पहुँचाना चाहते थे कि वे चीनी दूतावास आ गए हैं।

मुझे स्वीकार करना पड़ेगा कि वह बैठक भयभीत करने वाली थी: तीन मँजे हुए चीनी राजनीतिज्ञ और सैन्य अधिकारी एक अनुभवहीन युवा तिब्बती भिक्षु को घेरकर बैठे थे। कम-से-कम यह तथ्य कि हम बीजिंग में नहीं, दिल्ली में हैं, मुझे सुरक्षा का अनुभव करा रहा था। मैंने दृढ़ता से काम लिया और अपना भय जताया कि साम्यवादी दल तिब्बत पर अस्वीकार्य सुधार थोपना चाहता है। अब तक यह स्पष्ट हो चुका था कि झाऊ-एनलाई ने माओत्से तुंग से विचार-विमर्श कर लिया है। इसलिए उन्होंने पुनः उन आश्वासनों को दुहराया जो पहले भी मुझे दिए थे, जो कि पूर्वी तिब्बत में दमन और ज्यादतियाँ रोकने और सुधारों को स्थगित करने के विषय में थे। उन्होंने मुझे माओ की प्रतिज्ञा के विषय में बताया, जिसमें तिब्बत में सुधारों को कम-से-कम छह वर्ष के लिए स्थगित करने की बात थी और उसके पश्चात भी जब तक मैं स्वीकृति न दूँ, सुधार लागू नहीं किए जाएँगे। उन्होंने यह भी कहा कि तिब्बत में किसी भी तरह के सशस्त्र विद्रोह को सहन नहीं किया जाएगा और इस बात पर ज़ोर दिया कि मुझे अतिशीघ्र ल्हासा चले जाना चाहिए। उन्होंने अपनी बात यह कह कर समाप्त की कि मैं भारतीय सीमा के निकट स्थित, तिब्बत के कलिम्पोंग कस्बे में न जाऊँ, जहाँ एक तिब्बती समाज रहता था, जिनमें से कुछ लोग पहले ही भागकर निर्वासन में जा चुके थे।

इस बात पर मैंने झाऊ से कहा कि मैं उनके इस सुझाव पर विचार करूँगा। इस बैठक के बाद सुबह मार्शल हे मुझसे मिलने आए। उन्होंने झाऊ के उस परामर्श को दुहराया कि मैं ल्हासा लौट जाऊँ। तब उन्होंने एक कहावत सुनाई कि "हिम तेंदुआ तबतक शानदार लगता है जबतक वह हिम में रहता है परन्तु जब मैंदानों में उतर आता है उसके साथ कुत्तों जैसा व्यवहार होता है।" निश्चय ही वह मुझे चेतावनी दे रहे थे।

इन सब बातों ने अनेक तरह से मुझपर एक तरह का दबाव बनाया कि मैं विचारूँ कि तिब्बत वापिस जाऊँ या भारत में ही रुक जाऊँ। इस समय जो तिब्बती अधिकारी मेरे साथ थे उनके विचार भी परस्पर विरोधी थे। ऐसा भी प्रतीत हो रहा था कि बीजिंग पर्दे के पीछे से दबाव बना रहा है। झाऊ ने नेहरू को यह प्रलोभन भी दिया था कि यदि इस समय वह मुझे शरण न दें तो चीन मैकमोहन लाईन की सीमारेखा को स्वीकार कर सकता है। मैंने समझ लिया कि अन्ततः तिब्बत जाने अथवा न जाने का निर्णय मुझे ही लेना पड़ेगा। एक तिब्बती कहावत है, "दूसरों का मत अवश्य लो परन्तु निर्णय स्वयं करो।" इसलिए नेहरू जी के साथ अपनी अगली बैठक में मैंने उन्हें बताया कि दो कारणों से मैंने तिब्बत वापिस जाने का निर्णय लिया है। "आपने मुझे ऐसा करने के लिए कहा है और झाऊ-एनलाई ने मुझे और मेरे भाइयों के साथ निश्चित वायदे किए हैं।" जैसा कि सिद्ध हुआ, नेहरू ईमानदार व आदर्शवादी थे और जहाँ तक झाऊ की प्रतिज्ञाओं का प्रश्न है, वह सफेद झूठ बोल रहे थे।

1957 के जनवरी माह में मैं झाऊ के परामर्श की अवहेलना करते हुए कलकत्ता से कलिम्पोंग को रवाना हुआ। अपने घर वापिस लौटते हुए मैं गेंगटोक में रुका, जहाँ मैं अनेक समर्पित बौद्ध भिक्षुओं से मिला और वहाँ औपचारिक धार्मिक शिक्षाएँ दीं, आशीर्वाद समारोहों में भाग लिया। सिक्कम के महाराजा के निमन्त्रण पर वहाँ 'नामग्याल इंस्टीच्यूट ऑफ तिबेतोलॉजी' की आधारशिला भी रखी।

मैंने गेंगटोक में कुछ ही दिन रुकने का कार्यक्रम बनाया था। पर बर्फानी तूफान के कारण नाथू-ला दर्रा बन्द हो गया, जिसका अर्थ था कि मैं कुछ और सप्ताह तक गेंगटोक में खुशी-खुशी बन्द हो गया था। वहाँ रहते हुए मैंने नेहरू जी को ल्हासा आने का औपचारिक निमन्त्रण भी दिया। मैं उनके द्वारा दिल्ली में मुझे दिए आतिथ्य-सत्कार का प्रत्युपकार करना चाहता था और इससे भी

बढ़कर, उन्हें एक अवसर देना चाहता था कि वे स्व-अनुभव से जानें कि तिब्बत में क्या घटित हो रहा था। यद्यपि नेहरू जी ने मेरा निमन्त्रण स्वीकार कर लिया और बीजिंग ने भी इसकी स्वीकृति दे दी परन्तु बाद में वे पलट गए और कहा कि वे तिब्बत में नेहरू जी की व्यक्तिगत सुरक्षा की गारन्टी नहीं दे सकते। यह दु:खद था, क्योंकि यदि वे ल्हासा यात्रा पर आए होते तो उनके परामर्श से मुझे बहुत लाभ हुआ होता।

यद्यपि नेहरू राजधानी (ल्हासा) नहीं आ सके परन्तु सितम्बर 1958 में भूटान जाते और आते समय उन्होंने तिब्बत की धरती पर पाँव अवश्य रखे। उन्होंने यादोंग में एक रात्रि बिताई, यह वही जगह है जहाँ मैं उस समय रुका था जब साम्यवादी चीनी सेना ने पूर्वी तिब्बत पर आक्रमण किया था। प्रधानमन्त्री नेहरू और उनकी बेटी इंदिरा के स्वागत के लिए एक उच्च स्तरीय तिब्बती प्रतिनिधि मंडल भेजा गया। इस यात्रा के दौरान ही नेहरू जी ने पक्का आश्वासन देते हुए कहा था कि भारत की यह इच्छा है कि भूटान एक स्वतंत्र देश रहे, उसके लोग अपनी जीवन पद्धति का चयन करें और अपनी इच्च्छा के अनुसार अपनी प्रगति का पथ निर्धारित करें। भूटान का बड़ा पड़ोसी भारत उससे कैसा व्यवहार कर रहा था और उसी समय तिब्बत का पूर्व में स्थित बड़ा पड़ोसी चीन, उससे कैसा व्यवहार कर रहा था, यह अंतर स्पष्ट था, निश्चय ही, बहुत दु:खद अंतर था जिसको अनदेखा करना मुश्किल है।

अंततः जब मौसम साफ हुआ और फरवरी के अंत तक रास्ते खुल गए, हमने नाथू-ला दर्रे को पार कर तिब्बती भूमि पर पाँव रखे। दर्रे को पार करने से पूर्व अपने बड़े भाई लोबसांग समतेन से विदाई का क्षण बहुत दुखद था। मेरे सभी भाई बहनों में हम दोनो एक-दूसरे के सर्वाधिक निकट थे। बचपन में हम अमदो से केन्द्रीय तिब्बत की दस सप्ताह लम्बी यात्रा एकसाथ करते थे, और मुझे दलाई लामा के रूप में पहचान लिए जाने के तुरन्त पश्चात हम दोनों की मठ में प्रारम्भिक शिक्षा भी एक साथ हुई थी। लोबसांग समतेन उस समय स्वस्थ नहीं थे और बहुत कमज़ोरी का अनुभव कर रहे थे। इसलिए मैंने सुझाव दिया कि हम दोनों कुछ समय के लिए कार में चुपचाप बैठते हैं। वह रो रहे थे और मैं भी बहुत उदास था, इसके कारण कुछ देरी हुई, जिससे मुझे वापिस तिब्बत लिवा ले जाने के लिए मेरे साथ चल रहे चीनी अधिकारी चिढ़ रहे थे।

4

घर से पलायन

गंगटोक से ल्हासा जाते समय मैं अनेक स्थानों पर रुका ताकि अपने लोगों को पुनः आश्वस्त कर सकूँ, परन्तु लगातार चिन्ताजनक समाचार आते रहे। 1अप्रैल, 1957 को मैं राजधानी पहुँचा और यह जान रहा था कि चीनी सरकार की गतिविधियों के कारण हालात बिगड़ रहे थे और मैं कोई प्रभाव डालने में असमर्थ था। ग्रीष्म ऋतु के मध्य तक आते-आते मुझे यह स्पष्ट हो गया कि झाऊ ने मुझे जो कुछ भी कहा था वह झूठ था और माओ की ओर से उसने जो मुझे बताया था, वह भी ढोंग था। खाम और अमदो (पूर्वी और उत्तरी तिब्बत) में खुला संघर्ष जारी था। जनमुक्ति सेना किसी तरह का संयम नहीं दिखा रही थी, नये शहरों पर बम बरसा रही थी और इस तरह के अत्याचार कर रही थी कि विश्वास नहीं होता था, जिसकी अन्तरराष्ट्रीय न्यायविदों के कमीशन ने 1959 में पुष्टी की। ज़बरदस्ती नसबन्दी करना, फाँसी पर चढ़ाना, अंगभंग करना, अंतड़ियाँ निकाल लेना, शरीर के टुकड़े-टुकड़े कर देना, सिर काटना, जलाना, पीट-पीटकर मार डालना, जिन्दा दफना देना, दौड़ते हुए घोड़ों के पीछे लोगों को बाँध देना, उन्हें उल्टा लटका देना तथा अन्य वीभत्स कार्य करना। हजारों अन्य शरणार्थियों ने खाम और अमदो से भागकर ल्हासा और उसके बाहरी क्षेत्रों में डेरे डाल दिए।

1958 और 1959 के प्रारम्भ में, हालात पहले से अधिक खराब हो गए, दक्षिण तिब्बत में तिब्बती प्रतिरोध प्रारम्भ हुआ, जिसका नाम था धर्म रक्षा के लिए स्वयंसेवक बल (टेनसुंग डेगलांग मागमी)। इसका नेतृत्व ऊर्जावान नेता अद्रुक गोम्पो ताशी कर रहे थे। तनाव समाप्त करने के लिए मैंने ल्हासा स्थित जन मुक्ति सेना के उच्चतम चीनी अधिकारियों के साथ अनेक बैठकें कीं। इनमें बदमिजाज चीनी जनरल तेन गुआनसन भी शामिल थे। इन जनरलों ने इस बात पर ज़ोर दिया कि मैं इन गुरिल्ला तिब्बतियों के विरुद्ध, तिब्बती सेना का प्रयोग करूँ। यह कल्पना से परे था कि मैं अपने ही लोगों के विरुद्ध अपने सैनिक भेजता, विशेषकर जब वे अपनी मातृभूमि और संस्कृति की रक्षा के लिए ही लड़ रहे थे। उन्हीं दिनों मुझे अमेरिका से सन्देश मिला कि यदि मुझे प्रतिरोध-आन्दोलन में सहायता की आवश्यकता हो तो वे सहायता देने को तैयार हैं। परन्तु बुद्ध का अनुयायी और गांधी के अहिंसा-दर्शन का प्रशंसक होने के कारण मैं ऐसी प्रार्थना करने का विचार भी नहीं कर सकता था

मैं स्वीकार करूँगा कि मेरा एक हिस्सा उन गुरिल्ला योद्धाओं का प्रशंसक भी था। वे बहादुर लोग थे, जो तिब्बत और अपने धर्म के लिए अपनी जान पर खेल रहे थे। मैं यह भी जानता था कि उनमें से अनेक मेरे अर्थात दलाई लामा के प्रति अपनी निष्ठा दिखाने के लिए लड़ रहे थे। इस उत्तेजक परिस्थिति में, महात्मा गांधी मुझे क्या परामर्श देते, यह सोचकर मैं हैरान हो रहा था। क्या उन्होंने यहाँ हो रही हिंसा को क्षमा कर दिया होता? मुझे विश्वास नहीं होता कि वह ऐसा करते। व्यावहारिक दृष्टि से मैं सोचता था कि चीनियों के प्रति बल प्रयोग न केवल निरर्थक था बल्कि आत्मघाती भी था। इससे चीनी सेना को तिब्बतियों को पूरी ताकत के साथ कुचलने का ठीक बहाना मिल जाता।

इस बीच मैं अपनी अंतिम गेशे लाराम परीक्षा की तैयारी कर रहा था, जो महान प्रार्थना भवन में, 1959 में होने वाली थी। 22 फरवरी, 1959 को जब मैं औपचारिक परीक्षा संबंधी वाद-विवाद के लिए प्रस्तुत हुआ तो यह मेरे लिए लगातार चलने वाले चुनौतीपूर्ण राजनीतिक जीवन से छुटकारा था। जिस दिन मैंने अपनी गेशे की वाद-विवाद परीक्षा उत्तीर्ण की, वह दिन मेरे जीवन का सर्वाधिक सुखद दिन था। यह उन वाद-विवादों के क्रम में अंतिम थी, जिन्हें मैंने 15 वीं शताब्दी के प्रारम्भ में स्थापित गेलुक संप्रदाय के सबसे बड़े

विश्वविद्यालयों- सेरा, दीपंग और गन्देन में उत्तीर्ण किया था। बाद में मुझे पता चला कि इन वाद-विवादो में, जिन्हें मुझसे प्रश्न पूछने के लिए चुना गया था, वे भी मेरी ही तरह घबराए हुए थे।

ल्हासा में मेरी गेशे परीक्षा के कुछ सप्ताह पश्चात संकट चरम सीमा पर पहुँच गया। मेरी सुरक्षा और बड़ी संख्या में ल्हासा में चीनी सेना की उपस्थिति को लेकर अवस्था विस्फोटक हो गई थी। एक ही स्थान पर इतने अधिक लोग एकत्र हो गए थे- तिब्बत के विभिन्न भागों से ल्हासा के स्थाई निवासियों के अतिरिक्त लोग आ गए थे। ल्हासा शहर में जनमुक्ति सेना के सिपाही बड़ी संख्या में तैनात थे, जिसके कारण शहर में चारों ओर घबराहट और बेचैनी का वातावरण था। अनेक लोगों को लगता था कि कुछ अघटित, घटने वाला है।

10 मार्च को मुझे एक सैनिक छावनी में सांस्कृतिक कार्यक्रम में उपस्थित रहना था, जहाँ मुझे सलाह दी गई थी कि मैं अपने अंगरक्षकों को लेकर न आऊँ। यह बात फैल गई और हजारों नागरिकों ने शहर में स्थित मेरे आवास नोरबूलिंग्का को घेर लिया ताकि मैं शहर के बाहर न जा सकूँ। दिन चढ़ने के साथ ही भीड़ बढ़ती चली गई और लोग चीन-विरोधी नारे लगा रहे थे और कह रहे थे कि वे दलाई लामा को शहर से बाहर नहीं जाने देंगे। यह भीड़ शीघ्र ही नियन्त्रण से बाहर हो गई और प्रदर्शन स्वतः स्फूर्त विद्रोह में बदल गया। इसके बाद के कुछ दिन स्थितियाँ वैसे ही तनावपूर्ण और अराजक बनी रहीं, क्योंकि भीड़ ने लौट जाने से इन्कार कर दिया। 12 तारीख को हजारों तिब्बती महिलाओं ने पोटला महल के सामने एकत्र होकर प्रदर्शन किया। उन्होंने चीन का झण्डा जलाया और माओ, झाउ-एनलाई, झू-दे के चित्र और पुतले जलाए और वे चिल्लाईं- "तिब्बत सदा आजाद रहा है। तिब्बत तिब्बतियों का है। दलाई लामा अमर रहे। गादेन फोडरंग अमर रहे।" अन्तिम शब्द दलाई लामा के अधीन चलने वाली सरकार का नाम है। महिलाओं के इस विरोध प्रदर्शन की नेता गुरटेंग कुनसांग और उनके कुछ साथियों को बाद में गोली मार दी गई। 14 मार्च को मैं लोगों के चौदह प्रतिनिधियों के साथ इस आशय से मिला था कि शायद मैं स्थितियों को संभाल सकूँ। परन्तु तनाव बढ़ता गया और दिन-प्रतिदिन तिब्बतियों की संख्या बढ़ती चली गई।

दस तारीख से सत्रह मार्च तक, चीनी सेना अपनी छावनियों में रही, जब कि मैं इस बीच गुस्सैल चीनी जनरल तान गुआनसान से संदेशों का आदान-प्रदान करता रहा। सम्भवतः, इससे उन्हें तैयारी का समय मिल गया। मैंने उसे अंतिम पत्र 16 मार्च को लिखा। यह भी संभव है कि इस बीच चीनी सेना बीजिंग से आदेशों की प्रतीक्षा कर रही थी। हमें सूचना मिली थी कि वे भीड़ पर हमला करने वाले हैं और नोरबूलिंग्का महल पर बम गिराने की सोच रहे हैं। मेरी आन्तरिक मित्र मण्डली में से अनेक मुझे कुछ समय के लिए ल्हासा छोड़ देने की सलाह दे रहे थे, परन्तु मैं अब भी आशा कर रहा था कि यदि मेरी सुरक्षा के लिए चिंतित बाहर एकत्र लोगों को मैं अपनी सुरक्षा के विषय में आश्वस्त कर सका तो स्थितियों को शान्त करने में सफलता मिल सकती है और हम तुरंत होने वाले विस्फोट से बच सकते हैं।

सत्रह तारीख को, सायं चार बजे नोरबूलिंग्का[1] के बाहर, उत्तर दिशा में दो गोले फटे परन्तु सौभाग्य से कोई हानि नहीं हुई। सभी सोचने लगे कि अब हमला अवश्य होने वाला है। उसी दिन, पहले ही राजकीय भविष्य-वक्ता ने भी भाव समाधि की अवस्था में कहा था- "चले जाओ। आज की रात ही चले जाओ।" उसके अनुदेशों का अर्थ मेरे द्वारा किए गए कई शकुन विचारों के अनुकूल था जो मैंने वहीं रहने अथवा चले जाने को लेकर किए थे। इस प्रकार दो गोलों के फटने से उस भविष्य-वाणी[2] की पुष्टि हो रही थी, जिसमें मुझे तुरन्त चले जाने को कहा गया था। न केवल मेरा जीवन खतरे में था बल्कि वहाँ एकत्र हुए हजारों लोगों का जीवन भी निश्चय ही नष्ट होने की कगार पर था। मेरे आस-पास के सारे लोग भी मुझे चले जाने की सलाह दे रहे थे इसलिए मैंने ल्हासा से पलायन का निर्णय ले लिया। मैं महाकाल के मंदिर में गया, जो कि बौद्ध धर्म के महत्त्वपूर्ण रक्षक माने जाते हैं, यह वह मंदिर था जहाँ लम्बी यात्रा पर निकलने से पहले मैं विदा लेने अवश्य जाता था। वहाँ के पुजारी यह

---

1 नाछुंग दोरजे द्राकदेन के नाम से भी प्रसिद्ध है। यह एक महत्त्वपूर्ण भविष्य-वाणी है। यह ऐतिहासिक दृष्टि से दलाई लामाओं से सम्बद्ध है, जो भाव समाधि की अवस्था में किसी माध्यम द्वारा की जाती है। भविष्य-वाणी से परामर्श की परम्पर तिब्बती बौद्ध मत में रही है।

2 भविष्य-वाणी (तिब्बती में मो), में विशेष रूप से पाँसे फेंककर उनके परिणाम को किसी कार्य के विभिन्न पक्षों की जाँच के लिए प्रयुक्त किया जाता है।

देखकर चकित हुए होंगे जब मैंने मूर्ति को लम्बा सफेद स्कार्फ भेंट किया, परन्तु उन्होंने जताया नहीं। तत्पश्चात मैंने अपनी लामा की पोषाक त्यागकर, आम आदमी की पोषाक पहन ली और पूजा घर में कुछ क्षण शान्ति प्राप्त करने के लिए जाकर बैठ गया।

सिंहासन के निकट एक छोटी-सी मेज पर रखे धर्म ग्रंथ को मैंने खोला जो कि 'अष्टशहस्रिका प्रज्ञापारमिता सूत्र' था, जिसे महायान शाखा के लोग बहुत पवित्र मानते हैं। मैंने अनायास ही एक पृष्ठ पलट लिया और ऊपर से लेकर पढ़ा, जो नीचे इन शब्दों से समाप्त हो रहा था- "हौसला रखो और विश्वास करो।" ऊर्जा से भरकर मैंने ग्रंथ को बन्द किया, कमरे को आशीर्वाद दिया और रोशनी बुझा दी। एक बहुमूल्य वस्तु, जो मैंने साथ ले जाने के लिए उठाई वह एक पुराना थंका(एक परम्परागत तिब्बती चित्र जो चित्रफलक पर बनता है और रेशमी जरी से चारों ओर मढ़ा होता है, जिसे गोलाकार लपेटा जा सकता है) जो कि दूसरे दलाई लामा से सम्बद्ध था।[3]

जब मैं अपने कमरे से निकला तो एक सन्नाटे के बादल ने मुझे घेर लिया, जिसमें मैं अपने कदमों की आवाज़ और घड़ी की टिक-टिक की आवाज़ भी सुन सकता था। मेरे कमरे में जो पहरेदार खड़ा था, मैंने उसकी बन्दूक ले ली। इस प्रकार 17 मार्च को मैंने अपना चश्मा अपनी जेब में रखा, साधारण लोगों जैसे वस्त्र पहने और कंधे पर बंदूक लटकाकर नोरबूलिंग्का महल से बाहर आ गया। यह सचमुच बहुत भयावह अनुभव था। मुझे डर लग रहा था परन्तु, इससे भी अधिक भय यह था कि ऐनक के बिना मैं कहीं ठोकर न खा जाऊँ। जैसे ही मैं दरवाजे से बाहर आया तो मैंने अनुभव किया कि नोरबूलिंग्का के बाहर बहुत से लोग इकट्ठे हो चुके हैं। उनके विषय में सोचते हुए, मैंने उनके लिए प्रार्थना की कि पता नहीं उन हजारों, निरीह तिब्बतियों के भाग्य में क्या लिखा है।

मेरे निकल जाने के पश्चात तिब्बती सरकार पूर्ववत काम करती रही, मानों मैं भीतर ही होऊँ। एक बार जब हम चीनी जनतंत्र की मुक्ति सेना की पहुँच से बाहर हो गए तब मैंने जो बात सर्वाधिक अनुभव की, वह थी सुख की साँस लेना। इसके साथ ही इस बात की तीव्र चेतना थी कि अब मुझे अपने मन की

---

3 यह थंका बौद्धमत की प्रसिद्ध देवी पाल्देन लामो की है। यह 15वीं सदी के दूसरे दलाई लामा के समय से दलाई लामा से संबंधित रहा है।

बात कहने की आज़ादी थी और खुलकर साम्यवादी सरकार की आलोचना कर सकता था। आज़ादी की यह अनुभूति स्पष्ट और सशक्त थी। नौ वर्ष में जब मुझे बीजिंग और ल्हासा में चीनी सरकार के साथ काम करना पड़ा तब मुझे हर शब्द, हर वाक्य को सावधानी से बोलना होता था, इससे मेरे दिल पर भारी बोझ रहता था। और अब मैं आज़ाद हवा में साँस ले रहा था।

अगले दिन प्रातः, जब हम चेला दर्रा पार कर रहे थे तो मेरे घोड़े को लेकर चलने वाले पथ-प्रदर्शकों में से एक ने कहा कि यह वह जगह है, जहाँ से अभी भी अंतिम बार उस पोटला महल को देखा जा सकता है, जिसने उस पूरे पथरीले पहाड़ का चेहरा ढँक-सा दिया है, जो ल्हासा पर छाया है। तब उसने मुझे मेरा घोड़ा मोड़ने में सहायता की ताकि मैं उसके अंतिम दर्शन कर सकूँ। बहुत दुखी मन के साथ मैंने ल्हासा को अलविदा कहा। यह तिब्बत की राजधानी थी, जहाँ मैं चार वर्ष की आयु से पला-बढ़ा था। मैंने प्रार्थना की कि एक दिन मैं पुनः यहाँ आ सकूँ।

कुछ दिनों के बाद, 20 मार्च को चीनियों ने नोरबूलिंग्का और वहाँ एकत्र भीड़ पर बमबारी की और अनेक लोगों को मार डाला। अब तक जनमुक्ति सेना ने आक्रमण की सुनियोजित योजना बना ली थी। अपनी पलायन-यात्रा के बीच जब मैंने यह समाचार सुना तो, मैंने अपने लोगों के लिए प्रार्थना की। कोई नहीं जानता कि तब वहाँ ल्हासा में कितने लोग मारे गए। मुझे बताया गया कि नोरबूलिंग्का के भीतर और बाहर हज़ारों लाशें पड़ी थीं। नोरबूलिंग्का ल्हासा, चौकपोरी (ल्हासा के सामने की पहाड़ी, जहाँ तिब्बती मेडिकल कॉलेज था) और सैरी मठ में जो हुआ वह बमबारी द्वारा निष्ठुर जनसंहार था।

हम लुहंत्से डॉग, जो कि लहोका (दक्षिण में) में था और ठीक भारत की सीमा के पास तिब्बत में था, उस ओर बढ़े। मूल रूप से हमारी इच्छा सीधे भारत में निर्वासन पर जाने की नहीं थी। मेरा विचार किसी सुरक्षित स्थान पर रहते हुए चीन की सरकार से समझौता-वार्ता करने का था, ताकि मैं पुनः लौटकर तिब्बती सरकार का नेतृत्व कर सकूँ। परन्तु मेरे वहाँ से निकलने के पश्चात, जो वहाँ घटित हुआ था और अभी भी घटित हो रहा था, उस सबकी सूचनाएँ प्राप्त करने के पश्चात हमें विश्वास हो गया कि पीपल्स रिपब्लिक ऑफ चाइना से बातचीत निरर्थक थी। ल्हासा के अधिकारियों ने तिब्बती सरकार को भंग कर दिया था।

मुझे बाद में पता चला कि जब माओ को मेरे बचकर भागने का समाचार दिया गया तो उन्होंने कहा- "हम हार गए।"[4] शायद वह ठीक कह रहे थे। संभवतः माओ ने समझ लिया था कि मेरे तिब्बत से चले जाने के पश्चात चीन की तिब्बत में उपस्थिति की वैधता पर प्रश्न प्रमुखता से उठेगा और यह प्रश्न दशकों के चीनी आधिपत्य के पश्चात आज भी बना हुआ है।

हमने लुहुंत्से डोंग में रुककर परिस्थितियों का जायजा लिया। सत्रह सूत्रीय समझौते पर हस्ताक्षर होने के बाद के आठ वर्षों के कार्यकाल पर दृष्टिपात करते हुए, खासकर 1954-55 में मेरी चीन यात्रा और 1956-57 में भारत यात्रा के पश्चात, हर तरह का समझौता करने के पश्चात भी लग रहा था कि काम करना असंभव है। एक पुरानी तिब्बती कहावत है, जो तिब्बत और चीन के पारस्परिक संबंधों का सार प्रस्तुत करती है- "तिब्बतियों को उनकी आशाओं ने निराश किया और चीनियों को उनके संदेह ने हताश किया।"

लुहुंत्से में मैंने, 26 मार्च, 1959 को औपचारिक रूप से सत्रह सूत्रीय समझौते को निरस्त कर दिया और अपनी तिब्बती सरकार के पुनर्गठन की घोषणा कर दी, जो कि देश के लिए एकमात्र वैध रूप से गठित सरकार थी। उस समारोह में जहाँ एक हजार से भी अधिक लोग उपस्थित थे, मेरे मंत्रिमंडल के एक मन्त्री सुरखांग ने इस आलेख को उच्च स्वर में पढ़कर सुनाया। इस आलेख के प्रारम्भ में ही वैध सरकार के गठन की घोषणा करते हुए कहा गया था-

> "अतीत में हजारों वर्ष से, बर्फ का घर, तिब्बत, एक स्वतंत्र देश के रूप में जाना जाता रहा है। जहाँ एक ऐसी शासन प्रणाली थी, जिसमें धार्मिक और धर्मनिरपेक्ष सत्ताएँ शामिल थीं- एक छोटे और बड़े देश में रहने वाले भेद के सिवा, तिब्बत में देश की सारी विशिष्टताएँ, महानता और योग्यता है, जो विश्व के किसी भी देश में होनी आवश्यक है।"

इस आलेख के अन्त में लोगों से कहा गया था कि जैसे ही लोग इस राजाज्ञा को देखें, जिसमें गादेन फोदरंग के गठन का शुभ समाचार दिया गया है, इसे अपने क्षेत्र के सभी भिक्षु और सामान्य लोगों तक पहुँचाएँ, ताकि सभी

---

4 Mao: The Unknown Story (New York: Alfred A. Knopf, 2005), 447, में जंग चैन और जॉन हेलीडे लिखते हैं कि माओ ने चीनी जनरल टैन गुन्सान को आदेश दिया कि वह सेना से कहे कि दलाई लामा को मारने की बजाय उसे बच कर निकल जाने दे। उन्हें चिंता थी कि दलाई लामा की मृत्यु पूरी दुनिया को उत्तेजित कर देगी, खासतौर से भारत और एशिया में बौद्धमतावलम्बी देशों को।

सुन लें।" स्वतंत्र तिब्बत सरकार के गठन का अध्यादेश, मेरे हस्ताक्षर सहित पूरे देश में भेजा गया और एक प्रति पंचेन लामा को भी भेजी गई।

उसी समय चीनी सेनाओं के निकट आने की सूचना ने सीमा पार कर भारत में जाने के निर्णय को तीव्रता दी। मेरे समक्ष तिब्बती सैनिकों और प्रतिरोध कर रहे योद्धाओं से विदा लेने का कठिन कार्य था, जो मुझे ल्हासा से यहाँ तक सुरक्षित लेकर आए थे और पुनः मुड़कर चीनी सेना से लड़ने जा रहे थे। मैं जानता था कि इनमें से कुछ तो अवश्य मारे जाएँगे। वे पुनः स्वयंसेवी सेना में भर्ती होने जा रहे थे, जो धर्म के लिए लड़ रही थी। मुझे बाद में पता चला कि अमेरिकी सरकार की एजेंसी, सीआईए द्वारा, एशिया में साम्यवाद के फैलाव को रोकने की योजना के अन्तर्गत गम्पो ताशी के नेतृत्व में लड़े जाने वाले प्रतिरोधी आन्दोलन को सहायता दी गई थी तथा उनमें से कुछ को दूरसंचार और युद्ध कला का भी प्रशिक्षण दिया गया था।

लुहुंत्से डोंग से हमने सीधे भारतीय सीमा की ओर जाने का निर्णय लिया। दो दिन की कठिन घुड़सवारी करते हुए हम मंगमंग पहुँचे, जो तिब्बत-भारत सीमा पर अंतिम गाँव है। मुझे यह देख कर प्रसन्नता हुई कि वहाँ वह अधिकारी मौजूद था, जिसे मैंने यह जानने के लिए भेजा था की वह भारतीय अधिकारियों से पूछे कि क्या वे मुझे और मेरे साथियों को स्वीकार करने को तैयार हैं? वह सुखद समाचार लेकर आया था कि भारत सरकार मुझे और मेरे साथियों को शरण देने को तैयार है। मंगमंग में उस रात, कई दिनों के बाद मैंने खुद को सुरक्षित अनुभव किया। यहाँ तक पहुँचने का यही एकमात्र रास्ता था और सैकड़ो प्रतिरोधी योद्धा इसकी रक्षा कर रहे थे। इसलिए मैं जानता था कि जब तक चीनी हम पर बम वर्षा नहीं करते, हम सुरक्षित हैं।

परन्तु मौसम हम पर दया नहीं कर रहा था- मूसलाधार बारिश हुई थी और मेरा तम्बू जगह-जगह से चू रहा था। मुझे रात बैठकर गुजारनी पड़ी और अगले दिन इसके कारण मुझे जुकाम हो गया। मेरे बीमार पड़ जाने के कारण, सीमा तक ले जाने वाले शेष मार्ग पर चलना दो दिन के लिए स्थगित किया गया। अभी भी मैं घुड़सवारी के योग्य नहीं था इसलिए मुझे जो पर बिठाया गया, जो कि याक और गाय के समागम से पैदा होता है। इस तरह मैंने अपनी मातृभूमि के अन्तिम टुकड़े को पार किया। 31 मार्च, 1959 को मेरे दल ने भारत में प्रवेश किया। तब से लेकर आज तक मैं अपनी मातृभूमि में नहीं जा सका।

5

एक भू-राजनीतिक चिंतन

25 वर्ष की आयु में अब यहाँ, इस नये देश में, मैं एक शरणार्थी के रूप में रह रहा था। जैसा कि एक तिब्बती कहावत है कि शरणार्थी के रूप में आप जिससे परिचित होते हैं वह केवल पृथ्वी और आकाश ही हैं। उस समय पूरे वैश्विक ऐतिहासिक संदर्भ में मेरे देश के साथ जो घटित हुआ था उसके ऐतिहास संदर्भ और महत्त्व को पूरी तरह समझ पाना संभव नहीं है। स्वाभाविक था कि पहला और सबसे बड़ा अनुभव, मेरे लिए और मेरे साथियों के लिए विस्थापन का सदमा था। मेरे पलायन के पश्चात, चिंतन-मनन से उलट सबसे आवश्यक कार्य उन हजारों और निरंतर बढ़ रहे तिब्बती समुदाय की देखरेख का था, जो कि महीनों मेरे पीछे-पीछे भारत में प्रवेश करने में सफल हो गए थे। बाद में समय के अन्तराल और पीछे मुड़कर देखने से ही मैं समझ सका कि मेरे देश तिब्बत के साथ क्या घटित हुआ था।

मेरी मातृभूमि, तिब्बत, जिसे छोड़कर मुझे भागना पड़ा, चारों ओर भूमि से घिरा देश है। इसके दक्षिण में विशाल हिमालय की पर्वत-शृंखला है, जिसके पार भारत, नेपाल और भूटान स्थित हैं। इसके उत्तर में मध्य एशिया के रेगिस्तान हैं, जिसके आगे तुर्किस्तान[1] (शिन ज्यांग) और मंगोलिया है और

1 यद्यपि आज शिन ज्यांग (अर्थ- न्यू फ्रंटियर) ही पूर्वी तुर्कीस्तान के लिए प्रयुक्त होता है लेकिन सच्चाई यह है कि यह औपनिवेशिक नाम चीन द्वारा खोजा हुआ है। जबकि उइगुर लोग इसकी भौगोलिक अवस्थिति के अनुसार इसे पूर्वी तुर्किस्तान कहते हैं।

इसके पूर्व में, चावल की खेती वाला तराई का क्षेत्र है, जहाँ चीनी रहते हैं। हम तिब्बती, विशाल तिब्बती पठार के निवासी हैं, हम अर्ध-चरवाहे हैं और 'साम्पा' (भुने जौ का आटा) का भोजन करते हैं और उस विशाल, ऊँचे पठार में रहते है, जिसके दक्षिण में हिमालय मढ़ा हुआ है और ऊपर खुला नीला आकाश है जिसकी उत्पत्ति एक बन्दर और पर्वतों में रहने वाली एक राक्षसी के समागम से हुई, जिसकी छः संतानें थीं। तिब्बतियों की उत्पति की कथा के अनुसार उन्हीं से इस प्रजाति का जन्म हुआ। मैंने यह कथा ल्हासा में आने पर पहली बार सुनी थी। एक सन्यासी ने पोटला महल में बने एक भित्ति-चित्र का वर्णन करते हुए, उस बन्दर को दिखाते हुए यह बात बतायी थी। तिब्बती इतिहासों में 'नयातरी सैंम्पो' को तिब्बत का पहला राजा माना जाता है, जिसका शासन काल 127 ईसा पूर्व माना जाता है। वास्तव में, परम्परागत तिब्बती कैलेण्डर (तिब्बती शाही कैलेण्डर) 'वो गायलो' के अनुसार यह प्रथम वर्ष है, जिसके अनुसार साम्यवादी चीन का तिब्बत पर आक्रमण का वर्ष 1950, तिब्बती कैलेण्डर में वर्ष 2077 हो जाता है। एक प्राचीन ग्रंथ में लिखा है कि "यह राजा आकाश से उतरा और आकाश के नीचे जो देश था, स्वेच्छा से उसका राजा बन गया। यह स्थान पृथ्वी का केन्द्रबिन्दु था, महाद्वीपों के बीचोंबीच स्थित और हिममण्डित पर्वतों से घिरा था, जहाँ सभी नदियों का उत्स था। पर्वत बहुत ऊँचे थे और धरती पवित्र थी तथा देश शानदार था- तीव्र गति से दौड़ने वाले घोड़ों का यह पालना था।"

तिब्बती पठार की विशिष्ट भौगोलिक स्थिति के कारण जिसे हम कभी-कभी "विश्व की छत भी कहते हैं"(जामलिंग लायी यंगथोक), तिब्बतियों ने हजारों वर्षों में ऐसी जीवन शैली और संस्कृति का विकास किया, जो कि उच्च क्षेत्रीय पर्यावरण और पारिस्थितिकी के सर्वथा अनुकूल थी। हम तिब्बती, सातवीं शताब्दी के अपने शासक 'सोंगसेन गेम्पो' को अपना सर्वश्रेष्ठ राजा मानते हैं, जिसके शासन काल की अनेक विशिष्ट उपलब्धियाँ हैं, जिनसे तिब्बती सभ्यता समृद्ध हुई। उनके समय में ही तिब्बती लेखन प्रणाली विकसित हुई और उसी समय भारत से पहले-पहल बौद्ध ग्रंथ लाकर संस्कृत से अनुदित किए गए। इस बादशाह ने सार्वभौम कानून प्रणाली लागू की; पूरे तिब्बती पठार के लिए मानक माप-तौल के एक-से पैमाने तैयार करवाए तथा कृषि और कारीगरी

में अनेक नवाचार प्रारम्भ किए। इनके शासन काल में ही तिब्बत के सबसे पुराने दो मंदिरों का निर्माण हुआ- जोखांग और रामोचे- जिनमें नेपाल और चीन से लाई गई बुद्ध प्रतिमाओं को स्थापित किया गया। ये प्रतिमाएँ नेपाल और चीन की वे राजकुमारियाँ अपने साथ लेकर आई थीं, जिनसे बादशाह सोंगसेन गेम्पो ने शादी की थी। अपने बचपन से ही मैं सोंगसेन गेम्पो और उस चीनी राजकुमारी बेंचेंग के विवाह की कहानी जानता था, जिसे तांग बादशाह तेजोंग ने वधु के रूप में उसे दिया था। मुझे प्रति वर्ष गर्मियों में ल्हासा में होने वाले गीतिनाट्यों की प्रतीक्षा रहती, जो नोरबूलिंग्का महल के बाहर बाग में शोरटोन उत्सव के समय आयोजित किए जाते थे। ऐसे ही एक गीत नाट्य में सोमसेन और चीनी राजकुमारी भृकुटि से उसकी शादी की कथा वर्णित है। लम्बे इतिहास वाले दो पुराने पड़ोसियों की तरह तिब्बत और चीन के इतिहास में भी अनेक उतार-चढ़ाव आए; मैत्री के कालखण्ड, शांति-सहिष्णुता का समय, झगड़ों का समय और कभी-कभी युद्धों के कालखण्ड भी आए। परन्तु साम्यवादी चीन का तिब्बत पर बलात आक्रमण एक अभूतपूर्व त्रासदी थी।

पीछे मुड़कर देखता हूँ तो मुझे ज्ञात होता है कि तिब्बत और इसके लोग किस प्रकार इतिहास की दुखद परिस्थितियों के शिकार हुए। उस संकटपूर्ण समय में वे सारी महाशक्तियाँ, जिनके तिब्बत से ऐतिहासिक संबंध रहे थे, अपने-अपने तरीकों से अपनी समस्याओं में उलझे थे। ब्रिटिश सरकार, जिसने 1903-04 में तिब्बत पर आक्रमण किया था अभी-अभी भारत को आज़ाद करके गयी थी। उसमें दक्षिण और भीतरी एशिया की राजनीति में फँसने की क्षमता शेष नहीं रह गई थी। भारत 15 अगस्त, 1947 को अति दुखद विभाजन के पश्चात स्वतंत्र हुआ था और तभी उस पर एक युद्ध थोप दिया गया, जो कि 1 जनवरी, 1949 को समाप्त हुआ। भारत में इस युद्ध क्षेत्र के साथ लगते क्षेत्र के एक अन्य पड़ोसी के साथ एक और युद्ध लड़ने की बिल्कुल इच्छा नहीं थी। अमेरिका, द्वितीय विश्व युद्ध के पश्चात साम्यवाद को रोकने की अपनी इच्छा के कारण तिब्बत में रुचि रखता था। युद्ध के पश्चात पूर्वी यूरोप में जो कुछ घटित हुआ था वह उसे एशिया में दुहराया जाता देखने को बिल्कुल तैयार नहीं था। उदाहरण के लिय 1946-49 के चीन के आन्तरिक युद्ध में, अमेरिका ने हार रही च्यांग काई शेक की राष्ट्रवादी सरकार को भरपूर सहायता

दी थी। 1950-53 में हुए कोरियाई युद्ध में अमेरिका ने उत्तरी कोरिया द्वारा दक्षिणी कोरिया पर किए आक्रमण के प्रतिरोध में अपनी सेनाएँ वहाँ भेजी थीं क्योंकि उत्तरी कोरिया की सहायता, रूस और साम्यवादी चीन कर रहे थे। जो भी थोड़ी बहुत सहायता अमेरिका ने तिब्बत को दी उसका लक्ष्य द्वितीय विश्व युद्ध के पश्चात एशिया में साम्यवाद की लहर को रोकने की अपनी वृहत्तर नीति के अनुपालन के लिए ही थी।

लगभग उसी काल खंड में मंगोलिया के साथ जो हुआ वह ऐतिहासिक रूप से तथा तुलनात्मक दृष्टि से अत्यधिक रोचक है। जब 1911 में मांचू क्विंग वंश का शासन समाप्त हुआ, उस समय मंगोलिया की राजनीतिक स्थिति बिल्कुल तिब्बत जैसी थी। जिस तरह साम्यवादी चीन, तिब्बत पर अपना अधिकार जता रहा था वैसा ही अधिकार वह मंगोलिया पर भी जता रहा था। यह कोई संयोग नहीं हैं कि मंगोलिया और तिब्बत ने 1913 में एक दूसरे की स्वतंत्रता की मान्यता की द्विपक्षीय संधि की। चूँकि सोवियत रूस, मंगोलिया की चीन से आज़ादी की घोषणा का पक्षधर था, इसलिए 1945 में वहाँ हुए एक जनमत संग्रह के आधार पर विश्व शक्तियों ने च्यांग काई शेक को विवश किया कि वह मंगोलिया को उस जनमत के आधार पर स्वतंत्र मान ले। इसी के परिणाम स्वरूप आज मंगोलिया, यद्यपि कुछ छोटे आकार में ही सही, स्वतंत्र है और संयुक्त राष्ट्र संघ का सदस्य भी है।

हम तिब्बती इतने भाग्यशाली न थे। एक सीमा तक इसके लिए हम ही दोषी थे जबकि विश्व के सभी देश प्रथम विश्व युद्ध के पश्चात् विशेष रूप से विश्व में अपने स्थान के लिए जागरूक हो चुके थे, हम तिब्बती, रेत में अपना सिर गड़ाए थे। उस समय बहुत बड़ी गलतियाँ हुईं। उदाहरण के लिए, अन्तरराष्ट्रीय स्तर पर तिब्बत को एक स्वतंत्र राष्ट्र के रूप में प्रस्तुत करने के व्यवस्थित प्रयास इस कालखण्ड में बहुत कम हुए। तेरहवें दलाई लामा के अनेक सुधार विशेषकर सुरक्षा और शिक्षा में किए जाने वाले सुधारों को उच्चवर्ग और कुछ समूहों के निहित स्वार्थ ने सफल नहीं होने दिया। उनकी मृत्यु के पश्चात् 1935 में अन्तरराष्ट्रीय संगठनों, जैसे 'लीग ऑफ नेशन्स' और बाद में 'संयुक्त राष्ट्र संघ' का सदस्य बनने के प्रयास किए जाने चाहिए थे, जो नहीं हुए। महत्त्वपूर्ण बिन्दु यह है कि तिब्बत के शासकों ने, तेरहवें दलाई लामा को छोड़कर, इस राजनीतिक यर्थाथ को समझने का प्रयास

नहीं किया कि केवल स्वतंत्रता का उपभोग करना ही पर्याप्त नहीं है। उसे विश्व मंच पर ऐसे अनेक संकेत देने पड़ते हैं कि वह विश्व में एक संप्रभुता संपन्न देश है। यह अत्यधिक दुर्भाग्यपूर्ण है कि ऐसे समय में जब तूफान उठ रहा था, तिब्बत का शासक वर्ग जिनमें मेरे दो संरक्षक भी समान रूप से जिम्मेदार हैं, जो बारी-बारी से मेरे संरक्षक बने और राजनीतिक अंतर्कलह में डूबे रहे। यह कलह 1947 में मेरे प्रथम संरक्षक रेतिंग रिनपोछे की मृत्यु पर अपने चरम पर पहुँच गया था। इस प्रकार 1950 में जब तिब्बत की सीमाओं पर चीनी जनमुक्ति सेनाओं ने दस्तक दी, उस समय तिब्बत बिल्कुल तैयार नहीं था। तबतक बहुत देर हो चुकी थी। जब मैं अपने से ठीक पहले के तेरहवें दलाई लामा के विषय में सोचता हूँ तो पाता हूँ कि मेरे और उनके भाग्य में आश्चर्यजनक समानताएँ हैं। उन्हें भी दो बार बाहरी आक्रमणों के कारण देश छोड़कर भागने को विवश होना पड़ा, पहली बार जब 1903 में कर्नल यंग हस्बेंड के नेतृत्व में ब्रिटिश सेनाओं ने तिब्बत पर आक्रमण किया तो दलाई लामा 1909 में ही लौट पाए, फिर 1910 में जब मांचू राजवंश की सेनाओं ने पूर्व से तिब्बत पर आक्रमण किया। ब्रिटिश लोग, निश्चय ही यहाँ रहने नहीं आए थे परन्तु यह ज़्यादा संभव है कि मांचू क्विंग राजवंश का लक्ष्य तिब्बत को अपने अधीन रखना ही था। परन्तु 1911 में स्वयं क्विंग राजवंश ढह गया और 1912 में अन्तिम सम्राट द्वारा सिंहासन त्याग देने के पश्चात क्विंग अंबान (शाही प्रतिनिधि) ने ल्हासा में आत्म समर्पण कर दिया। 1913 में तेरहवें दलाई लामा के तिब्बत लौट आने के पश्चात ही उन्होंने अन्तरराष्ट्रीय स्तर पर तिब्बत की आज़ादी पर बल देना प्रारम्भ किया और मंगोलिया के साथ एक दूसरे की आज़ादी को मान्यता देते हुए द्विपक्षीय सन्धि की। 1950 में जब साम्यवादी चीन ने तिब्बत पर आक्रमण किया उस समय इस सन्धि के अनुसार तिब्बत एक स्वतंत्र राष्ट्र था। यदि हम तिब्बतियों ने ठीक से संकेतों को समझा होता तो जान जाते कि दूसरा आक्रमण भी शीघ्र ही होगा। यह बात स्पष्ट समझ आती है कि हम 1933 में तेरहवें दलाई लामा की मृत्यु और 1949 में साम्यवादी चीन के जन्म के बीच के समय में, चीन में विशेष रूप से व्याप्त उथल-पुथल, अस्थिर सरकारों और गृह-युद्ध के महत्त्वपूर्ण समय पर चूक गए। वास्तव में अपनी मृत्यु से पूर्व तेरहवें दलाई लामा ने एक अद्‌भुत और अन्तिम भविष्य-कथन हमारे लिए छोड़ा था। जब मैं युवा था तब मैंने वह भविष्य-कथन पढ़ा था। मैं विस्तार से उस कथन को

उद्धृत करने की इजाजत चाहता हूँ, क्योंकि यह उनकी दूरदृष्टि भी बताता है और उनकी स्पष्ट चेतावनी को तिब्बती सरकार द्वारा अनदेखा किए जाने को भी स्पष्ट करता है। उन्होंने लिखा था-

"मैं अब लगभग अठावन वर्ष का हो चुका हूँ और कुछ ही समय में मेरे लिए असंभव हो जाएगा कि मैं आपके लिए काम कर सकूँ। प्रत्येक व्यक्ति को यह तथ्य समझ लेना चाहिए और इस बात पर सोचना प्रारम्भ करना चाहिए कि मेरी अनुपस्थिति में, मेरे जाने के बाद, भविष्य में आप क्या करेंगे। मेरे और मेरे अवतार के बीच के समय में आपको अपना ध्यान स्वयं रखना होगा

हमारे दो शक्तिशाली पड़ोसी देश हैं- भारत और चीन- जिनके पास अपनी शक्तिशाली सेनाएँ हैं। इसलिए हमें इन दोनों के साथ, स्थिर संबंध स्थापित करने का प्रयास करना चाहिए। हमारे पास कुछ अन्य छोटे देश भी हैं, जिनके पास भी शक्तिशाली सेना है। इसलिए यह आवश्यक है कि हम भी एक सुप्रशिक्षित और कुशल युवकों की सेना तैयार करें, जो कि हमारी सुरक्षा को सुनिश्चित कर सकें। यदि हमने हिंसा की इस बाढ़ से अपने को बचाने का प्रबन्ध नहीं किया तो हमारे जीवित रहने की संभावना बहुत ही कम है।

विशेष रूप से, हमें लाल जंगली साम्यवादियों से सावधान रहना चाहिए, जो कि जहाँ भी जाते हैं अपने साथ आतंक और विनाश लेकर जाते हैं। वे निकृष्टों में भी निकृष्टतम् हैं। उन्होंने पहले ही मंगोलिया को ग्रस लिया है- उन्होंने मठों को लूटा और नष्ट किया है, भिक्षुओं को सेना में भर्ती होने को विवश किया अथवा उनकी तुरंत हत्या कर दी है। उन्हें जहाँ कहीं भी धर्म मिला है, उन्होंने उसकी वहीं हत्या की है।

अधिक समय नहीं लगेगा जब हम लाल हमले को अपने दरवाजे पर खड़ा पाएँगे। थोड़े ही समय की बात है जब हमें इसका सीधे सामना करना पड़ेगा।

और जब कभी ऐसा हो, हमें अपनी सुरक्षा में सक्षम होना चाहिए अन्यथा हमारी आध्यात्मिक और सांस्कृतिक परम्पराएँ पूरी तरह नष्ट कर दी जाएँगी। मठों को लूटा और नष्ट किया जाएगा, भिक्षुओं और भिक्षुणियों की हत्या कर दी जाएगी या भगा दिया जाएगा, प्राचीन महान धार्मिक राजाओं के

महान कार्यों को नष्ट कर दिया जायेगा और हमारे सभी आध्यात्मिक तथा सांस्कृतिक संस्थानों को दण्डित कर, नष्ट करके भुला दिया जाएगा। लोगों के जन्मसिद्ध अधिकारों और सम्पत्ति के अधिकारों को चुरा लिया जाएगा। हम अपने विजेता शासकों के गुलाम बनकर, भिखारियों की तरह भटकने को विवश हो जाएँगे। हर व्यक्ति को यातनामय जीवन जीना पड़ेगा, रात और दिन अत्यधिक पीड़ा और आतंक में धीरे-धीरे गुजरेंगे।

इसलिए जब तक सुख और शान्ति की शक्ति हमारे पास है, जब तक परिस्थितियों को संभालने की कुछ क्षमता हमारे पास है, हमें आने वाले विनाश से अपने को बचाने के लिए कुछ प्रयास करने चाहिए। जहाँ पर उपयुक्त हो, शान्तिपूर्ण उपायों का सहारा लो, परन्तु जहाँ यह उपयुक्त न हो, अधिक शक्तिशाली उपायों को अपनाने में संकोच मत करो। समय रहते, परिश्रम से काम करो। तब पछताना नहीं पड़ेगा।"

दुःख की बात है कि तेरहवें दलाई लामा की मृत्यु के पश्चात आने वाले संरक्षक और राजनीतिक नेतृत्व ने उनकी चेतावनी की गम्भीरता और आवश्यकता को ठीक से नहीं समझा। चेतावनी का हर पक्ष बिल्कुल ठीक सिद्ध हुआ।

जब हम वृहत्तर वैश्विक परिवेश में इस त्रासदी को देखते हैं तो विचित्र विडम्बना सामने आती है। द्वितीय विश्व युद्ध के तुरन्त पश्चात्, साम्राज्यवादी देश अपने उपनिवेशों को आजाद करते हुए दिखाई पड़ते हैं। 1940 के उत्तर काल में मध्य पूर्व में इंग्लैंड और फ्राँसीसी उपनिवेशों की ओर ध्यान जाता है और सबसे बढ़कर 1947 में भारत की आज़ादी पर। जब अन्य सभी साम्राज्यवादी शक्तियाँ अपने अपने उपनिवेशों को मुक्त कर रही थीं उस समय साम्यवादी चीन अपने उपनिवेश बनाने में जुटा था। नये साम्यवादी चीन ने एक स्वतंत्र राष्ट्र तिब्बत पर आक्रमण करके उसे अपना उपनिवेश बनाने का मार्ग चुना। परन्तु फिर भी माओ के नये चीनी गणतंत्र में तिब्बत को बलपूर्वक जोड़ना न केवल तिब्बत के लिए विनाशकारी रहा बल्कि स्वयं चीन के लिए भी कम समस्यामूलक नहीं रहा। तिब्बतियों सहित विभिन्न राष्ट्रीयताओं पर, जिनकी विशिष्ट भाषा, संस्कृति और इतिहास है तथा जिन लोगों ने अपने को कभी चीनी नहीं माना, उन पर समान रूप से चीनी राष्ट्रीयता थोपने से ऐसे आधुनिक

जन्मजात अस्थिर और जातीय तनाव-ग्रस्त राष्ट्र का जन्म हुआ, जिसे बनाए रखने के लिए बीजिंग को क्रूर, हिंसक, औपनिवेशिक आधिपत्य की बार-बार जरूरत पड़ने वाली थी।

एक अन्य विडंबना भी है, जिसे आचारगत और नैतिक भी कह सकते हैं। दिसम्बर 1948 में संयुक्त राष्ट्र संघ ने मानवाधिकारों के वैश्विक घोषणा पत्र को स्वीकार किया, जो एक ऐसा मूलभूत दस्तावेज है, जो आधुनिक विश्व में, सभी सभ्य समाज अपने नगारिकों एवं अन्य देशों के नागरिकों के साथ कैसा व्यवहार करेंगें, यह तय करता है। इसे 1976 में तब कानूनी आधार मिला जब इसे अन्तरराष्ट्रीय सामाजिक, राजनीतिक घोषणा पत्र माना गया और पुनः. 2022 में इसकी पुष्टि हुई। साम्यवादी चीन इसके मुकाबले, विपरीत दिशा में चल पड़ा। लगभग जिस समय मानवाधिकारों के वैश्विक घोषणा पत्र को देश स्वीकार कर रहे थे, उसी समय से, गत 70 वर्षों से साम्यवादी चीन, तिब्बत में मानवाधिकारों का व्यवस्थित ढंग से हनन कर रहा है।

संयुक्त राष्ट्र संघ के घोषणा पत्र की पचासवीं वर्षगांठ के आस-पास, साम्यवादी चीन के नेतृत्व में कुछ देशों ने यह प्रश्न खड़ा किया कि सार्वभौमिक मानवाधिकारों का घोषणा-पत्र, सार्वभौमिक मानवाधिकारों का सही प्रतिनिधित्व नहीं करता, क्योंकि इसमें दिए गए मानवाधिकार एशिया वासियों की संस्कृति, समाज और अर्थव्यवस्था के अनुरूप नहीं हैं। उन्होंने तर्क दिया कि मानवाधिकारों पर एशियाई जीवन मूल्यों के प्रकाश में पुनः विचार किया जाना चाहिए। मैंने कहा था कि मैं इस विचार से सहमत नहीं हूँ, क्योंकि मेरे विचार से यदि संस्कृति अथवा परम्परागत रीति रिवाजों का मूलभूत मानवाधिकारों से कहीं पर विरोध दिखता है तो, मानवाधिकारों को बदलने की बजाय परम्परागत रिवाजों को बदलना चाहिए। मैंने कहा था कि इस विषय में एशिया के अधिकांश लोग मुझसे सहमत होंगे।

यदि स्पष्ट बात कहूँ तो, यह विचार कि एशिया के लोग मूलभूत मानवाधिकारों को महत्त्व नहीं देते, जैसे कि व्यक्तिगत स्वतंत्रता और सम्मान को या फिर उन्हें इनकी आवश्यकता ही नहीं है, मुझे एशिया के लोगों के प्रति अपमानजनक प्रतीत होता है। मानव इतिहास के इस बुनियादी दस्तावेज की आत्मा को कमज़ोर करने के इस प्रयास से चिन्तित होते हुए मैंने बार-बार यह

तर्क दिया कि मूलभूत मानवाधिकार सचमुच सार्वदेशिक हैं, क्योंकि यह मानव मात्र की मूल प्रवृति में समाए स्वतंत्रता, समानता, सम्मान से संबद्ध हैं और इन्हें पाने के अधिकार से जुड़े है। इस विषय में किसी प्रकार के पूर्व-पश्चिम उत्तर-दक्षिण का प्रश्न ही नहीं उठता। मैं दिल से अनुभव करता हूँ कि मानवाधिकारों के घोषणा-पत्र में दिए सिद्धांत एक प्रकार के प्राकृतिक नियमों के समान हैं, जिनका आदर सभी लोगों और सरकारों को करना चाहिए।

तिब्बती लोगों और तिब्बती राष्ट्र ने पराजय की जो कीमत चुकाई है, वह सर्वविदित है। परन्तु इसके भौगोलिक प्रमाणों पर खुले मन से विचार करना उपयुक्त होगा। सबसे पहले यह कि विश्व के दो सर्वाधिक जनसंख्या वाले देशों की सीमाओं पर अधिकाधिक सैनिक रखने पड़ेंगे। तिब्बत पर चीनी आक्रमण से पूर्व केवल भारत तिब्बत सीमा थी, कोई भारत-चीन सीमा जैसी चीज़ नहीं थी। अपनी मृत्यु से कुछ ही समय पहले, भारत के उप-प्रधानमंत्री सरदार वल्लभ भाई पटेल ने 7 नवम्बर, 1950 को एक पत्र में प्रधानमन्त्री पंडित जवाहर लाल नेहरू को दुखपूर्वक लिखा था, "चीन का विस्तार हमारे बाहरी दरवाजे तक हो गया है। अपने पूरे इतिहास में हमें कभी अपनी उत्तर पूर्वी सीमाओं की चिन्ता नहीं करनी पड़ी। उत्तर से आने वाली किसी भी चुनौती के रास्ते में हिमालय एक अलंध्य दीवार की तरह रहा है। हमारा मित्र राष्ट्र तिब्बत था, जिसने हमें कभी परेशान नहीं किया।"

जैसी चिन्ता पटेल ने व्यक्त की थी हमने 1962 में भारत-चीन युद्ध देखा और पुनः 1967 में इसे दुहराया गया। पटेल अधिक व्यावहारिक और यथार्थवादी थे। उनकी तुलना में नेहरू एक आदर्शवादी और स्वप्नदर्शी थे। नेहरू जी 'नार्थ एटलांटिक आर्गेनाइजेशन' (नाटो) और वारसा पैक्ट के दो ध्रुवों में विश्व के बँटवारे से, विश्व के उत्तर और दक्षिण में कट जाने से, चिंतित थे और उसका गुट निरपेक्षता का सपना, पंचशील समझौते पर भारत और चीन द्वारा हस्ताक्षर करने के रूप में साकार हुआ (इसका शाब्दिक अर्थ है पाँच सिद्धांतों का समझौता।) इसके माध्यम से एक दूसरे की भौगोलिक सीमाओं की अखंडता, एक-दूसरे देश के आन्तरिक मामलों में हस्तक्षेप न करना, समानता व पारस्परिक हित और शान्तिपूर्ण सह-अस्तित्व के सिद्धान्त माने गए। संक्षेप में तिब्बत पर बल पूर्वक चीनी अधिकार किए जाने से, तिब्बती पठार में

दीर्घकालिक अस्थिरता पैदा हुई, जिसका प्रभाव भारत, नेपाल, भूटान और म्यामांर जैसे देशों पर पड़ा, जो अपनी उत्तर सीमा को शांत मानते थे। एशिया की शक्ति और सुरक्षा को ध्यान में रखकर ही मैंने 1987 में सितंबर में अपनी 'पंचसूत्रीय शांति योजना' प्रस्तुत की थी और प्रस्तावित किया था कि तिब्बती -पठार को असैन्यीकृत करके, एशिया की दो महान सैन्य शक्तियों के बीच अन्तस्थ क्षेत्र बना देना चाहिए।

पारिस्थितिकी की बात करें तो तिब्बती पठार से एशिया की सबसे बड़ी नदियाँ निकलती हैं, जिनमें 'यारलुंग सांगपो' (ब्रह्मपुत्र) और 'सेन्गा खबाब' (सिंध), दक्षिण की ओर बहती हैं और जचू (मीकांग), माचू (पीली नदी) और द्रिचू (यंग्शी) पूर्वी दिशा में बहती हैं। तिब्बत पर साम्यवादी चीन के अधिकार हो जाने से इन नदियों पर विनाशकारी प्रभाव पड़ा है, जिससे एशिया के अनेक देशों के पर्यावरण पर दुष्प्रभाव पड़ा है। भविष्य में भी यदि इन मुख्य नदियों के स्रोतों का दायित्वपूर्ण प्रबंधन सुनिश्चित नहीं किया गया तो पानी की उपलब्धता को लेकर महत्त्वपूर्ण संघर्ष हो सकते हैं, जो कि भारत, पाकिस्तान, बांग्लादेश, म्यामार, लाओस, थाईलैंड, वियतनाम और कम्बोडिया के लिए अपरिहार्य है। कुछ पर्यावरणविद तिब्बत को उत्तरी और दक्षिणी ध्रुव के बाद 'तीसरा ध्रुव', मानते हैं और इसके कारणों में एक यहाँ पर सर्वाधिक ताजे पानी के भण्डारों का होना मानते हैं। इसके साथ ही इस पठार की पारिस्थितिकी, पूरे दक्षिण एशिया में मानसून को नियंत्रित करने में महत्त्वपूर्ण भूमिका निभाती है।

तिब्बती पठार में चीन द्वारा वनों का सामूहिक विनाश किया गया, उदाहरण के लिए 1980 के दशक में खाम (पूर्वी-तिब्बत) के क्षेत्र में निर्ममता से वन कटाव से, कहा जाता है, वहाँ का 50% वनक्षेत्र कम हो गया है। पर्यावरणविद वनों के इस निर्मम विनाश से, जिससे पर्यावरण पर दीर्घकालीन, नकारात्मक प्रभाव पड़ सकते हैं, बहुत चिंतित हैं, जो कि तापमान में वृद्धि, तथा निचले क्षेत्रों में मानसून के रूप में प्रकट हो सकते हैं। जलवायु परिवर्तन के सन्दर्भ में, अनेक वर्ष पहले एक पर्यावरणविद ने मुझे बताया था कि तिब्बत की ऊँचाई और शुष्क जलवायु के कारण यहाँ की पारिस्थितिकी को होने वाली हानि की पूर्ति में लम्बा समय लग सकता है। उसी वैज्ञानिक ने मुझे बताया था कि तिब्बत

के विशाल उत्तरी मैदान जंगथंग, तापमान को कम करने में महत्त्वपूर्ण भूमिका निभाते हैं, क्योंकि यह सूर्य की किरणों को परावर्तित करने की अपेक्षा अपने में सोख लेते हैं।

सर्वाधिक चिंता के विषयों में एक है बड़े-बड़े बांधों का निर्माण, जैसाकि यमड्रोक झील पर बना बाँध और लहोका क्षेत्र में भूटान के निकट बना जंगमू बाँध। आज पर्यावरण विज्ञान ने हमें बता दिया है कि नदियों पर बने बाँधों और भूचालों में संबंध है, और तिब्बत पठार का यह क्षेत्र विश्व के सर्वाधिक भूचाल संवेदनशील क्षेत्रों में गिना जाता है। तिब्बती पठार अपने खनिज भण्डारों के लिए भी जाना जाता है। चीन के अपने भूगर्भीय सर्वेक्षण के अनुसार, माना जाता है कि इस पठार में चार करोड़ टन तांबा है, चार करोड़ टन से अधिक जस्ता है, 100 करोड़ टन तक लौह अयस्क है साथ ही दुर्लभ खनिज जैसे कि लिथीयम और यूरेनियम भी यहाँ हैं। वास्तव में चीनी भाषा में तिब्बत के लिए शब्द है- 'शिज्यांग'। जिसका शाब्दिक अर्थ है- 'पश्चिमी कोषागार'। यदि तिब्बत में खनन करना भी है तो भी इसे पर्यावरण संवेदनशीलता के उच्चतम मानकों के अनुसार करना होगा। अंत में इतना ही कि लापरवाही से, मशीनी और केवल व्यापारिक दृष्टि से किये गए खनन के दीर्घकालीन प्रभाव पड़ेंगे जिन्हें तिब्बती पठार की सीमाओं से भी दूर तक अनुभव किया जाएगा।

अन्त में, तिब्बत के अनेक क्षेत्रों में चरवाहों को उनके पम्परागत घास के मैदानों की चारागाहों से बलपूर्वक हटाया गया। ऐतिहासिक दृष्टि से, तिब्बत के यायावर समूह इन विशाल मैंदानों में, जिनमें घास के मैदान भी शामिल हैं, में रहते आए हैं और उनका यहाँ के पर्यावरण से सहजीवी संबंध स्थापित हो चुका है, जिससे उनकी यहाँ उपस्थिति, यहाँ की पारिस्थितिकी के देखरेख की सर्वोत्तम विधि बन गई है। इन घुमन्तुओं को यहाँ से बलपूर्वक हटाया जाना न केवल इनके लिए अत्यधिक विनाशकारी सिद्ध हुआ है बल्कि यहाँ के पर्यावरण में भी असन्तुलन का नया चक्र चला दिया है।

मुझे यह आशा थी, क्योंकि पारिस्थितिकी के स्वास्थ्य की चिन्ता का विषय चीन और तिब्बत का साझा है इसलिए तिब्बत के नाजुक पर्यावरण की रक्षा का क्षेत्र ऐसा है, जहाँ दोनों मिलकर व्यवस्थित और सतत् प्रयास कर सकते

हैं। यदि चीनी अधिकारी, चीनी वैज्ञानिकों को तिब्बतियों के साथ मिलकर काम करने की आज्ञा दें, क्योंकि तिब्बती अपने पर्यावरण को अधिक अच्छी तरह समझते हैं, तो पारिस्थितिकी को होने वाली हानि को कम करने की कारगर कार्यप्रणाली विकसित की जा सकती है। एक जाने माने चीनी पर्यावरणविद, जिसने अपने जीवन का अधिकांश समय तिब्बत में बिताया था, उसने बताया कि जहाँ धार्मिक परम्पराएँ शक्तिशाली हैं, वहाँ पर्यावरण पूरी तरह सुरक्षित रहता है, यह बात हमें रुककर सोचने के लिए विवश करती है।

ऐतिहासिक दृष्टि से हमारी धार्मिक और सांस्कृतिक गतिविधियाँ हमें प्रकृति के साथ समरस होकर जीना सिखाती हैं, इसलिए तिब्बत के प्राकृतिक पर्यावरण में प्राणी-जगत और वानस्पतिक जगत, दोनों आ जाते हैं। उसे उस विशाल पठार के निवासियों द्वारा कभी हानि नहीं पहुँचाई गई। सर्वाधिक चिन्ता का विषय तो यह है कि चीन ने तिब्बती पठार के ऊँचे स्थानों पर आणिवक मिसाइलें तैनात कर दी हैं। इस बात की चिन्ता नहीं की गई कि इससे क्षेत्रीय और अन्तरराष्ट्रीय असंतुलन पैदा होगा, आण्विक रिसाव अथवा गलतियों से यहाँ के नाजुक पर्यावरण को कितनी हानि हो सकती है। यदि यहाँ के जल स्रोतों को दूषित कर दिया गया तो इन नदियों पर निर्भर करोड़ों लोगों के जीवन पर कैसा विनाशकारी प्रभाव पड़ेगा, इसका अनुमान नहीं लगाया जा सकता।

जब आप सामूहिक रूप से इन सारे विषयों पर विचार करते है- तिब्बती पठार का सैन्यीकरण, जिसमें पठार पर परमाणु अस्त्रों को स्थापित करना, तीन हजार किलोमीटर की लम्बी सीमा पर एशिया की दो सबसे बड़ी सेनाओं का आमने-सामने आ जाना जिसमें कुछ महत्त्वपूर्ण क्षेत्र अभी भी विवादित हैं, पठार में वनों की अंधाधुंध कटाई, खनिजों का खनन और साथ ही एशिया की विशालतम नदियों के स्रोतों का संदेहास्पद प्रबंधन, जिन पर करोड़ों की आजीविका निर्भर है, उन सब के लिए तिब्बत पर आक्रमण सचमुच दुखद है। यह केवल तिब्बतियों के लिए ही नहीं बल्कि सम्पूर्ण मानवता के लिए दुखद है। यह ऐतिहासिक स्तर की ऐसी त्रासदी है, जिसके विनाश के प्रभाव सदियों तक अनुभव किए जाते रहेंगे। यदि तिब्बत आजाद रहा होता तो वह एक सच्चाई है कि यह भू-राजनीतिक और पारिस्थितिकी की समस्याएँ न होतीं।

6

घर में विध्वंस और निर्वासन में पुनर्निर्माण

31 मार्च, 1959 को, भारतीय मानक समय के अनुसार दोपहर के लगभग तीन बजे, मेरा दल तवांग के निकट, भारतीय सीमा पर स्थित गांव केंजामाने पहुँचा। भारत में पहुँचते ही मैंने सुख की साँस ली। हमारे लिए यह बात महत्त्वपूर्ण नहीं थी कि भारतीय सीमारक्षक सैनिकों के समक्ष हमारी हालत बहुत दयनीय लग रही थी, क्योंकि लगभग अस्सी लोगों का हमारा दल कठिन यात्रा की अग्निपरीक्षा से शारीरिक रूप से बहुत थका हुआ था। यहाँ तक कि मेरी माँ ने भी मुझसे कहा कि अब उन्हें डरने की जरूरत नहीं है और वह अपने मन की बात खुलकर कह सकती हैं। स्वाभाविक रूप से मेरी माँ के मन पर भी भारी बोझ था क्योंकि उन्हें भी हर शब्द सोचकर बोलना पड़ता था और उन्हें हर काम बहुत सोच-समझकर करना पड़ता था।

स्थानीय लोगों ने हमारा असाधारण स्वागत किया और प्रधानमंत्री नेहरू जी का एक सौहार्दपूण टेलीग्राम हमें मिला।

> मैं स्वयं और मेरे साथी भारत भूमि में आपके आगमन पर आपका स्वागत और अभिनंदन करते हैं। हमें, आपके लिए आपके परिवार और अन्य साथियों के लिए भारत में निवास तथा अन्य आवश्यक सुविधाएँ देने में

प्रसन्नता होगी। भारत के लोग, जो आपका अत्यधिक सम्मान करते हैं वे भी आपका परम्परागत ढंग से सम्मान करेंगे। सादर।

नेहरू

हमारा औपचारिक रूप से स्वागत करने के लिए एक सुपरिचित चेहरा वहाँ मौजूद था- भारतीय विदेश मंत्रालय के पदाधिकारी पी. एन. मेनन का, जो कि पहले ल्हासा में तैनात रहे थे। हमारी प्रतीक्षा एक अन्य परिचित व्यक्ति काज़ी सोनम तोपग्याल भी कर रहे थे, जो कि 1956-57 में मेरी भारत यात्रा के समय अनुवादक के रूप में लगाए गए थे। भारतीय सीमा से हम तवांग की ओर चल पड़े। यह क्षेत्र उन दिनों उत्तर पूर्वी सीमा संस्था (नेफा) कहा जाता था, जो आज का अरुणाचल है। 18 अप्रैल को मुझे तेजपुर शहर ले जाया गया, जहाँ पर अन्तरराष्ट्रीय मीडिया मेरी प्रतीक्षा कर रहा था। रेलवे स्टेशन पहुँच, शुभकामनाओं के हजारों टेलीग्राम पाकर मेरा मन भर आया और वहाँ पूरी दुनिया से दो सौ से अधिक पत्रकार और फोटोग्राफ़र उस घटना को प्रसारित करने के लिए उपस्थित थे, जिसे वे 'स्टोरी ऑफ द ईयर' मान रहे थे। मैंने इस अवसर पर एक वक्तव्य के माध्यम से पूरे विश्व के सामने उन परिस्थितियों को रखा जिनमें मुझे अपना देश छोड़ने को विवश होना पड़ा था- ल्हासा में जनता का स्वतः स्फूर्त विद्रोह, हमारे द्वारा साम्यवादी चीनियों के साथ शान्तिपूर्वक रहने के प्रयास और साथ ही मैंने घोषणा की कि मैं भारत में साम्यवादी चीन द्वारा तिब्बत पर बलात अधिकार का विरोध करने और विश्व के देशों से अपील करने आया हूँ तथा मैंने अपनी बात समाप्त करते हुए कहा कि मुझे पूरी आशा है कि तिब्बत में और अधिक रक्तपात के बिना शीघ्र शांति स्थापना हो जाएगी। दो दिन पश्चात बीजिंग से एक वक्तव्य जारी किया गया, "दलाई लामा का तथाकथित वक्तव्य... तर्क की दृष्टि से पंगु, झूठ का पुलिंदा और त्रुटियों से भरा एक घटिया दस्तावेज है।" तत्पश्चात इसमें दावा किया गया कि विद्रोहियों ने मेरा ल्हासा से अपहरण कर लिया है।

सहज रूप से भारतीय संसद में तिब्बत में हाल ही में जो घटित हुआ, उस पर गर्मागर्म बहस हुई क्योंकि तिब्बत, उत्तर में भारत का प्राचीन ऐतिहासिक पड़ोसी था।

अनुभवी राजनीतिज्ञ और स्वतंत्रता सेनानी जय प्रकाश नारायण ने संसद में जो वक्तव्य दिया वह भारतीयों की उस निराशा और नैतिक दुविधा को दर्शाता है, जिसका अनुभव उस समय के भारतीय नेता कर रहे थे।

> भारत में कोई भी नहीं चाहता कि भारत तिब्बत के लिए चीन से युद्ध करे। परन्तु हर इमानदार व्यक्ति को और हर स्वतंत्रता प्रेमी को सच्चाई बोलने को तैयार रहना चाहिए। आक्रामकता की बात दबी ज़ुबान में कहने से हम शान्ति को पुष्ट नहीं कर रहे होगें। हम बलपूर्वक चीन को तिब्बत हथियाने और वहाँ के बहादुर और शान्तिप्रिय लोगों को गुलाम बनाने से नहीं रोक सकते परन्तु कम-से-कम हम अपना यह स्पष्ट मत इतिहास में दर्ज कर ही सकते हैं कि हमला किया गया है और एक शक्तिशाली पड़ोसी देश द्वारा एक कमज़ोर देश की आज़ादी को छीन लिया गया है। हमें साम्यवाद के चेहरे से पर्दा उठाने में भी किसी तरह का संकोच नहीं करना चाहिए जो कि पंचशील के निरीह चेहरे के नीचे अपने जंगली साम्राज्यवादी चेहरे को छुपा रहा है। क्योंकि आज हम तिब्बत में एक नये तरह के साम्राज्यवाद का व्यवहार होता देख रहे हैं, जो कि परम्परागत साम्राज्यवाद से पूरी तरह भिन्न है, क्योंकि यह तथाकथित क्रांतिकारी विचारधारा के बैनर तले कदमताल कर रहा है।

हम तेजपुर से मसूरी पहुँचे, जो कि दिल्ली के उत्तर में, ब्रिटिश कालीन, पर्वतीय स्थान है और हिमालय की तराई में बसा है। प्रत्येक बड़ी जगह जहाँ गाड़ी रुकी, हजारों भारतीय मेरे स्वागत के लिए आए और वे नारे लगा रहे थे, 'दलाई लामा की जय' तथा 'दलाई लामा जिन्दाबाद।' भारत सरकार ने मसूरी में, निर्वासन में मेरा पहला निवास स्थापित किया। यहीं पर 24 अप्रेल को नेहरू जी मुझसे मिलने और व्यक्तिगत रूप से मेरा स्वागत करने के लिए आए। क्योंकि 1957 में मुझे तिब्बत लौट जाने के लिए परामर्श देने वाली आवाज़ों में एक मजबूत आवाज़ नेहरू जी की भी थी, इसलिए मैंने उन्हें विस्तार से बताया कि किस तरह सत्रह सूत्रीय समझौते के अनुसार ईमानदारी से न्यायपूर्वक चीन के साथ काम करने का प्रयास हमने किया परन्तु उनके साथ काम करना असंभव सिद्ध हुआ। 20 जून, 1959 को मैंने अपनी पहली औपचारिक प्रेसवार्ता की। मैंने घोषणा की कि तिब्बत सदा से आन्तरिक और बाह्य रूप से सर्वप्रभुतासंपन्न राष्ट्र रहा है और चीन ने हम पर आक्रमण करके

निंदनीय कार्य किया है। वस्तुनिष्ठ ढंग से सोचने वाला हर व्यक्ति मेरी बात से सहमत होगा। मैंने इस प्रेस वार्ता में यह भी कहा कि चूँकि चीन ने सत्रह सूत्रीय समझौते की शर्तों का उल्लंघन किया है इसलिए अब यह समझौता अवैध हो गया है। यदि किसी सन्धि को एक पक्ष निरस्त कर देता है तो दूसरे पक्ष को भी उसे तोड़ने का कानूनी अधिकार है इसलिए अब उस सन्धि का कोई अस्तित्व नहीं है। मैंने यह भी कहा कि जहाँ तक तिब्बतियों का प्रश्न है, जहाँ मैं और मेरा मंत्रिमंडल है, वहीं पर तिब्बत की वैध सरकार मानी जाएगी।

मेरे पलायन के साथ ही, कई हजार तिब्बती भी मेरे पीछे-पीछे भारत में आ गए। पीछे मेरे घर तिब्बत में स्थितियाँ उनके लिए असहनीय हो गई थीं। नये आने वाले तिब्बतियों से वहाँ के समाचार सुनकर, मेरे देश वासियों के विनाश और उन सब आदर्शों के विनाश की बात सुनकर जिनके लिए वे जी रहे थे, निर्वासन में मैंने अपने सम्मुख बचे एकमात्र विकल्प को चुना और वह था विश्व को बताना कि तिब्बत के साथ क्या हुआ है और क्या अभी भी हो रहा है तथा उन हजारों तिब्बतियों की चिंता करना, जो आज़ादी का वरण करते हुए मेरे साथ भारत आए थे। हमने शरणार्थियों के विवरणों से जो कुछ जाना था वह सब 'अन्तरराष्ट्रीय न्यायविदों के कमीशन' की कानूनी खोज समिति की एक रिपोर्ट द्वारा, जो जुलाई 1959 में 'तिब्बत का प्रश्न और कानून का राज' (द क्वेश्चन ऑफ तिब्बत एण्ड रूल ऑफ लॉ) शीर्षक से प्रकाशित हुई, सत्य सिद्ध हो गया। इस रिपोर्ट का महत्त्व इसलिए बढ़ जाता है क्योंकि इसे एक स्वतंत्र न्यायिक संस्था ने अपने तत्वावधान में संपन्न करवाया तथा यह संस्था किसी सरकार अथवा पक्ष के प्रति अभारी नहीं थी। वास्तव में यह पूर्णतया निष्पक्ष थी। इस रिपोर्ट का समापन करते हुए लिखा गया "प्रथम दृष्टया साक्ष्य इस बात की ओर इंगित करते हैं कि पीपल्स रिपब्लिक ऑफ चाइना ने जनसंहार किया है।" और जनसंहार राष्ट्रों के कानून में सबसे बड़ा अपराध है। 1948 के जनसंहार विषयक सम्मेलन में कहा गया, "किसी भी जातीय, प्रजातीय अथवा धार्मिक समूह, को पूर्णतया अथवा आंशिक रूप से नष्ट करना अथवा नष्ट करने का प्रयास करना जनसंहार है।" 'न्यायविदों के अन्तरराष्ट्रीय कमीशन' की दूसरी रिपोर्ट 1960 में तिब्बत और चीनी गणतन्त्र (तिब्बत एंड चाइनीज़ पीपल्स रिपब्लिक) शीर्षक से प्रकाशित हुई, जिसमें "समिति ने पाया कि तिब्बत में जनसंहार के कृत्य किए गए, जिसमें इस समूह को धार्मिक समूह

के रूप में समाप्त करने का प्रयास किया गया और यह कि ऐसे सभी कार्य जनसंहार के कार्य है, और यह सभी परंपरागत दायित्वों से भी मुक्त है।"

4 अक्तूबर, 1959 को मैंने दिल्ली का एक महत्त्वपूर्ण दौरा किया। वहाँ पर प्रधानमंत्री नेहरू जी के साथ कई महत्त्वपूर्ण बैठकों के साथ-साथ मैं राष्ट्रपति, उपराष्ट्रपति तथा अनेक देशों के राजदूतों से भी मिला। व्यक्तिगत रूप से सर्वाधिक दिल छू लेने वाला कार्यक्रम 'भारत तिब्बत संघ' द्वारा आयोजित, गांधीवादी समाजसेवक आचार्य कृपलानी की अध्यक्षता में संपन्न कार्यक्रम था, जिसमें कई हजार भारतीय उपस्थित थे। (आचार्य 1982 में अपनी मृत्यु पर्यन्त तिब्बत के हितों के समर्थक और मेरे व्यक्तिगत मित्र बने रहे।)

चूँकि अब मैं स्वतंत्र देश में रह रहा था इसलिए मैंने अन्तरराष्ट्रीय विशेषज्ञों से, तिब्बत की समस्या को संयुक्त राष्ट्रसंघ की साधारण सभा में उठाने के लिए विचार-विमर्श प्रारम्भ कर दिया। इस प्रकार सितम्बर माह में दिल्ली से मैंने संयुक्त राष्ट्र के महासचिव डैग हेमरशोल्ड को लिखा- "यह देखते हुए कि तिब्बत के लोगों के साथ अमानवीय व्यवहार, मानवता और धर्म के प्रति अत्याचार किए जा रहे है, मैं इसमें संयुक्त राष्ट्र संघ से तुरन्त हस्तक्षेप, का अनुरोध करता हूँ।" 21 अक्तूबर, 1959 को संयुक्त राष्ट्र संघ की महासभा ने आयरलैंड और मलेशिया द्वारा प्रस्तुत इस आशय का प्रस्ताव पारित किया कि, "तिब्बतियों के मूलभूत मानवाधिकारों का सम्मान करते हुए और उनकी विशिष्ट संस्कृति और धार्मिक जीवन पद्धति का" सम्मान करते हुए यह स्वीकार किया गया कि "वह मूल मानवाधिकार और स्वतन्त्रताएँ जिसपर अन्य लोगों की तरह तिब्बतियों का भी समान अधिकार है, जिसमें नागरिक और धार्मिक स्वतंत्रता बिना किसी भेदभाव के शामिल है।" मैं संयुक्त राष्ट्र संघ के समक्ष अपीलें करता रहा तथा अन्य कई राष्ट्र भी तिब्बत में बिगड़ती परिस्थितियों से उसे अवगत करवाते रहे। 1960 में उल्लेखनीय बात यह हुई कि संयुक्त राष्ट्र अमेरिका ने तिब्बतियों के आत्म निर्णय के अधिकार का समर्थन किया। वास्तव में उसी वर्ष मुझे अमेरिका के राज्य सचिव क्रिश्चियन ए. हर्टर की ओर से दो पत्र प्राप्त हुए; पहला, फरवरी 1960 में दूसरा, अक्तूबर में। इनमें मुझे आश्वस्त करते हुए कहा गया था कि संयुक्त राज्य अमेरिका का मानना है कि आत्म निर्णय का अधिकार तिब्बतियों पर भी लागू होना चाहिए और उन्हें अपने राजनितिक

भविष्य को चुनने का अंतिम अधिकार मिलना चाहिए। 1961 में, इससे भी आगे एक प्रस्ताव पारित किया गया जिसे : मलाया, आयरलैंड, एल सेल्वेडोर और थाइलैंड ने समर्थन दिया था। यह प्रस्ताव सत्यनिष्ठा के साथ संयुक्त राष्ट्र के उस प्रण को दुहराता है जिसके अनुसार कहा गया, “उन सारे क्रियाकलापों को तुरन्त रोका जाए, जो तिब्बतियों को उनके मूलभूत मानवाधिकार से वंचित करते हैं, जिनमें आत्म निर्णय का आधिकार भी शामिल है।” एक अन्य प्रस्ताव में 18 दिसम्बर 1965 को संयुक्त राष्ट्र संघ के महाधिवेशन में पुराने प्रस्तावों की पुनः पुष्टि करते हुए संयुक्त राष्ट्र महासभा की ओर से इस बात पर गहरी चिन्ता व्यक्त की गई कि “अभी भी तिब्बत में लोगों के मूलभूत मानवाधिकारों और स्वतंत्रताओं का हनन हो रहा है।”

1960 के जनवरी माह में मैंने बोध गया और सारनाथ की तीर्थ यात्रा का अवसर निकाला, जहाँ मैं क्रमशः महाबोधि स्तूप और पवित्र बोधि वृक्ष तथा उस स्थान पर गया, जहाँ बुद्ध ने पहली बार धर्म चक्र का प्रवर्तन किया था। इस बार मेरा मन पहले से अधिक शान्त था। (पिछली बार 1956 में जब मैं सारनाथ के पवित्र स्थल की यात्रा पर गया था उस समय मेरा मन भारत में आश्रय लूँ अथवा वापिस स्वदेश लौट जाऊँ, इस दुविधा से ग्रस्त था।) सारनाथ में ही मैंने पहली बार पूर्ण दीक्षा समारोह का नेतृत्व किया। परम्परा की माँग है कि दीक्षा वही दे सकता है, जिसने स्वयं कम-से-कम दस वर्ष पूर्व दीक्षा मंत्र ग्रहण किया हो अथवा ऐसा व्यक्ति जो अत्यधिक योग्य हो, वह पाँच वर्ष के बाद भी यह कार्य कर सकता है। मेरे दो अध्यापकों ने मुझे बताया कि मैं इस कार्य के योग्य हूँ और जिस स्थान पर महात्मा बुद्ध ने पहला उपदेश दिया मुझे वहाँ अन्य लोगों को दीक्षित करना चाहिए। मैं उस समय मात्र छब्बीस वर्ष का था। एक ऐसे व्यक्ति के रूप में, जिसे भिक्षु की अपनी पहचान अति प्रिय है, यह कार्य अत्यधिक सम्मान और आनन्द का प्रतीत हुआ। मैं यह सोचकर अपने को भाग्यशाली मान रहा था कि मुझे उस स्थान पर दीक्षान्त समारोह में दीक्षा देने का सौभाग्य मिला है जहाँ महात्मा बुद्ध ने बुद्धत्व की प्राप्ति के पश्चात प्रथम उपदेश देकर धर्म प्रवर्तन किया था। जिन्होंने सारनाथ में दीक्षा ग्रहण की, उनमें गेलुक संप्रदाय के अवतरित लामा दगयाब रिनपोछे भी थे।

बोध गया में भी मैंने दीक्षान्त समारोह आयोजित किया और वहाँ दीक्षा लेने वालों में समधोंग रिनपोछे जी भी थे, जो आगे चलकर निर्वासित तिब्बती सरकार में पहले चुने हुए राजनेता बने। वहीं पर बोध-गया में पहली बार मुक्त विश्व में रहने वाले तिब्बतियों का पहला औपचारिक अधिवेशन हुआ। मेरे दीर्घ जीवन और स्वास्थ्य की कामना करने के लिए, तिब्बत के प्रान्तों- यू-साँग, खाम और अमदो से तथा बौद्ध धर्म की सभी परम्पराओं के मुख्य सदस्य, महान मठों के धर्माधिकारी, भारत के विभिन्न भागों से अधिवेशन में उपस्थित हुए थे। इस समारोह में जिसमें सभी निर्वासित तिब्बती शामिल थे, 'एकता की महान शपथ' (ना-गन थुनमोचे) ली गई। वहाँ उपस्थित लोगों ने शपथ ली कि वे अब तिब्बत के सभी प्रान्तों की एकता का प्रयास करेंगे और तिब्बत के हित में दायित्व ग्रहण करते हुए दलाई लामा जी के नेतृत्व में काम करेंगे। गया में ही हम ने निर्णय लिया था कि हम भविष्य के तिब्बत में प्रतिनिधि सरकार का गठन करेंगे और निर्वासित समुदाय के लिए भी ऐसा ही करेंगे।

मसूरी लौटकर हमने 10 मार्च, 1959 को तिब्बती लोगों के राष्ट्रीय विद्रोह की वर्षगांठ मनाई। प्रथम वर्षगांठ पर मैंने इस बात पर ज़ोर दिया कि हम तिब्बत की स्थिति पर दीर्घकालिक चिंतन करें। मैंने कहा था कि हम जो स्वन्त्र निर्वासित लोग हैं, हमें अपनी विशिष्ट सभ्यता को जीवित रखने का प्रयास करना है, जो कि अपनी भाषा और सांस्कृतिक परम्पराओं की रक्षा करके ही कर पाना संभव है। मैंने अपने लोगों को विश्वास दिलाया कि अन्ततः सत्य, न्याय और साहस की विजय होगी और हम अपनी स्वतंत्रता की लड़ाई में सफल होंगे। मसूरी में रहते हुए हमने अपनी युवा पीढ़ी को शिक्षित करने की योजनाओं पर काम प्रारम्भ किया। इस लक्ष्य की प्राप्ति के लिए हमने मसूरी में पहला तिब्बती विद्यालय प्रारम्भ किया जिसमें पचास प्रौढ़ छात्र थे। एक वर्ष के भीतर ही इस पहले दल में से ही कुछ को हमने भारत के विभिन्न भागों में तिब्बती बच्चों को पढ़ाने के लिए नियुक्त किया और कुछ को सुदूर, नेपाल की सीमा पर खुम्बू घाटी क्षेत्र में तिब्बती शरणार्थी बच्चों को शिक्षित करने के लिए भेजा। उन्हें अंग्रेजी भाषा की शिक्षा भी दी गई।

30 अप्रैल, 1960 को मैं धर्मशाला पहुँचा जो कि मेरे निर्वासित जीवन का स्थाई निवास बनने जा रहा था। वहाँ पर हमने जिसका पुनर्गठन किया

वह वास्तव में निर्वासित तिब्बती सरकार थी, जिसे उस समय केन्द्रीय तिब्बती सचिवालय नाम दिया गया और बाद मैं उसका नया नाम 'केन्द्रीय तिब्बती प्रशासन' (सीटीए) रखा गया। अपने साथियों के साथ मैंने दुतरफ़ा रणनीति पर कार्य प्रारम्भ किया। अस्सी हजार से भी अधिक तिब्बती शरणार्थियों की तात्कालीन आवश्यकताओं की पूर्ति के पश्चात उनके पुनर्वास के लिए ऐसी बस्तियाँ बसाने का लक्ष्य था, जहाँ पर वे जब तक निर्वासन में हैं, अपनी संस्कृति और पहचान को सुरक्षित रख सकें। दूसरा लक्ष्य था विश्वभर की सरकारों से, संयुक्त राष्ट्र संघ से और अन्तरराष्ट्रीय समुदायों से सम्पर्क स्थापित कर, तिब्बती समस्या के समाधान के लिए दबाव बनाना। इस रणनीति का महत्त्वपूर्ण भाग था कि अन्तरराष्ट्रीय समुदायों का ध्यान, तिब्बतियों की दुर्दशा और हमारे देश पर चीन के बलात आधिपत्य की ओर खींचा जाए। उस समय मेरी आशा और प्रयास, तिब्बत की पुनः पूर्ण स्वतंत्रता की ओर लक्षित थे।

10 मार्च, 1961 को अपने निवास स्थान पर धर्मशाला में दिए वक्तव्य में मैंने अपने देश के लिए ऐसे संवैधानिक और आर्थिक ढांचे का मसौदा तैयार करने का प्रण लिया, जिसे मैं अपने देशवासियों को देना चाहता था और सोचा कि उसे शीघ्र ही भारत में स्थित तिब्बती जनता के प्रतिनिधियों और पड़ोसी देशों में बसे तिब्बतियों के विचारार्थ प्रस्तुत करूँगा। 1956 में अपनी भारत यात्रा के समय से ही मैंने भारत में प्रजातंत्र का व्यावहारिक रूप देखा और तुलना में बीजिंग प्रशासन को देखा था। मेरा यह दृढ़ मत बना था कि प्रजातंत्र ही, सचमुच सर्वोत्तम शासन प्रणाली है। इस प्रकार एक स्वतंत्र देश का निवासी बन जाने के पश्चात मैंने तिब्बती राजनीतिक प्रणाली के प्रजातंत्रीकरण की प्रक्रिया प्रारम्भ की। मुझे और मेरे साथियों को उस मसौदे को तैयार करने में दो वर्ष से अधिक समय लगा, हमने विभिन्न संविधानों के विशेषज्ञों के साथ परामर्श किया, स्वतंत्र देशों के अनेक संविधानों को पढ़ा, आन्तरिक विचार-विमर्श के पश्चात उसे अंतिम रूप देकर 10 मार्च,1963 को पूरा किया। इस संविधान में भविष्य के एक ऐसे तिब्बत की कल्पना है जहाँ "एकात्मक प्रजातांत्रिक शासन व्यवस्था होगी जो कि महात्मा बुद्ध के बताए सिद्धांतों के अनुरूप होगी।" इसमें प्रमुख प्रावधान थे- "एक स्वतंत्र न्यायपालिका, एक निर्वाचित राष्ट्रीय सभा, लिंग, जाति, भाषा, धर्म, सामाजिक उत्स, पूँजी, जन्म अथवा अन्य किसी प्रतिष्ठा के आधार पर किसी प्रकार का भेदभाव नहीं किया जाएगा।" तथा

इसके साथ ही “विचार, अंतरात्मा और धर्म की स्वतंत्रता का अधिकार दिया जायेगा।” इस मसौदे में धारा 36, उपधारा (ई) के अधीन राष्ट्रीय असेम्बली द्वारा दो तिहाई मत से दलाई लामा की सत्ता को समाप्त करने का भी प्रावधान रखा गया। पिछले वर्षों में इस संविधान में कई परिवर्तन किए गए हैं, ताकि कम-से-कम यह निर्वासित तिब्बती समुदाय के लिए पूरी तरह प्रजातांत्रिक प्रशासन का मॉडल बन सके।

1963 के नवम्बर में, मेरे धर्मशाला आवास पर अत्यधिक स्मरणीय समागम हुआ, जिसमें सभी तिब्बती संप्रदाय उपस्थित रहे, वंशानुगत अध्यक्षों के साथ-साथ, वरिष्ठ लामा, पुनर्जन्म में अवतरित तुलकू, गेश (पीएचडी उपाधि के समकक्ष आध्यात्मिक शिक्षा प्राप्त) विद्वान तथा तिब्बती प्रशासन के उच्च अधिकारी भी उपस्थित रहे। इस चार दिवसीय सम्मेलन में तिब्बती बौद्ध धर्म के विभिन्न सम्प्रदायों में एकता स्थापना का तथा तिब्बत की समृद्ध धार्मिक परम्पराओं के संरक्षण के लिए एकताबद्ध होकर प्रयास करने का श्रेष्ठ अवसर प्राप्त हुआ।

अपने निर्वासन के प्रारम्भिक दिनों में मैंने नेहरू जी के साथ जिस विषय पर चर्चा की वह था शरणार्थी तिब्बती बच्चों की शिक्षा। नेहरू जी ने इस बात पर ज़ोर दिया कि तिब्बती संस्कृति और पहचान के संरक्षण के लिए आवश्यक है कि तिब्बती बच्चों के लिए अलग विद्यालयों की व्यवस्था की जाए। इस प्रकार उन्होंने भारतीय शिक्षा मंत्रालय के भीतर एक स्वायत्त संस्था के निर्माण का निर्णय लिया, जिसका सारा खर्चा भारत सरकार वहन करने वाली थी। नेहरू ने सलाह दी कि जहाँ हमारे बच्चों के लिए अपने इतिहास और संस्कृति की गहरी समझ आवश्यक है वहीं यह भी आवश्यक है कि वे आधुनिक विश्व से भी परिचित हों और इसके लिए उन्हें अंग्रेजी माध्यम से इन स्कूलों में शिक्षा देने की आवश्यकता है। इससे केन्द्रीय तिब्बती विद्यालयों (सेंट्रल स्कूल्स फ़ॉर तिबेतन्स) का जाल बुना गया जिससे आधुनिक शिक्षा प्राप्त युवा तिब्बतियों की अनेक पीढ़ियाँ पैदा हुईं।

साठ के दशक में हमने ऐतिहासिक दृष्टि से महत्त्वपूर्ण अनेक तिब्बती धार्मिक और सांस्कृतिक संस्थाओं को स्थापित किया, जिनमें विशेष रूप से मठों, मठाधारित विश्वविद्यालयों को स्थापित किया, जो तिब्बत के प्रमुख

बौद्ध सम्प्रदायों से सम्बद्ध हैं। धर्मशाला में स्थापित नयी संस्थाओं में शामिल हैं- 'थेकचेन शोलिंग मंदिर', 'तिब्बती बच्चों का गाँव' (टी.सी.वी.), 'तिब्बती मेडिकल एण्ड एस्ट्रो इंस्टिट्यूट', 'तिब्बती इंस्टिट्यूट ऑफ परफोर्मिंग आर्ट्स' (टीपा)। इस महत्त्वपूर्ण दशक में अनेक तिब्बतियों को उच्च स्थानों पर सड़क निर्माण में काम मिला। मैं स्वयं कुछ निर्माण स्थलों पर गया ताकि जो तिब्बती वहाँ कठोर परिश्रम कर रहे थे, उन्हें प्रोत्साहन और सांत्वना दे सकूँ। जब मैं उत्तरी भारत के चम्बा में एक ऐसे ही स्थल का दौरा कर रहा था, वहाँ एक असाधारण और अविस्मरणीय अनुभव हुआ। सड़क पर काम करने वालों में बौद्ध भिक्षुओं की भी बड़ी संख्या थी परन्तु मेरा दौरा पाप-स्वीकारोक्ति समारोह के दिनों में हुआ था, जो हर दो महीने में एक बार होता था, मैंने इस समारोह में भिक्षुओं का नेतृत्व किया। चूँकि भिक्षुओं के पास पहनने के लिए केवल कमीज़ और पजामे ही थे इसलिए उन्हें आम आदमी की इसी पोशाक में समारोह में आना पड़ा। यह जानते हुए कि इस प्रकार का काम अस्थाई प्रकृति का है, इसलिए शरणार्थियों के लिए आजीविका के अन्य दीर्घकालीन रास्ते खोजे जाने लगे।

अनेक भारतीय राज्यों की उदारता के लिए हम आभारी हैं, जिसके कारण हम बौद्ध तिब्बती बस्तियाँ निर्मित करने में सफल हुए, जिनमें से अधिकांश दक्षिण भारत में हैं।

इस प्रकार निर्वासन में रहते हुए भी हम सुनिश्चित कर सके कि हम विशिष्ट समुदाय के रूप में रह सकें, ताकि हमारी भाषा और संस्कृति संरक्षित रहे। हमें अन्तरराष्ट्रीय सहायता देने वाली अनेक संस्थाओं और गैर-सरकारी संस्थाओं से भी उदारतापूर्वक सहायता मिली। दो देशों, स्विटजरलैंड ने 1960 के प्रारम्भिक दिनों में और कैनाडा ने 1970 के दशक में सैकड़ों तिब्बती शरणार्थियों को अपने यहाँ शरण दी। हम अनेक बच्चों और युवाओं को भी शिक्षा प्राप्ति के लिए इंग्लैंड, फ्रांस, जर्मनी, स्विटजरलैंड, स्वीडन, डेनमार्क, नार्वे, ईरान और जापान में भेजने में सफल हुए, जिनमें से कई हमारी निर्वासित सरकार में अधिकारी के रूप में कार्यरत हुए। इस पूरे कालखण्ड में पीपल्स रिपब्लिक ऑफ चाईना के साथ किसी प्रकार का सम्पर्क नहीं रहा, क्योंकि पूरा चीन सांस्कृतिक क्रांति के कारण अराजकता में डूबा हुआ था।

दुःख की बात है कि 27 मई, 1964 को प्रधानमंत्री नेहरू का निधन हो गया। वे मेरी सभी अन्तरराष्ट्रीय गतिविधियों में निरंतर दिखाई देते थे- तब से जब मैं 1954 में उनसे बीजिंग में मिला था, मेरी प्रथम भारत यात्रा के समय भी और तत्पश्चात मेरे निर्वासन में भी। यह भी सच है कि वे तिब्बती शरणार्थियों के मामलों में सहयोगी और उदार रहे थे। उनके उत्तराधिकारी लाल बहादुर शास्त्री ने भी उनकी नीतियों का अनुसरण किया और शरणार्थियों की सहायता की भारत सरकार की नीति को स्थायी रूप दिया। शास्त्री जी ने चीन के विषय में अधिक दृढ़ता का परिचय दिया, जो कि संयुक्त राष्ट्र संघ में 1965 में, पारित प्रस्ताव के पक्ष में खड़े होने से स्पष्ट होता है। दुख की बात है कि शास्त्री जी का 1966 में, उजबेकिस्तान के ताशकन्द में निधन हो गया। इनके पश्चात इन्दिरा गांधी प्रधानमंत्री बनीं, जिन्हें मैं उनके पिता नेहरू जी से पुरानी मित्रता के कारण बचपन से जानता था। इन्दिरा जी तिब्बत की स्थिति और भारत में शरणार्थी तिब्बतियों की हालत जानती थीं। वास्तविकता तो यह है कि वे मसूरी में तिब्बती होम फाउंडेशन की एक मीटिंग में न्यासी मंडल से सदस्य के रूप में भाग ले चुकी थीं।

इसी समय तिब्बत में स्थितियाँ विनाशकारी और गम्भीर थीं। मेरे पलायन की प्रतिक्रिया पाशविक और भयंकर रूप से दमनात्मक थी। ऐसा लगता था कि मेरे पलायन के लिए लोगों को दण्डित किया जा रहा था। उन स्थितियों का सर्वाधिक मार्मिक वर्णन, 1962 में प्रस्तुत की गई पंचेन लामा द्वारा, चीनी भाषा में लिखित सत्तर हजार शब्दों वाली याचिका में किया गया है, जिसे माओत्से तुंग ने "पार्टी के हृदय पर चलाया गया जहरीला तीर" कहा था। यह याचिका चीनी प्रधान मंत्री झाउ-एनलाई को दी गई थी, जो कि बाहरी दुनिया तक अनेक वर्षों बाद ही पहुँची, इसका शीर्षक था- "तिब्बत और तिब्बत के अन्य क्षेत्रों में आम जनता के कष्टों का प्रतिवेदन तथा केन्द्रीय सत्ता द्वारा इस दिशा में भविष्य में करने योग्य कार्यों के सुझाव, आदरणीय प्रधान मंत्री झाऊ के माध्यम से प्रस्तुत"। मुझ से उलट पंचेन लामा चीन अधिकृत तिब्बत में अपने ताशी ल्हुनपो मठ में रुके रहे। तिब्बत के कुछ भागों की यात्रा के पश्चात् उन्होंनें लिखा-

> अनेक भूलों और गलतियों के कारण... कृषि और पशुपालन उत्पादन में हानि हुई... ऐसी कष्टदायक भूख का सामना तिब्बती इतिहास में लोगों ने

पहले कभी नहीं किया था और लोग इसकी कल्पना अपने सपनों में भी नहीं कर सकते थे। लोग अपने साथ किए जा रहे क्रूर व्यवहार का सामना नहीं कर पा रहे थे और उनकी हालत दिन प्रतिदिन खराब हो रही थी। इसलिए ठंड लगने अथवा ऐसी ही संक्रामक बीमारियों से जनसंख्या का एक भाग आसानी से मारा गया। कुछ जगहों पर भोजन समाप्त हो जाने पर लोग सीधे भूखों मर गए कहीं तो यह भी दिखाई पड़ा कि पूरे के पूरे परिवार मर गए...

आदमी और औरतें, वृद्ध और युवा, सभी मुझे देखते ही उस समय की कड़वाहट से भर कर अपने आँसू रोक पाने में असमर्थ हो जाते थे। "जीवित प्राणियों को भूखा न मरने दो। बौद्ध धर्म का विनाश मत करो। यही हमारी इच्छा और प्रार्थना है।" यही हमारी आशाएँ हैं- संक्षिप्त सारगर्भित और गहन, प्यासे व्यक्ति की पानी के लिए पुकार से भी अधिक आग्रहपूर्ण। यह भिक्षुओं और सामान्य लोगों की उस तल्खी से उपजी है जो उनके साथ जो घटित हो रहा है और तिब्बती क्षेत्रों में जो हालात बने हुए हैं, उनसे पैदा हुई हैं।

पंचेन लामा द्वारा अपनी याचिका में उठाए गए प्रश्नों में से एक प्रश्न तिब्बती समुदाय की, चीनी गणतन्त्र के अधीन रहते हुए, अपनी सांस्कृतिक और राष्ट्रीय पहचान बनाए रखने का था। स्पष्ट रूप से यह भय हान उग्र राष्ट्रवाद[1] से पैदा हुआ था। उन्होने लिखा:

एक बार किसी कौम की भाषा, वेशभूषा, रीति-रिवाज तथा अन्य महत्त्वपूर्ण विशेषताएँ गायब हो जाती हैं तो वह राष्ट्रीयता भी गायब हो जाती है।

धर्म के विनाश के विषय में पंचेन लामा घोषित करते हैं:

प्रजातांत्रिक सुधारों से पूर्व तिब्बत में 2500 से अधिक बड़े, मध्यम और छोटे मठ थे। प्रजातांत्रिक सुधारों के पश्चात् सरकार ने मात्र 70 को अस्तित्व में रहने दिया है। यह कुल मिलाकर 97% की कमी है। तिब्बत में कुल मिलाकर अतीत में 1,10,000 भिक्षु और भिक्षुणियाँ थीं- सुधारों के पश्चात इनमें से मठों में रहने वालों की संख्या मात्र 7000 रह गई है, यहाँ 93% की कमी है।

1 'हान अंध जातिवाद' से पंचेन लामा का अभिप्राय उस विचारधारा से है जो कि पीपल्स रिपब्लिक ऑफ चाइना की और सभी संस्कृतियों को आत्मसात कर लेना चाहती है, इसका विरोध माओत्से तुंग ने स्पष्ट रूप से किया था।

क्रूरतम एकाधिकारवादी दमन के सम्मुख पंचेन लामा का इस प्रकार लिखना साहसिक कार्य था, जिसकी भरपूर प्रशंसा की जानी चाहिए। यह तिब्बत, के अनेक क्षेत्रों की यात्रा के पश्चात लिखा गया था, जिनमें अमदो और पूर्वी तुर्कीस्तान (शिनज्यांग) भी शामिल था। व्यक्तिगत रूप से उन्होंने इसकी भयंकर कीमत चुकाई। इस याचिका से मेरे अनुमान सच सिद्ध हुए कि पलायन और 1959 में हुए स्वतः स्फूर्त विद्रोह के क्या डरावने परिणाम हुए होंगे। पंचेन लामा को तिब्बती जनता का शत्रु घोषित कर दिया और उन्हें 'संघर्ष सत्र'[2] कही जाने वाली सजा द्वारा सार्वजनिक रूप से अपमानित किया गया, जो कि आगे चलकर सांस्कृतिक क्रांति की विशिष्ट पहचान बन गई। उन्हें कारावास में डाल दिया गया जहाँ वह 1977 तक रहे और उन्हें 1979 तक नज़रबन्दी में रखा गया।

कारावास से मुक्ति के पश्चात् पंचेन लामा ने तिब्बती लोगों की ओर से ज़ोरदार आवाज़ उठाई और तिब्बत में चीन की नीतियों का भरपूर विरोध किया। विशेष रूप से मार्च 1987 में बीजिंग में आयोजित तिब्बती स्वायत्तशासी क्षेत्र की स्थाई समिति में, राष्ट्रीय जन कांग्रेस के दौरान बोलते हुए उन्होंने तिब्बत में चीन की नीतियों की आलोचना की। साथ ही हान उग्र-राष्ट्रवाद की भी आलोचना की। इस वीरोचित व्यक्तित्व के प्रति मेरा हृदय अभारी है, जिन्होंने तिब्बतियों की रक्षा के लिए उनके सबसे बुरे समय में इतना कुछ किया, विशेष रूप से जो वे 1979 में जेल से छूटने के पश्चात, संदेहास्पद ढंग से 1989 में हुई अपनी मृत्यु के समय तक करते रहे।

मेरा मानना है कि अपनी मृत्यु से पाँच दिन पूर्व उन्होंने यह वक्तव्य दिया था -

> मुक्ति के पश्चात निश्चय ही विकास हुआ है परन्तु विकास के लिए चुकाई गई कीमत बहुत ज्यादा है।

पीपल्स रिपब्लिक ऑफ चाइना के बाहर उनकी यात्राओं के समय मुझे पंचेन लामा से फोन पर बात करने का सौभाग्य मिलता रहा। इससे मुझे व्यक्तिगत रूप से उनके प्रति आभार प्रदर्शन करने का और उनकी प्रशंसा करने का अवसर मिलता रहा। पंचेन लामा मुझसे आयु में तीन वर्ष छोटे थे

2 संघर्ष सत्र/'स्ट्रगल सेशन' (तिब्बती में थमजिंग) एक सार्वजनिक अपमान की रीति थी जिसमें लक्षित व्यक्ति को मूर्खता का ताज पहनाया जाता था, सिर झुकाकर रखना पड़ता था, उसे अपमानित किया जाता था और उस पर आम लोग चिल्लाते और थूकते थे।

तथा चीन की 1954-55 की यात्रा में तथा भारत की 1956-57 की यात्रा में वे मेरे साथ थे। पंचेन लामा के लिए ईमानदारी और सत्यनिष्ठा ही सर्वोपरी थी, राजनयिक विनम्रताओं के लिए उनमें धैर्य नहीं था। अनेक वर्षों तक साम्यवादी चीन ने 'फूट डालो और राज करो' की पुरानी औपनिवेशिक नीति पर चलते हुए हम दोनों के बीच मतभेद का लाभ उठाने का प्रयास किया। यद्यपि हम दोनों के बीच लम्बे समय तक कोई संपर्क नहीं रहा फिर भी मैं बाहरी दुनिया को तिब्बत की स्थिति के विषय में जागरूक करता रहा और वह तिब्बत के भीतर रहकर स्वयं दमनकर्ताओं को अत्यधिक साहस के साथ तिब्बत की सच्चाई बताते रहे।

पंचेन लामा की याचिका से 1966 में माओ द्वारा प्रारम्भ की गई सांस्कृतिक क्रान्ति से पूर्व की स्थिति और 1976 में माओ की मृत्यु तक चली सांस्कृतिक क्रांति के बीच की स्थिति का पता चलता है। यह मानते हुए भी कि यह दशक समग्र रूप से चीन के लिए भी अत्यधिक दुखद और उथल-पुथल का समय था परन्तु तिब्बत के लिए यह समय भयानक रूप से विनाशकारी था। यह रेड गार्ड्स द्वारा ल्हासा में जोखांग मंदिर पर आक्रमण से प्रारम्भ हुआ- प्राचीन भित्ति चित्र और मूर्तियाँ नष्ट कर दी गईं और 'चार प्राचीनों' (फोर ओल्डस) के विनाश के नाम पर मंदिर के प्रांगण में धर्म ग्रंथ जलाए गए। ये चार प्राचीन (फॉर ओल्ड्स) थे- पुरानी विचारधारा, पुरानी संस्कृति, पुरानी आदतें और पुराने रीति-रिवाज़। जैसाकि मैंने अपने 10 मार्च ,1967 के कथन में रेखांकित किया था, जो असंख्य मूर्तियाँ नष्ट की गईं उनमें सातवीं शताब्दी में निर्मित तिब्बत की सर्वाधिक प्रतिष्ठित अविलोकितेश्वर की मूर्ति भी थी। यह विनाश नोरबूलिंग्का और पूरे शहर में किया गया और अन्ततः विभिन्न समूह ल्हासा और अन्य शहरों में आपस में लड़ रहे थे।

इस अराजक कालखण्ड में न केवल हजारों लोग मारे गए बल्कि असंख्य ऐतिहासिक स्मारक भी नष्ट कर दिए गए। जैसे कि 1409 में महान दार्शनिक और संत लोंगफ़ा द्वारा स्थापित गानदेन मठ। सार रूप में 'तिब्बती पहचान' वाली हर चीज़ पर आक्रमण किया गया, बौद्ध धर्म का अनुसरण अवैध घोषित कर दिया गया, अगरबत्ती जलाने, अनुष्ठान और त्योहारों पर रोक लगा दी गई, परम्परागत नाच-गाने प्रतिबंधित कर दिए गए। भिक्षुओं और वर्ग शत्रुओं को सार्वजनिक रूप से अपमानित करने की सज़ा दी गई। तिब्बतियों की सामूहिक

स्मृतियों और सांस्कृतिक पहचान को मिटाने के व्यापक और व्यवस्थित प्रयासों को तिब्बत ने झेला।

मेरे साथ जिन लोगों ने देश से पलायन किया था, उनमें से यदि किसी को मेरे देश छोड़ने के निर्णय पर संशय था तो वह 'सांस्कृतिक क्रांति' से पूरी तरह समाप्त हो गया। यदि मैं तिब्बत में ही रहता तो भी मैं इस पागलपन भरे, व्यवस्थित आक्रमणों के समय लोगों के लिए कुछ भी उपयोगी न कर पाता।

जनवरी 1976 में चीन के प्रधानमंत्री झाऊ-एनलाई का निधन हो गया। इसके पश्चात् जुलाई में मार्शल झू-दे का और 9 सितम्बर को स्वयं चेयरमैन माओ का निधन हो गया। माओ की विरासत में विशेषकर उसके 1958-62 के 'लंबी छलाँग' अभियान के दौरान, भूख से मरने वाले चार करोड़ लोगों की मृत्यु भी थी। भौगोलिक दृष्टि से जब विश्व की बड़ी शक्तियाँ उपनिवेशों को मुक्त कर रही थीं उस समय साम्यवादी चीन ने तिब्बत, मंगोलिया और पूर्वी तुर्किस्तान के सन्दर्भ में औपनिवेशिक साम्राज्यवाद की नीति को अपनाया और विडम्बना यह थी कि यह सब कर्णभेदी उपनिवेशवाद-विरोधी शब्दजाल के ज़रिए किया गया। इससे माओ के उत्तराधिकारियों को सतत अराजकता तथा विशेष रूप गैर-चीनी राष्ट्रीयताओं के प्रति दमन और पागलपन की स्थिति विरासत में मिली। परिणाम स्वरूप आज, चीनी आधिपत्य के सात दशक पश्चात भी, तिब्बती पहचान की किसी भी रूप में अभिव्यक्ति को चीनी आधिपत्य की वैधता को चुनौती माना जाता है।

माओ की मृत्यु के पश्चात तीव्र सत्ता संघर्ष प्रारम्भ हुआ, जिसमें माओ की पत्नी जियांग किंग, जो कि सांस्कृतिक क्रांति के लिए उकसाने वालों में से थीं और 'चार की दुष्टमंडली' की पराजय हुई और हुआ गुओफेंग का दल विजयी हुआ। जब वहाँ यह सब घटित हो रहा था तब मैं भारत में बैठकर यह सब दिलचस्पी और आशा के साथ देख रहा था।

माओ की मृत्यु के तुरन्त पश्चात महत्त्वपूर्ण परिवर्तनों में, अमेरिका के रक्षा सचिव जेम्स शिलेसिंगर की तिब्बत की त्रिदिवसीय यात्रा थी। शिलेसिंगर की यात्रा से यह अवसर मिला था कि वहाँ की भीतरी अवस्था का कुछ सही पता

लग सके। मुझे बताया गया कि उनके अनुसार तिब्बत में चीन की उपस्थिति औपनिवेशिक मानकों से भी दमनपरक थी, क्योंकि इसका लक्ष्य पूर्ण प्रभुत्व की स्थापना था। अभी तक चीन ने अपने विदेशी घनिष्ठ मित्रों को ही तिब्बत यात्रा की स्वीकृति दी थी। इसके तुरन्त पश्चात बीजिंग ने सहानुभूति रखने वाले पश्चिमी देशों के पत्रकारों को भी तिब्बत यात्रा की अनुमति दे दी। 1959 में तिब्बत से मेरे पलायन के बाद के दो दशकों तक तिब्बती पठार को एक बड़े जेलखाने की तरह चलाया गया। किसी को भी बाहरी दुनिया के साथ सम्पर्क रखने का अधिकार नहीं था, जिसका अर्थ था गुपचुप तरीकों से प्राप्त होने वाले कुछ संदेशों के अतिरिक्त, निर्वासन में रह रहे तिब्बती अपने तिब्बत में रह रहे परिवारों और साथियों से पूरी तरह कटे हुए थे। उधर तिब्बत में यह प्रचारित किया जाता था कि निर्वासित तिब्बती भयंकर निर्धनता में जी रहे हैं क्योंकि केवल समाजवादी देशों ने ही सफलतापूर्वक आर्थिक संपन्नता प्राप्त की है। जब चीन में माओ की मृत्यु के पश्चात् सत्ता-संघर्ष की धूल बैठ गई तब मेरे पूर्व-परिचित डेंग जियाओपिंग 1978 में चीन के सर्वोच्च नेता के रूप में उभर कर आए।

7

बातचीत के लिए संदेश

मैं 1954-55 में अपनी बीजिंग यात्रा के दौरान डेंग जियाओपिंग से कई बार मिला था, जो अब चीन के सर्वोच्च नेता बन चुके थे और वह चीन के उन वरिष्ठ व्यक्तियों में से थे, जो तिब्बत सम्बन्धी मामलों से सर्वाधिक जुड़े रहे थे। 10 सितम्बर, 1978 को नये चीनी प्रशासन को एक अधिकारिक संदेश भेजते समय मैंने कहा था:

> यदि तिब्बत के साठ लाख तिब्बती पहले से कहीं अधिक सुखी और संपन्न हैं तो फिर हमें अन्यथा तर्क-वितर्क की आवश्यकता नहीं है। यदि तिब्बत के लोग सचमुच सुखी हैं तो चीन को चाहिए कि हर विदेशी जो आना चाहता है उसे आने दे और उसके घूमने पर किसी प्रकार का प्रतिबंध न लगाए। इससे भ्रमणार्थियों को तिब्बत की वास्तविक स्थिति का पता चलेगा। इससे भी बढ़कर चीन को चाहिए कि वे तिब्बतियों को भारत में निर्वासन में रह रहे अपने माता पिता से मिलने की स्वीकृति दें। यह तिब्बती, स्वतन्त्र देश में रहने वाले हम तिब्बतियों की हालत का अध्ययन कर सकते हैं। यही सुविधा निर्वासन में रह रहे तिब्बतियों को भी मिलनी चाहिए।

अप्रत्याशित रूप से 1978 में मेरे भाई ग्यालो थोंडुप को, जो कि हांग कांग में रह रहे थे, बीजिंग से डेंग जियाओपिंग से मिलने का निमन्त्रण मिला।

यह निश्चित रूप से एक संधि सन्देश था इसलिए मेरे भाई ने इस विषय में मुझसे परामर्श किया कि क्या करना चाहिए। इसी वर्ष नवम्बर मे मेरे पुराने मंत्रिमंडल के तीस सदस्यों को बहुत बड़े सार्वजनिक समारोह में कारावास से मुक्त कर दिया गया; स्पष्ट रूप से एक आशाजनक सन्देश भेजा जा रहा था। 1 फरवरी 1979 को पंचेन लामा पहली बार जेल से बाहर आए और उन्होंने मेरे तिब्बत लौट आने की प्रार्थना की। इसी समय अमेरिका ने भी चीनी पीपल्स रिपब्लिक के साथ अपने औपचारिक राजनयिक संबंध स्थापित किए, जो कि अन्तरराष्ट्रीय मामलों में चीन के सन्दर्भ में आ रहे संभावित बड़े परिवर्तन का संकेत था।

मैंने अपने भाई से कहा कि वो इस निमन्त्रण को व्यक्तिगत रूप से स्वीकार कर लें न कि मेरे प्रतिनिधि के रूप में। 12 मार्च, 1979 को वह डेंग जियाओपिंग से 'ग्रेट हॉल ऑफ पीपल्स' में मिले। डेंग ने वार्ता के प्रारम्भ में ही मेरा हाल पूछा और पूछा कि मेरा स्वास्थ्य कैसा है और यह भी पूछा कि वह कब से बीजिंग नहीं आये। उन्होंने उत्तर दिया कि तीस वर्ष पूर्व 1949 में वो बीजिंग आए थे। जैसे बातचीत आगे बढ़ी तो डेंग ने मेरे भाई से कहा कि "तिब्बत की पूर्ण स्वतंत्रता पर कोई समझौता संभव नहीं है। परन्तु स्वतंत्रता से इतर किसी भी मुद्दे पर चर्चा हो सकती है। हर विषय चर्चा के लिए रखा जा सकता है।" यद्यपि मेरे भाई ने स्पष्ट कर दिया था कि वह व्यक्तिगत रूप से चर्चा में भाग ले रहा है फिर भी डेंग बहुत खुले मन से, ग्यालो थोंडुप द्वारा पूछे गए प्रश्नों का सकारात्मक उत्तर दे रहे थे। डेंग ने माना कि वो चीन और भारत की सीमाएँ खोल देंगे ताकि परिवारों से बिछुड़े लोग आपस मिल सकें। उन्होंने यह भी स्वीकार किया कि हम तिब्बत में तिब्बती भाषा पढ़ाने के लिए विभिन्न हिस्सों में अध्यापक भेज सकते हैं और बीजिंग में वार्ताएँ जारी रखने के लिए एक सम्पर्क कार्यालय स्थापित करने की बात भी कही। डेंग ने विश्वास दिलाया कि चीन का नया नेतृत्व मूलभूत और स्थायी परिवर्तन करने के लिए प्रतिबद्ध है और यदि दलाई लामा को किसी प्रकार का सन्देह है तो वो खोजबीन के लिए अपने लोग तिब्बत में भेज सकते हैं। उन्होंने यह भी कहा कि लोगों से कोई भी बात सौ बार सुनने से बेहतर है उसे एक बार देख लिया जाये।

1970 के प्रारंभिक वर्षों तक गहन और सावधानीपूर्वक किए गए चिंतन के फलस्वरूप मैं समझ चुका था कि हमारे संघर्ष की वास्तविक प्रकृति क्या है और इस दिशा में आगे बढ़ने का श्रेष्ठ मार्ग क्या है। एक बात जो मेरी समझ में आयी वह यह कि यदि हमने तिब्बत की पूर्ण स्वतंत्रता की माँग पर बल देना जारी रखा तो इसका अर्थ होगा कि हमें चीन के साथ दीर्घकालीन सशस्त्र संघर्ष की संभावना को भी स्वीकार करना होगा, जो कि पूरी तरह अव्यवहारिक होगा, असल में आत्महत्या जैसा होगा। मुझे स्पष्ट रूप से याद था कि पंडित नेहरू ने हमारी तिब्बत की पूर्ण स्वाधीनता की तलाश के विषय में कहा था कि- संयुक्त राष्ट्र अमेरिका, तिब्बत के लिए चीन से युद्ध करने नहीं जा रहा।

यह भी स्पष्ट था कि मेरे जैसा व्यक्ति, जो पूरी तरह हिंसा के विरुद्ध है, यदि स्वाधीनता आन्दोलन हिंसक साधनों से लड़ा जाने वाला था, तो मैं उसका नेतृत्व नहीं कर सकता था। इससे भी बढ़कर मेरी समझ में आया था कि हम तिब्बतियों के लिए सर्वाधिक महत्त्वपूर्ण बात यह थी कि हम ऐसे समुदाय के रूप में सुरक्षित रहें जिनकी भाषा, संस्कृति और धर्म अद्वितीय है। जो कि ऐतिहासिक रूप से इस पठार के विशिष्ट भूगोल से जुड़े हैं। अन्त में यह महत्त्वपूर्ण समझ विकसित हुई थी कि तिब्बत समस्या के समाधान के लिए हमें अन्ततः चीन के साथ ही समझौते की मेज पर बैठना होगा। इसके लिए, तिब्बत की स्वाधीनता के ऐतिहासिक प्रमाण, तिब्बती लोगों की आज़ादी में गहन निष्ठा और उनका अधिकार होने के बावजूद, हमने समझ लिया था कि तिब्बत की पूर्ण आज़ादी की बात करने का अर्थ है चीन से वार्ता शुरू ही नहीं हो सकती। अब, यदि हम शान्तिपूर्ण समझौते के माध्यम से अपनी समस्या का समाधान करना चाहते हैं तो हमें गंभीरता से चीनियों के दृष्टिकोण को भी समझना होगा। मेरी समझ में आया कि चीनियों के लिए महत्त्वपूर्ण थी स्थिरता और क्षेत्रीय संप्रभुता जब कि हमारे लिए जो बात सर्वाधिक महत्त्वपूर्ण थी, वह थी कि हम जीवित रहें और एक विशिष्ट समुदाय के रूप में बने रहें, जिसकी विशिष्ट भाषा औए सांस्कृतिक विरासत है। जिसे बाद में 'मध्यमार्ग' कहा गया, उसके बीज बो दिए गए थे, जिसमें आज़ादी की माँग न होकर वास्तविक स्वायत्तता की माँग थी, वह भी पीपल्स रिपब्लिक ऑफ चाइना में रहते हुए।

इस प्रकार 1974 में डेंग से संधि प्रस्ताव मिलने से पूर्व ही मैंने, निर्वासित तिब्बतियों के मुख्य नेताओं के छोटे से समूह के साथ इस बात की चर्चा की थी। हमने खुलकर इस विषय के विविध पहलुओं पर चर्चा की थी कि क्या हमें पूर्ण आज़ादी की माँग पर अड़े रहना चाहिए अथवा उस नये दृष्टिकोण पर विचार करना चाहिए, जिसपर मैंने विचार किया था। हमने इस बात पर भी चर्चा की थी कि हमें कब और कैसे इस नये दृष्टिकोण को वृहत्तर निर्वासित तिब्बती समुदाय के समक्ष और अपने अन्तरराष्ट्रीय समर्थकों के समक्ष लाना चाहिए। अनेक बार गहन विचार विमर्श के पश्चात मैं और मेरी निर्वासित सरकार के मुख्य अधिकारी जिनमें मंत्रिमण्डल के सदस्य भी शामिल थे, मेरे विचारों से पूरी तरह सहमत हो चुके थे। इस प्रकार जब ग्यालो थोंडुप, डेंग का प्रस्ताव लेकर आये कि 'आज़ादी के अतिरिक्त किसी भी विषय पर वार्ता की जा सकती है' मुझे विश्वास हो गया कि एक निश्चित रूपरेखा में, यह चीन सरकार के साथ उपयोगी चर्चा का सही अवसर है।

डेंग ने कम-से-कम तिब्बत में प्रतिनिधि मण्डल भेजने के अपने वायदे को पूरी तरह निभाया। 1979 से 1985 तक हम चार प्रतिनिधि मण्डल तथ्यों की खोज के लिए तिब्बत भेजने में समर्थ हुए। विशेष बात यह थी कि चीन की सरकार ने 'तिब्बती स्वायत्तशासी क्षेत्र'[1] के अतिरिक्त अन्य भागों में भी प्रतिनिधिमण्डल को जाने की आज्ञा दी। मुझे पता नहीं कि चीन के नेता प्रतिनिधि मंडल को लेकर किस प्रकार की प्रतिक्रिया की आशा कर रहे थे और उन्होंने क्या कल्पना की थी कि तिब्बत में रहने वाले तिब्बतियों की उनकी वहाँ उपस्थिति को लेकर क्या प्रतिक्रिया होगी। वास्तव में उन्हें भय था कि "ठीक विचार रखने वाले" तिब्बती कहीं प्रतिनिधि मण्डल के सदस्यों पर आक्रमण न कर दें इसलिए चीनी अधिकारियों ने स्थानीय अधिकारियों को सूचित किया, था कि प्रतिनिधि मण्डल के प्रति पूर्ण सद्भाव बनाए रखें।

---

1 1950 में अपने तिब्बत में घुसपैठ के बाद 1965 में औपचारिक रूप से स्थापित किया गया-'तिब्बत स्वशासी क्षेत्र', पीपल्स रिपब्लिक ऑफ चाइना की आधुनिक निर्मिती है। मोटे तौर पर कम्युनिस्ट चीन की घुसपैठ के समय ल्हासा के दलाई लामा द्वारा शासित इस क्षेत्र में तिब्बत का ऐतिहासिक क्षेत्र उ-त्संग और पश्चिमी खाम शामिल हैं। ऐतिहासिक रूप से तिब्बत, चोल-खा-ग्सुन, में तीन क्षेत्र उ-त्संग (मध्य, दक्षिणी और पश्चिमी तिब्बत) खाम (पूर्वी तिब्बत) और अमदो (उत्तर पूर्वी तिब्बत) आते है।

जब पहला पाँच सदस्यी प्रतिनिधि मंडल जुचेन थुपतेन नमगयाल के नेतृत्व में (जो कि धर्मशाला में मंत्रिमंडल के वरिष्ठ सदस्य थे) अमदो में पहुँचा, जो कि मेरा जन्म स्थान भी है, तो हजारों लोग विशेषकर युवा उनकी अभ्यर्थना के लिए इकट्‌ठे हो गए। इससे प्रतिनिधि मंडल पर नज़र रखने वाले सावधान हो गए और उन्होंने इसकी सूचना ल्हासा में दी। वहाँ से उत्तर आया कि अमदो और खाम के निवासी सीधे-सादे चरवाहे हैं, जिनमें वर्ग-चेतना नहीं है परन्तु राजधानी ल्हासा में समान मार्क्सवादी प्रशिक्षण का स्तर अच्छा है इसलिए वहाँ लज्जित होने की सम्भावना नहीं है। परन्तु फिर भी ल्हासा में भीड़ अत्यधिक उल्लसित और असीम थी। एक सदस्य ने एक चीनी कार्यकर्ता को कहते सुना "बीस वर्ष के प्रयत्नों को एक दिन में गँवा दिया।" वास्तव में सभी जगह प्रतिनिधि दल के सदस्यों को भीड़ ने घेरा और जिन भयंकर त्रासदियों से वे गुजरे थे, उनका उन्होंने वर्णन किया। मानवाधिकारों के हनन की वहाँ लम्बी शृंखला थी तथा उनके सम्मुख उन अनेक मठों के विनाश की चित्रात्मक प्रस्तुति की गई, जिन्हें पत्थरों के ढेर में बदल दिया गया था।

पहले प्रतिनिधि मण्डल की यात्रा से चीनी नेतृत्व को स्पष्टतया हैरानी और शर्मिन्दगी का अनुभव हुआ। फिर भी मैं स्वीकार करता हूँ कि यह डेंग की उदारता ही थी, जो उन्होंने हमारे दूसरे, तीसरे और चौथे प्रतिनिधि मंडल को तिब्बत में जाने दिया। यद्यपि, अंततः दूसरा प्रतिनिधिमंडल, जो कि तेनजिन नमगयाल हीथोंग (उस समय न्यूयार्क में तिब्बती कार्यालय में मेरे प्रतिनिधि) के नेतृत्व में गया था, उसे जल्दी लौटा दिया गया। (तीसरा प्रतिनिधि मंडल मेरी छोटी बहन जेनसुन पेमा के नेतृत्व में गया और चौथा एक वरिष्ठ तिब्बती अधिकारी कुंडे लिंग वायुसर गयालसेन के नेतृत्व में गया।) संभवतः चीनी आधिकारियों ने तिब्बतियों के दुःख के इस प्रकटीकरण को, सांस्कृतिक क्रांति की ज्यादतियों के विरुद्ध उनकी तात्कालिक प्रतिक्रिया समझा, न कि साम्यवादी चीन द्वारा तिब्बत पर किए बलात अधिकार के विरुद्ध गहन वेदना का प्रदर्शन। इन यात्राओं से हमारे समक्ष जो बात स्पष्ट उभर कर आयी वह थी कि वहाँ तिब्बत में मेरे नेतृत्व में और हमारे द्वारा निर्वासन में रहकर किए जाने वाले संघर्ष के लिए अपार समर्थन है।

इन प्रतिनिधि मंडलों के पहले प्रभावों में से एक यह था कि एक असाधारण तथ्यान्वेषक मंडल, पार्टी सचिव हू याओबांग और उप-प्रधानमंत्री वान ली के नेतृत्व में 1980 में वहाँ गया। उन्होंने वहाँ जो कुछ देखा, उससे उन्हें बहुत निराशा हुई और उन्होंने स्थानीय अधिकारियों को बहुत डाँट फटकार भी लगाई। हू ने कहा:

> मुझे लगता है कि हमारी पार्टी ने तिब्बतियों को बहुत निराश किया है। हमें बहुत बुरा लग रहा है। हमारी पार्टी का मुख्य उद्देश्य है लोगों की खुशी के लिए काम करना और उनके लिए अच्छे काम करना। हमने लगभग तीस वर्ष यहाँ काम किया परन्तु तिब्बतियों के जीवन में विशेष सुधार नहीं हुआ। क्या यह हमारा दोष नहीं है?[2]

कहा जाता है कि हू ने तिब्बतियों की स्थिति की तुलना उपनिवेशवाद से की। उन्होंने छः सूत्रीय नीति की घोषणा की, जिसमें शामिल थे- तिब्बतियों को क्षेत्रीय स्वायत्तता का पूर्ण अधिकार, तिब्बती संस्कृति, शिक्षा और भाषा का समाजवादी दिशा निर्देशों के अनुसार विकास, और तिब्बती अधिकारियों की वृद्धि। इस नई, अधिक उदार नीति का परिणाम यह हुआ कि पुनः व्यक्तिगत धार्मिक क्रिया कलाप प्रारम्भ हो गए, मठों का निर्माण और उन्हें फिर से खोला जाने लगा, नये युवा भिक्षुओं को भिक्षु बनने की आज्ञा मिली और प्राचीन तिब्बती धर्मग्रंथों को पुस्तकाकार प्रकाशित किया गया। साम्यवादी दल ने डेंग का वह वायदा भी निभाया, जिसे उन्होंन मेरे भाई ग्यालो थोंडुप से किया था, जिसके अनुसार निर्वासित तिब्बतियों को तिब्बत यात्रा की अनुमति मिली और तिब्बतियों को विशेषकर भारत और विदेशों में अपने सम्बन्धियों से मिलने की अनुमति दी गई।

1980 के प्रारम्भ में तिब्बत को जो लोग छोड़ पाए उनमें एक वरिष्ठ भिक्षु लोपोन-ला भी थे, जो पोटला महल परिसर में स्थित नामग्याल मठ से थे, जहाँ के भिक्षु परम्परागत रूप से विभिन्न कर्मकाण्डों और सरकारी समारोहों में दलाई

2 स्थानीय चीनी नेतृत्व के बारे में हू याओबांग का यह कथन यांग याओ की रचना Hu Yaobang's Visit to Tibet, May 22-31, 1980: An Important Development in the Chineses Government Tibet Policy," in Robert Barnett and Shirin Akiner, eds., Resistance and Reform in Tibet (London: Hurst & Company, 1994) में देखा जा सकता है। यांग याओ, हू याओबांग के साथ गये चीनी प्रतिनिधिमंडल के सदस्य थे।

लामा की सहायता करते हैं। 1959 में ल्हासा से मेरे पलायन के बाद लोपोन-ला ने अठारह वर्ष चीनी जेलों में बिताए थे। धर्मशाला में स्थापित अपने पुराने मठ में पुनः आ जाने के पश्चात् उनकी लम्बी, कुछ-कुछ झुकी हुई-सी मुद्रा उनकी पहचान बन गयी।

चूँकि मैं लोपोन-ला को तिब्बत से जानता था और उन्हें बहुत पसन्द भी करता था इसलिए उनसे अनेक अवसरों पर मिला। ऐसे ही एक अवसर पर जब हम चाय पी रहे थे तो उन्होंने सहज ढंग से कहा कि जेल में रहते हुए दो-तीन ऐसे अवसर आए जबकि उन्हें सचमुच खतरा महसूस हुआ। यह सोचते हुए कि वे अपने जीवन पर आए किसी खतरे की बात कर रहे हैं मैंने पूछा, "किस तरह का खतरा?" उन्होंने उत्तर दिया "चीनियों के प्रति अपनी करुणा खो देने का खतरा।" जब मैंने उनकी बात सुनी तो बस उनके सामने सिर झुका दिया। बाद में मैंने ऐसी ही कहानियाँ कई भिक्षु और भिक्षुणियों की सुनी, जिन्होंने इस बात पर अत्यधिक ध्यान दिया कि वे चीनियों की मानवता का ध्यान रखें, भले ही वे उन्हें अत्यधिक कठिनाई में डाल रहे थे और हानि पहुँचा रहे थे।

डेंग जियाओपिंग ने मेरे भाई से जो बात कही थी, उन्ही की भावना के अनुरूप मैंने चीनी नेतृत्व से सीधे सम्पर्क साधने के लिए मार्च 1981 में डेंग को एक पत्र लिखा।

मैंने दू याओ बांग की तिब्बत यात्रा की प्रशंसा की और गलतियों को सुधारने और अतीत में हुई गलतियों को खुले मन से स्वीकारने की सराहना की। मैंने डेंग द्वारा मेरे भाई के माध्यम से दिए गए परस्पर संबंध बनाए रखने के निमन्त्रण को स्वीकार किया और तिब्बती क्षेत्रों में प्रतिनिधि मंडल भेजने की स्वीकृति देने के लिए उनका धन्यवाद भी किया। मैंने लिखा:

> यदि तिब्बतियों की पहचान की सचमुच रक्षा की जाती है और वे सचमुच सुखी हैं तो मेरे लिए शिकायत करने का कोई कारण नहीं है। परन्तु अभी भी 90% से अधिक तिब्बती गहरे शारीरिक और मानसिक कष्ट में जी रहे हैं और अत्यधिक दुखी हैं। यह दुखद स्थितियाँ किसी प्राकृतिक आपदा से पैदा नहीं हुई हैं, यह मानव-निर्मित हैं। इसलिए इन समस्याओं के समाधान के लिए वस्तुगत स्थितियों को ध्यान में रखकर ईमानदारी से तर्कसंगत प्रयास किए जाने चाहिए।

यह सब करने के लिए हमें चीन और तिब्बत के बीच तथा तिब्बत और बाहरी दुनिया के बीच सम्बन्ध सुधारने चाहिए। सत्य और समानता के आधार पर हमें भविष्य की बेहतर समझ रखते हुए, तिब्बत और चीन के बीच मैत्री स्थापित करनी चाहिए। अब समय आ गया है कि हम अपने साझे विवेक को, सहनशीलता और उदारता की मूल भावना के साथ, तिब्बतियों के लिए सच्ची ख़ुशी प्राप्त करने में जल्दी से जल्दी लगा दें।

जुलाई 1981 में इसका उत्तर तुरन्त एक व्यक्तिगत मीटिंग के दौरान आया, जो मेरे भाई ग्यालो थोंडुप औरहू याओबांग के बीच हुई थी। उन्होंने चीनी दृष्टिकोण से उस पंच सूत्रीय कार्ययोजना[3] को प्रस्तुत किया, जिससे समझौता संभव था। यह निराशा जनक प्रस्ताव था क्योंकि इसमें मेरी स्थिति और देश वापिसी पर बल दिया गया था जबकि इससे बड़ा प्रश्न साठ लाख तिब्बतियों के योग-क्षेम का था। वास्तव में इस प्रस्ताव में कुछ भी उपयोगी नहीं था और डेंग जियाओपिंग ने 1979 में मेरे भाई से जो कहा था-"स्वतंत्रता को छोड़कर किसी भी विषय पर चर्चा हो सकती है"- वह इस प्रस्ताव को देखकर सही प्रतीत नहीं होता था।

परन्तु फिर भी, चीन के साथ औपचारिक और अनौपचारिक दोनों तरह से सीधे सम्पर्क साधने से, साथ ही चीन के स्वयं में खुलने से और तिब्बत के खुलने से यह स्पष्ट हो गया कि तिब्बत की वकालत करने का रास्ता अब पहले से कहीं अधिक जटिल हो गया है। पहले हमारी भूमिका यह थी कि हम वहाँ हो रहे अपराधों और विनाश की ओर ध्यान दिलाकर तिब्बत की आज़ादी और

---

3 हू योबांग के बाद में बीजिंग रिव्यू में प्रकाशित 3 दिसम्बर 1984 को प्रकाशित पाँच सूत्र थे: (1) दलाई लामा को आश्वस्त होना चाहिए कि चीन ने विभिन्न राष्ट्रीयताओं के बीच दीर्घकालिक राजनीतिक स्थिरता, नियमित आर्थिक विकास और पारस्परिक सहयोग की स्थिति प्राप्त कर ली है। (2) दलाई लामा और उनके प्रतिनिधियों को आनाकानी करने की अपेक्षा खुल कर केंद्र सरकार से बात करनी चाहिए। 1959 की घटनाओं को लेकर किसी प्रकार की बाल की खाल न निकाली जाये। (3) केन्द्रीय अधिकारी दिल से चाहते है कि दलाई लामा और उनके अनुयायी यहाँ वापिस आकर रहें। यह बात इस आशा के साथ की जा रही है कि वे चीन की एकता में योगदान देंगे, तथा हान और तिब्बती आधुनिकीकरण कार्यक्रमों में सहयोग करेंगे। (4) दलाई लामा की 1954 पूर्व की सम्पूर्ण आवासीय सुविधाएँ और राजनीतिक पद-प्रतिष्ठा प्रदान की जायेगी। यह भी सुझाव दिया जाता है कि वह तिब्बत में जाकर न रहें और कोई स्थानीय पद ग्रहण न करें। उनके अनुयाइयों को भी अपनी नौकरियों और जीने की स्थितियों की चिन्ता करने की आवश्यकता नहीं है। वे पहले से बहुत बेहतर ही होंगी। (5) यदि दलाई लामा वापिस आने के इच्छुक हैं तो वे प्रेस में एक संक्षिप्त वक्तव्य जारी कर सकते हैं। उस वक्तव्य में क्या कहना चाहेंगे, यह उनकी इच्छा पर निर्भर है।

मानवाधिकारों को मुद्दा बनाएँ। अब हमें अपनी ओर से सारगर्भित प्रस्ताव पेश करने थे, जिनसे परस्पर सहमति के आधार पर निर्णय पर पहुँचा जा सके। इसलिए 10 सितम्बर, 1981 के अपने आधिकारिक बयान में मैंने कहा, कि अतीत का इतिहास, अतीत में खो चुका है, और अब जो अधिक प्रासंगिक है वह यह है कि भविष्य में हम वास्तविक सुख और शान्ति के लिए, तिब्बत और चीन के मध्य मैत्रीपूर्ण और सार्थक संबंध स्थापित करें। इस लक्ष्य की प्राप्ति के लिए महत्त्वपूर्ण है कि दोनों पक्ष कठोर परिश्रम करें और एक दूसरे के प्रति सहिष्णुता युक्त समझ और उदारता का भाव विकसित करें।

अप्रेल 1982 में मैंने एक त्रि-सदस्यीय उच्च स्तरीय खोजी प्रतिनिधि मंडल बीजिंग भेजने का निर्णय लिया। इसमें मेरे दो केबिनेट मन्त्री- जुकेन थुम्पटेन और फुन्टसोक ताशी तकला और हमारी 'तिब्बती असेम्बली ऑफ पिपल्स डेप्यूटीज़' की स्पीकर लोदी गायरी सम्मिलित थीं, तिब्बत के लिए रवाना हो गया। उन्हें सम्भावित समझौते के विषय में मेरे विचारों से अवगत करवाया गया। हम यह जानने के लिए व्यग्र थे कि क्या साम्यवादियों की स्थिति में कोई वास्तविक परिवर्तन हुआ है और डेंग के कथन, "स्वतंत्रता को छोड़कर हर बात पर समझौता वार्ता संभव है" का ठोस अर्थों में क्या भाव है। उदाहरण के लिए हमारे प्रतिनिधियों में से एक ने पूछा कि क्या तिब्बतियों को उनकी अलग प्रजाति और इतिहास होने के कारण 'पीपल्स रिपब्लिक ऑफ चाइना' को वही अधिकार नहीं देने चाहिए जो अधिकार उसने ताइवान के लोगों दे रखे हैं। उसे बताया गया कि तिब्बतियों को वह सब नहीं दिया जा सकता जो ताइवान के लोगों को मिला है क्योंकि तिब्बत के विपरीत ताइवान को अभी तक मुक्त नहीं करवाया जा सका है।

जब मेरा खोजी प्रतिनिधि मंडल बीजिंग पहुँचा तो चीनी पक्ष यह आशा कर रहा था कि प्रतिनिधि मंडल, हु याओ बांग द्वारा मेरे भाई की बीजिंग यात्रा के दौरान दिए गए पंच सूत्रीय प्रस्ताव का उत्तर देगा। इससे कुछ शुरुआती गलतफहमियां हुईं। मेरे प्रतिनिधि मंडल के सदस्य और उनके समकक्ष चीनी अधिकारी, विपरीत दिशा में बातें कर रहे थे। तब चीनी पक्ष ने उस प्रस्ताव की प्रतिलिपि और डेंग जियाओपिंग के साथ 1979 में मेरे भाई की हुई बातचीत की लिखित प्रतिलिपि भी उपलब्ध करवाई। अन्ततः चीनियों ने अपनी स्थिति दुहराई। स्पष्ट रूप से अब अर्थपूर्ण चर्चा के लिए कोई स्थान नहीं बचा था।

यह होने पर भी मैं तिब्बत में जमीनी स्तर पर हो रहे परिवर्तनों से बहुत सकारात्मक अनुभव कर रहा था। उदाहरण के लिए बोध गया में औपचारिक बुद्ध धर्म की शिक्षा पाने के लिए सैकड़ों बौद्ध भिक्षुक और आम लोग स्वयं तिब्बत से तीर्थ यात्रा पर आ सके थे। ऐसे में मैंने सार्वजनिक रूप से लगभग दो वर्षों में व्यक्तिगत रूप से तिब्बत यात्रा की इच्छा व्यक्त की थी। इसकी तैयारी के लिए एक अग्रिम दल वहाँ भेजने की योजना थी परन्तु दुर्भाग्यवश वहाँ से उसे सकारात्मक उत्तर नहीं मिला।

मई 1984 में धर्मशाला में एक विशेष सभा का आयोजन किया गया जिसमें मेरा मंत्रिमंडल, असेम्बली ऑफ तिबेतन पीपल्स डिप्युटीज़ के प्रतिनिधि तथा अन्य प्रमुख अनुषांगिक दल जैसे 'तिबेतन वुमेन्'स एसोसिएशन', तिब्बत यूथ कांग्रेस शामिल हुए, जिसमें बीजिंग के साथ मेरी बातचीत पर बहस हुई। अक्तूबर में उसी खोजी दल को मैंने पुनः बातचीत के लिए बीजिंग भेजा। वहाँ हमारे दल ने इस बात को रेखांकित किया कि पाँच सूत्रीय प्रस्ताव में दलाई लामा की वापसी और पद को लेकर ही चीन सरकार गम्भीर है। हमने चीनियों को याद दिलाया कि मुद्दा तिब्बत और उसके लोग हैं तथा प्रतिनिधि मण्डल ने उन्हें मेरी मातृभूमि तिब्बत की यात्रा की इच्छा के विषय में भी बताया।

एक आधारभूत सुझाव, जो हमने वहाँ प्रस्तुत किया था वह था, तिब्बत का असैन्यीकरण (जिसमें खाम और अमदो के क्षेत्र भी शामिल थे) और इससे 'पीपल्स रिपब्लिक ऑफ चाइना' के अन्तर्गत आन्तरिक स्वायत्तता प्रदान की जानी थी। चीनियों ने इन सुझावों पर किसी भी तरह की चर्चा करने से इन्कार कर दिया और कहा कि 'तिब्बत समस्या' जैसा कोई प्रश्न बचा नहीं है और एकमात्र प्रश्न दलाई लामा जी के पद पर विचार का है। उन्होंने हू याओबांग के 1981 के पाँच सूत्री प्रस्ताव को पुनः दुहराया और मेरे प्रतिनिधि मण्डल के भारत लौटने के साथ ही इसे सार्वजनिक भी कर दिया।[4] पहले जो एक प्रगति दिख रही थी अब हम पुनः गतिरोध की स्थिति में पहुँच गए थे।

---

4 जैसाकि पहले बताया गया, यह 5 सूत्रीय कार्ययोजना 3 दिसम्बर 1984 को चीनी सरकार द्वारा 'बीजिंग रिव्यू' में सार्वजनिक की गई ।

8

चौथी शरणस्थली

जब चीन के साथ किसी प्रकार की सार्थक प्रगति नहीं हो रही थी, तिब्बत में जमीनी स्तर पर बदलाव चिंताजनक दिशा में जा रहे थे। जहाँ एक ओर यह सच था कि तिब्बत मे खुलापन आ रहा था और स्थितियाँ सांस्कृतिक क्रांति के दिनों की अपेक्षा बेहतर थीं दूसरी ओर हुयोबांग की शपथ के विरुद्ध कि चीनी अधिकारियों और साम्यवादी कार्यकर्ताओं की संख्या कम कर दी जायेगी, बहुत बड़ी माला में चीनी लोगों का स्थानान्तरण तिब्बत किया जा रहा था और यह सब विकास के नाम पर हो रहा था। यह अत्यधिक चिन्ताजनक था क्योंकि इस पर नियन्त्रण नहीं किया गया तो इससे क्षेत्र के जनसांख्यिक स्वरूप में मूलभूत परिवर्तन हो जाएगा तथा तिब्बत का यह पठार, चीन के किसी अन्य प्रान्त जैसा बन जाएगा और तिब्बती अपनी ही जन्मभूमि में हाशिए पर चले जाएँगे। चीन ने अन्य क्षेत्रों की राष्ट्रीयताओं से ऐतिहासिक दृष्टि से जो किया था उसके साक्ष्य और अधिक चिन्ता पैदा करने वाले थे। सामाजिक सांस्कृतिक दृष्टि से चीनियों का तिब्बत में यह आगमन उस प्रक्रिया के प्रारम्भ का संकेत था, जिसमें तिब्बतियों के प्रिय स्थानों (जिनमें उनका पवित्र शहर ल्हासा भी सम्मिलित था) की प्रकृति को बदलने की प्रबल क्षमता थी। राजनीतिक दृष्टि से कहूँ तो उन दिनों तिब्बत से जो समाचार आ रहे थे, उन्हें कम से कम भ्रामक कहा जा सकता था।

तिब्बत में बू जिनझुआ के नेतृत्व में धार्मिक क्रिया-कलाप विषयक नयी उदार नीति अपनाने के परिणामस्वरूप 1986 में ल्हासा में 1967 के पश्चात पहली बार 'महान प्रार्थना उत्सव' मनाने की आज्ञा दी गई। परन्तु बीजिंग के वरिष्ठ नेतृत्व में हठधर्मिता के अतिरिक्त कुछ दिखाई नहीं पड़ता था।

हमें अपनी नीति पर पुनर्विचार करने की आवश्यकता थी। हमने अपने प्रस्तावों को अधिक व्यवस्थित करके अन्तरराष्ट्रीय मंचों पर प्रस्तुत करने का निर्णय लिया। बीजिंग के साथ हमारी चर्चाओं ने हमारे लिए अन्तरराष्ट्रीय मंचों पर अपने प्रस्ताव प्रस्तुत करने के सिवा और कोई मार्ग नहीं छोड़ा था। इस रणनीति से हमें विश्वभर में रह रहे अपने समर्थकों को, जो चीन के साथ हमारी वार्ताओं के परिणाम जानने के लिए धैर्यपूर्वक प्रतीक्षारत थे, यह बताने का अवसर था कि हमारी गम्भीर अकांक्षाएँ क्या हैं। मैंने प्रायः परम्परागत बौद्ध शरणस्थलियों के तीन आभूषणों- महात्मा बुद्ध, धर्म और संघ (समुदाय) के बाद अन्तरराष्ट्रीय समुदाय को अपनी चौथी शरणस्थली कहा है।

हमारे कुछ प्रयासों का प्रभाव पड़ा। जुलाई 1985 में संयुक्त राज्य अमेरिका की संसद के 91 सदस्यों ने हस्ताक्षर करके एक पत्र पीपल्स रिपब्लिक ऑफ चाइना को भेजा। उन्होंने सीधी बातचीत को समर्थन देते हुए चीन को लिखा, "परम पावन दलाई लामा और उनके लोगों की तर्कसंगत और न्यायसंगत अकांक्षाओं पर पूरी तरह विचार किया जाना चाहिए।" चीनियों को इस बात से चिन्ता हुई कि अन्तरराष्ट्रीय समुदाय का ध्यान तिब्बत पर बढ़ रहा है, इसलिए उन्होने अमेरिका के पूर्व-राष्ट्रपति जिमी कार्टर को 1987 में ल्हासा आगमन का निमन्त्रण दिया। उसके पश्चात् जुलाई में जर्मनी के चांसलर हेल्मूट कोल को भी उसी वर्ष आमन्त्रित किया।

जून 1987 में संयुक्त राज्य अमेरिका ने अपने हाऊस ऑफ रिप्रजेंटेटिव में एक बिल पारित कर तिब्बत में हो रहे मानवाधिकारों के हनन के विरुद्ध निन्दा प्रस्ताव पारित किया और चीन को रचनात्मक संवाद स्थापित करने के लिए कहा। 21 सितम्बर को उसी वर्ष 'कांग्रेसनल ह्यूमन राइट्स कोकस' (कांग्रेस का मानवाधिकार दल) ने मुझे व्याख्यान के लिए आमन्त्रित किया। मैंने निम्न शब्दों से वक्तव्य प्रारम्भ किया:

विश्व अधिकाधिक परस्पर निर्भर होता जा रहा है इसलिए राष्ट्रीय, क्षेत्रीय और वैश्विक शांति तभी प्राप्त की जा सकती है जब हम संकीर्णता को त्याग कर वृहत्तर आवश्यकताओं के विषय में सोचें। इस समय आवश्यकता इस बात की है कि हम सब, सबल और निर्बल अपने-अपने ढंग से सहयोग दें। मैं आज आपके सम्मुख तिब्बती समुदाय के नेता के रूप में और एक बौद्ध भिक्षु के रूप में बोल रहा हूँ जिसके धर्म का आधार स्नेह और करुणा है।

तत्पश्चात मैंने अपनी पंचसूत्री शांति योजना प्रस्तुत की, जो कि चीन के साथ वार्ता का मुख्य आधार बन सकती थी। वह सूत्र थे:

1. तिब्बत को एक शान्ति क्षेत्र में बदल दिया जाए, जो कि असैन्यीकृत हो ताकि वह एशिया के दो बड़ी जनसंख्या वालों देशों, भारत और चीन की सेनाओं के बीच अवरोधक क्षेत्र का काम कर सके।
2. चीन की जनसंख्या स्थानान्तरण नीति को समाप्त किया जाए, जिसके कारण एक पृथक समुदाय के रूप में तिब्बतियों का अस्तित्व खतरे में पड़ रहा है।
3. तिब्बतियों के मूल मानवाधिकारों और स्वतंत्रताओं का सम्मान किया जाए।
4. तिब्बत के प्राकृतिक पर्यावरण की पुनर्स्थापना और संरक्षण पर बल दिया जाए तथा चीन द्वारा तिब्बत में आण्विक अस्त्र तैयार करने और वहाँ आण्विक कचरा इकट्ठा करने पर प्रतिबन्ध लगाया जाए।
5. तिब्बत की स्थिति पर ईमानदारी से वार्तालाप प्रारम्भ हो और तिब्बती तथा चीनी समुदायों के बीच संबंधों पर भी चर्चा हो।

इसके कुछ समय पश्चात ही संयुक्त राज्य अमेरिका की कांग्रेस ने इस बिल को पुनः पारित किया, जिसे हाऊस ऑफ रिप्रजेंटेटिव ने पहले पारित किया था। उसी वर्ष दिसम्बर में राष्ट्रपति रीगन ने 'विदेशी संबंध प्राधिकरण अधिनियम' पर हस्ताक्षर कर दिए, जिसके परिणाम स्वरूप घोषित किया गया कि पीपल्स रिपब्लिक ऑफ चाइना के साथ संबन्ध बनाते समय तिब्बत के लोगों के साथ हो रहे व्यवहार को भी ध्यान में रखा जायेगा और चीन पर ज़ोर दिया जाएगा कि तिब्बतियों के मानवाधिकारों की माँग का सम्मान करे और दलाई लामा की

सार्थक संवाद स्थापित करने और राजनीतिक बन्दियों को मुक्त करने की माँग का यथोचित उत्तर दे।

चीनी प्रचार तंत्र ने पंचसूत्रीय योजना का डटकर विरोध किया। इस आलोचना से, विशेषकर व्यक्तिगत रूप से मेरी आलोचना से, अनेक लोगों को बहुत दुख हुआ। वाशिंगटन में मेरे व्याख्यान के एक सप्ताह से भी पहले, द्रोपुंग मठ के भिक्षुओं ने तिब्बत का राष्ट्रीय ध्वज फहराते हुए, तिब्बत की आज़ादी का नारा लगाते हुए विद्रोह किया। उन्हे बन्दी बना लिया गया। जब मैंने यह समाचार सुना तो मुझे बहुत चिन्ता हुई। तत्पश्चात् सेरा मठ से एक विशाल प्रदर्शन किया गया जिसमें बन्दियों को मुक्त करने की माँग की गई। इसमें बहुत बड़ी भीड़ ने भाग लिया और इस प्रकार एक बड़ा उपद्रव प्रारम्भ हुआ। पुलिस चौकी जला दी गई तथा चीनी पुलिस ने गोलियाँ चलाकर अनेक लोगों को मार डाला। इसके पश्चात 6 अक्तूबर को पुनः विरोध-प्रदर्शन हुआ। कुछ समय शान्ति रहने के पश्चात 5 मार्च, 1988 को महान प्रार्थना समारोह के पश्चात गनदेन मठ से एक और प्रदर्शन हुआ। इसके परिणाम स्वरूप पूरे देश में विरोध प्रदर्शन होने लगे और 8 मार्च, 1988 को ल्हासा में मार्शल लॉ लगा दिया गया। इस बात से स्पष्ट हो गया कि तिब्बतियों की अकांक्षाएँ आर्थिक सुधारों से कहीं अधिक की थीं और उनमें व्याप्त असंतोष का तो कहना ही क्या था!

चूँकि इसी समय मुझे जून के मध्य में यूरोपियन यूनियन की संसद में भाषण देने के लिए बुलाया गया था इसलिए मैंने इस अवसर पर औपचारिक ढंग से पंच सूत्रीय योजना को विस्तार देने पर विचार किया। मैं स्ट्रॉसबर्ग में जो कहने जा रहा था उसके मुख्य बिन्दुओं पर विचार-विमर्श के लिए मैंने धर्मशाला में एक सभा का आयोजन किया। 6 से 9 जून तक, चार दिन हुए सम्मेलन में मंत्रिमंडल के सदस्य, असेम्बली ऑफ तिब्बतन डिप्युटीज के सदस्य प्रशासनिक अधिकारी, स्वयंसेवी संगठन, नवागत तिब्बतियों में से चुने गए कुछ लोग, विशिष्ट आमन्त्रित सदस्य तथा अन्य तिब्बती लोग, जो विदेशों में तिब्बती समाज का प्रतिनिधित्व करते थे, सभी आमन्त्रित थे। उनके साथ मैंने विस्तार से अपने प्रस्ताव के पाँचों बिन्दुओं पर विचार-विमर्श किया। इस प्रकार की गहन चर्चाओं और तर्क-वितर्क के पश्चात इस सम्मेलन में उपस्थित सभी प्रतिभागियों ने मेरी उस पंच सूत्रीय योजना की सर्वसम्मति से पुष्टि कर दी।

15 अप्रैल, 1988 को मैंने स्ट्रॉसबर्ग में यूरोपीयन पार्लियामेंट को सम्बोधित करते हुए इन अतिरिक्त बिन्दुओं पर भी प्रकाश डाला:

> संपूर्ण तिब्बत, जिसे चोलका-सुम (उ-त्संग, खाम और अमदो) भी कहा जाता है, एक स्वशासी प्रजातांत्रिक राजनीतिक इकाई बन जाए, जो कि कानून आधारित हो और जिसे जन समर्थन प्राप्त हो, जो कि उनकी भलाई, सुरक्षा और पर्यावरण की रक्षक हो और जिसे पीपल्स रिपब्लिक ऑफ चाइना से सहयोग प्राप्त हो।
>
> पीपल्स रिपब्लिक ऑफ चाइना की सरकार इसकी विदेश नीति की जिम्मेदारी ले सकती है। परन्तु तिब्बत की सरकार भी अपने विदेश विभाग द्वारा वाणिज्य, शिक्षा, संस्कृति, धर्म, पर्यटन, विज्ञान, खेल-कूद तथा अन्य अराजनैतिक गतिविधियों के माध्यम से सम्बन्धों को विकसित कर सकेगी और जारी रख सकेगी। तिब्बत को ऐसी गतिविधियों में संलग्न, ऐसी संस्थाओं से जुड़ना चाहिए।
>
> तिब्बत की सरकार की स्थापना का आधार एक संविधान या मूलभूत कानून होना चाहिए। इस कानून के अनुसार तिब्बत में प्रजातांत्रिक शासन व्यवस्था लागू की जाए, जिसे आर्थिक समानता, सामाजिक न्याय और पर्यावरण की रक्षा का दायित्व सौंपा जाए। इसका अर्थ है कि तिब्बत की सरकार को तिब्बतियों और तिब्बत से सम्बन्धित सभी मामलों में निर्णय लेने का पूर्ण अधिकार होना चाहिए।

हम प्रभावी ढंग से यह कह रहे थे कि हम पूर्ण स्वाधीनता की माँग नहीं कर रहे हैं और पीपल्स रिपब्लिक ऑफ चाईना का हिस्सा बने रहने को तैयार हैं, यदि हमें वास्तविक स्वायत्तता का लिखित आश्वासन दिया जाए। इस स्थिति को मैंने बाद में 'मध्यमार्गी नीति' का नाम दिया। यह पूर्ण स्वतंत्रता और वर्तमान की वास्तविकताओं के बीच का मार्ग था, जिनके कारण तिब्बत के लोगों और उनकी संस्कृति के अस्तित्व को खतरा हो रहा था। सार रूप में मैं बीजिंग और उसके नेतृत्व के सम्मुख जो प्रस्ताव रख रहा था वह था: 1950 में पीपल्स रिपब्लिक ऑफ़ चाइना के तिब्बत पर आक्रमण और उसके पश्चात सत्रह सूत्रीय समझौते के माध्यम से तिब्बत को चीनी संघ का अंग बनने के लिए विवश करने के पश्चात अब हमें पूरी, ईमानदारी और प्रतिबद्धता के साथ

इस संघ को व्यवहार्य बनाना चाहिए। मैं दोनों पक्षों के लिए ऐसा मार्ग खोज रहा था जिसमें तिब्बती, पीपल्स रिपब्लिक ऑफ चाइना के परिवार में सही अर्थो में सहज जीवन जी सकें। मैं किसी भी तरह इतिहास चक्र को पीछे की ओर घुमाने का प्रयास नहीं कर रहा था। मैं चीन द्वारा तिब्बत पर अधिकार जमा लेने की अत्यधिक यथार्थपरक वर्तमान सच्चाई के रहते भविष्य के विषय में सोच रहा था। इसी समय मैं गम्भीरता पूर्वक बीजिंग की प्रमुख चिंताओं, प्रादेशिक अखंडता और स्थिरता को गम्भीरता से दृष्टिगत रख रहा था। मेरे प्रस्ताव पारस्परिक हित पर आधारित थे और परस्पर स्वीकृत समाधान चाहते थे। दुख की बात है कि चीन ने उस ऐतिहासिक पहल का महत्त्व नहीं समझा जो हमने की थी। ऐसा प्रतीत नहीं होता कि तिब्बतियों के प्रस्ताव को चीनी पूरी तरह समझ नहीं सके, मेरा विचार यह है कि उनमें तिब्बती नेतृत्व में तिब्बती समस्या को सुलझाने की गंभीर राजनीतिक शक्ति ही नहीं थी। मेरा आज भी मानना है कि यदि चीनी राजनीतिक नेतृत्व में दूरदृष्टि और राजनीतिक इच्छाशक्ति हो तो चीन के लिए तिब्बतियों की इच्छा की पूर्ति कठिन काम नहीं है। मैंने यह स्वीकार किया कि सभी तिब्बती, जो तिब्बत के भीतर थे, अथवा निर्वासित जीवन जी रहे थे, स्ट्रासबर्ग प्रस्तावों में प्रस्तुत उदारवादी रुख से निराश हुए। परन्तु मैं इस बात पर दृढ़ रहा कि स्ट्रासबर्ग में मैंने अपने विचारों की जो रूपरेखा प्रस्तुत की है वही सर्वाधिक यथार्थपरक उपायों द्वारा तिब्बतियों की अलग पहचान और उनके मूल अधिकारों की पुनर्स्थापना के साथ-साथ चीन के हितों को भी समाहित किए हुए है। मैंने यह भी कहा कि भविष्य में किसी भी तिब्बत की सरकार में काम नहीं करूँगा परन्तु तिब्बतियों की भलाई और प्रसन्नता के लिए जितना आवश्यक होगा काम करता रहूँगा। वास्तव में स्ट्रासबर्ग में जो प्रस्तुत किया गया उसका सार तो पहले ही मेरे खोजी प्रतिनिधि मंडल द्वारा अपने समकक्ष चीनी नेताओं को बता दिया गया था। स्ट्रासबर्ग में हम उन्हीं विचारों की ओर व्यापक अन्तरराष्ट्रीय ध्यान आकर्षित कर रहे थे।

स्ट्रासबर्ग में अपने भाषण के पश्चात मैं स्विटज़रलैंड गया और वहाँ बसे विशाल तिब्बती समुदाय से मिला तथा उनके साथ अपने विचार साझा करने का अवसर मुझे मिला। मैं जानता था कि स्ट्रासबर्ग में जो उदारवादी रुख हमने अपनाया था उसका अर्थ था तिब्बत की पूर्ण आज़ादी की माँग को त्याग देना और इसके कारण अनेक तिब्बती अप्रसन्न हो सकते थे। मैंने यहाँ उपस्थित भीड़

के सामने ज़ोर देकर हमारी अकांक्षाओं का सार प्रस्तुत किया- अपनी भाषा, संस्कृति, धर्म और पहचान एक पृथक समुदाय के रूप में रखने की क्षमता प्राप्त करना, जो हम पीपल्स रिपब्लिक ऑफ चाइना के भीतर रहकर भी कर सकते हैं। मैंने इस ओर भी इशारा किया कि तिब्बत भू-बद्ध देश है इसलिए, आर्थिक दृष्टि से इस व्यवस्था द्वारा वास्तव में तिब्बत को लाभ मिल सकता है। मैंने यह भी कहा कि अन्ततः तिब्बती लोग ही अपने भाग्य का निर्णय करेंगे।

यद्यपि मैं लोगों की संप्रभुता और स्वतंत्रता के प्रति भावनात्मक लगाव को जानता था परन्तु व्यक्तिगत रूप से मैं सदा अधिक व्यावहारिक रहा हूँ। मैं यूरोपीय यूनियन के विचार का बहुत बड़ा प्रशंसक रहा हूँ। आज यूरोप में जर्मनी और फ्रांस जैसे देश, जो परम्परागत रूप से एक दूसरे के शत्रु माने जाते रहे हैं, वे अपनी प्रिय संप्रभुता का थोड़ा सा अंश इस सामूहिक यूरोपीय संस्था को दे रहे हैं ताकि इन देशों में बसने वाले नागरिकों को विकास के अधिक अवसर मिल सकें। यह एक ऐतिहासिक तथ्य है कि कभी-कभी, भौगोलिक कारणों से जो देश पहले स्वतंत्र राष्ट्र थे, उन्हें मिलकर एक संयुक्त स्वरूप धारण करना पड़ता है। ठीक इसी तरह किसी और समय में, बदली राजनीतिक परिस्थितियों में कुछ देश नये सिरे से आजाद हो जाते हैं जैसे तिमोर लेस्टे[1]। मैंने कहा कि मेरे लिए अन्ततः महत्त्वपूर्ण बात यह है कि ऐसी एक उपयुक्त संरचना और ढाँचा रहे, जिसमें हमारे लोग अपनी विशिष्ट संस्कृति, भाषा और पहचान के साथ जीवित रहें और फूलें-फलें।

स्ट्रासबर्ग प्रस्तावों के तुरन्त बाद कुछ तिब्बतियों में न केवल निराशा थी बल्कि वास्तव में मेरे इस रुख की कटु आलोचना भी हुई। उदाहरण के लिए मेरे बड़े भाई तकत्सेर रिनपोछे ने विदेशों में रह रहे तिब्बतियों को एक पत्र लिखा जिसमें उन्होंने मेरे द्वारा तिब्बत की पूर्ण आज़ादी की माँग को छोड़ देने की आलोचना की। उन्होंने यहाँ तक कहा कि हमारे प्रस्ताव तिब्बत का सौदा करने के समान हैं। उसी समय तिब्बत और चीन के भीतर के प्रमुख लोगों की प्रतिक्रिया उत्साहवर्धक थी। 1954-55 में मेरी बीजिंग यात्रा के समय मेरे अनुवादक रहे फुनशोक वांग्याल के शब्दों में, "दलाई लामा की मध्य मार्गी

---

1 तिमोर लेस्टे एक छोटा-सा दक्षिण पूर्वी एशियाई देश है जो तैमूर के आधे द्वीप पर बसा है, दूसरा अर्द्ध भाग इन्डोनेशिया के अधीन है। पहले यह पुर्तगाल का उपनिवेश था बाद में इण्डोनेशिया ने इस पर आधिपत्य जमा लिया। तैमूर को आगे चलकर 2002 में स्वतंत्रता मिल गई ।

सोच, जिसके अनुसार वे तिब्बत के लिए केवल अर्थपूर्ण स्वायत्तता की माँग कर रहे हैं न कि पूर्ण आज़ादी की, वर्तमान ऐतिहासिक सन्दर्भ में उनके द्वारा निभाए जा रहे उस महान दायित्व की अभिव्यक्ति है, जो बताती है कि वे मूलभूत प्रश्नों पर कितनी गहराई से विचार करते हैं।" इसी प्रकार तिब्बत में रह रहे एक अन्य प्रमुख तिब्बती विद्वान ने कहा कि, "मध्यमार्गी सोच चीन और तिब्बत दोनों के लिए लाभदायक है" इसलिए यही एक मात्र रास्ता है "जिससे तिब्बत की समस्या को सदा के लिए सुलझाया जा सकता है।"

अब मैं यहाँ रुक कर एक अन्य महत्त्वपूर्ण प्रश्न पर बात करना चाहता हूँ। कभी-कभी चीन की सरकार मेरी आलोचना इसलिए करती है कि तिब्बत के भीतर और बाहर रहने वाले तिब्बती पूर्ण आज़ादी की माँग उठाते रहते हैं। यह आलोचना इस विचित्र विचार के आधार पर की जाती है कि मेरे पास ऐसी शक्ति है या होनी चाहिए कि मैं किसी भी तिब्बती द्वारा 'तिब्बती स्वाधीनता' शब्द कहने पर प्रतिबन्ध लगा सकूँ। एक अधिनायकवादी शासनतंत्र में बोलने की स्वतंत्रता को प्रतिबंधित करना और प्रतिबंध तोड़ने वाले को सजा देना एक बात है परन्तु एक स्वतंत्र और खुले समाज में ऐसा करना अलग बात है, जैसा कि निर्वासित तिब्बती समाज है। प्रजातांत्रिक प्रणाली की एक प्रमुख पहचान अभिव्यक्ति की स्वतंत्रता है। यद्यपि मैं उन लोगों से सहमत नहीं जो यह तर्क देते हैं कि तिब्बत की पूर्ण स्वाधीनता ही आगे बढ़ने का मार्ग है फिर भी ऐसे लोगों के प्रति मेरे मन में असीम आदर का भाव है। उदाहरण के लिए तिब्बती यूथ कांग्रेस का लक्ष्य है, "तिब्बत की पूर्ण स्वाधीनता के लिए संघर्ष करना।"

परन्तु मेरा लक्ष्य यह सुनिश्चित करना रहा है कि तिब्बतियों के आन्दोलन के औपचारिक नेतृत्व और स्वतन्त्र विश्व में रहने वाले अधिकांश तिब्बतियों को मध्यमार्गी सोच के औचित्य से सहमत करवाऊँ, जिसमें पीपल्स रिपब्लिक ऑफ चाइना से पूर्ण स्वतंत्रता की माँग की अपेक्षा वास्तविक स्वायत्तता की माँग है।

मेरी इस स्पष्ट घोषणा के पश्चात् भी कि हम पूर्ण आज़ादी की माँग नहीं कर रहे हैं, दिल्ली स्थित चीनी दूतावास ने 23 सितम्बर 1988 को यह वक्तव्य जारी करते हुए कहा, "स्ट्रासबर्ग में दलाई लामा द्वारा प्रस्तुत प्रस्ताव के आधार पर पीपल्स रिपब्लिक ऑफ चाइना की केन्द्रीय सरकार के साथ वार्ता प्रारम्भ

नहीं की जा सकती क्योंकि उन्होंने अभी भी 'पूर्ण आज़ादी' की माँग छोड़ी नहीं है। फिर भी चीन ने जनवरी 1989 से जेनेवा में होने वाली वार्ता शृंखला को स्वीकार किया। अन्ततः वे किसी न किसी बहाने वार्ता टालते रहे उनमें एक कारण यह बना कि हमने वार्ताकारों के नाम और स्थान पहले से विज्ञापित कर दिये हैं। हमने यह प्रस्ताव भी भेजा कि वार्ता प्रारम्भ करने से पूर्व एक बैठक अप्रैल में हांग कांग में की जाए, जिसमें उनके मन में जो भी संदेह हैं, उन्हें पहले ही समाप्त कर दिया जाए। परन्तु कोई परिणाम नहीं निकला। यह भी संभव है कि आगे चलकर दिसम्बर 1988 में 'मानवाधिकार दिवस' की स्मृति में ल्हासा में हुए प्रदर्शन भी इसका कारण रहे हों, जिसके कारण बैठक नहीं हो सकी।

जनवरी 28 में एकाएक पंचेन लामा का निधन उनके ताशी ल्हुनपो मठ में हो गया। हमने अत्यधिक भारी मन से उनकी मृत्यु का शोक मनाया, तिब्बती यह जानते थे कि उन्होंने एक वीर योद्धा को खो दिया है, जिसने अपने लोगों के लिए अनेक कष्ट सहे थे। जब तक वह जीवित थे मुझे प्रतीत होता था कि तिब्बत के भीतर तिब्बतियों की भाषा, संस्कृति और पहचान के लिए किए जाने वाले उनके विशेष प्रयास और मेरे द्वारा तिब्बतियों के स्वतंत्र प्रवक्ता के रूप में स्वतंत्र विश्व के लिए किए जाने वाले प्रयास सचमुच एक-दूसरे के पूरक थे। इसलिए उनकी मृत्यु मेरे लिए सचमुच बहुत दुखद थी और मुझे इस बात का गहरा एहसास था कि मैंने सचमुच तिब्बत के भीतर काम करने वाला एक शक्तिशाली और साहसी साथी खो दिया है। हमने पंचेन लामा की स्मृति में थेकचेन शोलिंग मंदिर, धर्मशाला में प्रार्थना आयोजित की और ऐसे ही धार्मिक अनुष्ठान अन्य मठों में विशेषकर ताशी ल्हुनपो मठ में, जो कि पंचेन लामा का परम्परागत मठ था और दक्षिणी भारत में स्थापित किया गया था, वहाँ आयोजित किये। जैसी परम्परा है मैंने उनकी पुनः वापसी के लिए नौ पदों की एक कविता लिखी, जिसकी कुछ पंक्तियाँ निम्न प्रकार हैं-

सतत धमकियों के बादलों के घटाटोप में

पूरी तरह स्वतंत्रता और अधिकार रहित होकर भी
बुद्ध सिद्धांत और मानव कल्याण का
गुरुतर भार अपने कन्धों पर वहन किया।
आह। सचमुच दुखदायी है तुम्हारा पूर्ण शान्ति की गोद में चले जाना
लम्बे समय से पाली गई तुम्हारी अकांक्षाओं के अनुरूप

तुम्हारे निर्भ्रांत पुनर्जन्म का नया चाँद
पूर्वी हिममण्डित उपत्यकाओं पर चमके
हिम प्रदेश के लोगों का सौभाग्य बनकर।
हमें पुनः आनन्द प्राप्त हो, दमकते नव-चन्द्रमा को पाकर।

चीन के बौद्ध एशोसिएशन ने मुझे उनकी स्मृति में आयोजित की जाने वाली प्रार्थना सभा के लिए निमन्त्रित किया, जो निश्चय ही चीन सरकार की स्वीकृति से ही हुआ होगा। मैंने इस निमन्त्रण को बहुत गंभीरता से लिया। परन्तु बीजिंग ने अभी अभी जेनेवा में आयोजित वार्ताओं को रोका था। तिब्बत में अपेक्षाकृत उदार दलीय नेता वू झिन झुआ को 1988 के अंत में हटा दिया था और मुझे निमन्त्रण केवल बीजिंग आने का मिला था, तिब्बत का नहीं। यह बात भी स्पष्ट नहीं थी कि क्या मैं किसी महत्त्वपूर्ण तिब्बती या वरिष्ठ चीनी नेता से मिल सकूँगा। अत्यधिक अस्पष्टता और इस यात्रा के प्रभावों को ठीक से जाँचने में समय की कमी के कारण, अंततः हमने निर्णय लिया कि मुझे नहीं जाना चाहिए। इसके पश्चात स्थितियाँ तेज़ी से हाथ से निकलती चली गईं।

5 मार्च, 1989 को, 10 मार्च की वर्षगांठ पर, -तिब्बत पर 1959 में चीन द्वारा अधिकार किए जाने के बाद, साम्यवादी चीन के विरुद्ध उस समय तक का सबसे बड़ा विद्रोह फूट पड़ा। तीन दिनों तक चीनी पुलिस ने अमानवीय ढंग से तिब्बतियों पर हमले किए और सैकड़ों लोगों को मार डाला। 8 मार्च को चीन ने ल्हासा में मार्शल लॉ लगा दिया। अब तिब्बत-समस्या पर यूरोप की अनेक संसदों में विचार किया जा रहा था तथा इसी वर्ष जर्मनी में तिब्बत में हो रहे मानवाधिकारों के हनन पर पहली अन्तरराष्ट्रीय वार्ता हो रही थी।

उसी वर्ष 15 अप्रैल को हू याओबांग, जिन्हें 1987 में ही पार्टी के सभी पदों से हटा दिया गया था, चल बसे। उस दिन से 4 जून तक तियानानमेन चौक पर होने वाले प्रदर्शनों तक छात्रों के अनेक प्रदर्शन हुए। छात्र अधिक जवाबदेह लोकतन्त्र, प्रेस की आज़ादी, अभिव्यक्ति की स्वतंत्रता की माँग कर रहे थे। अपने चरम पर यहाँ दस लाख से अधिक छात्र इकट्ठे हुए, जिससे साम्यवादी दल के जन्म से लेकर आज तक का सबसे बड़ा चुनौतीपूर्ण संकट उनके समक्ष था। विश्व के अन्य लोगों की तरह मैं भी वहाँ की गतिविधियों पर, प्रशंसा, चिन्ता और आशा से नज़रें गड़ाए हुए था। 14 मार्च को मैंने कहा:

मैं चीन में प्रजातंत्र और आज़ादी के लिए चल रहे आन्दोलन को बहुत रुचि पूर्वक देख रहा हूँ। चीन के लोग, विशेषकर छात्र और बुद्धिजीवी अपनी वास्तविक भावनाओं को प्रकट कर रहे हैं... मैं उनके आन्दोलन का समर्थन करता हूँ और उनके साहस की प्रशंसा करता हूँ। इन गतिविधियों से चीन को लाभ होगा। ऐसा प्रतीत होता है कि चीनी नेतृत्व का कम-से-कम एक हिस्सा इन गतिविधियों के प्रति अधिक सकारात्मक रुख अपना रहा है (यद्यपि) व्यवस्था के भीतर से दबाव के बावजूद यह हो रहा है। मैं चीन के नेतृत्व से अनुरोध करना चाहता हूँ कि वे वास्तविकता को स्वीकार करें और लोगों की अकांक्षाओं को समझें।

20 मार्च को बीजिंग में मार्शल लॉ लगा दिया गया और शहर में लगभग तीन लाख से भी अधिक सैनिक आ गए। तनाव बढ़ता जा रहा था और विश्व भर के टेलीविज़नों पर नाटकीय घटनाएँ सामने आ रही थीं। मुझे अनुभव हुआ कि मुझे भी प्रदर्शनकारी छात्रों और इनकी आकांक्षाओं के प्रति एकजुटता दिखानी चाहिए। मेरे निकट के अनेक लोगों ने मुझे ऐसा करने से रोकते हुए कहा कि मेरे ऐसा करने से बीजिंग नाराज हो जाएगा क्योंकि अंततः हम उसी के साथ वार्तालाप का प्रयास कर रहे हैं। जैसा कि हम सभी जानते हैं कि 3 जून, 1989 को चीनी नेताओं ने अपने ही लोगों पर गोलियाँ बरसाने के लिए अपनी जनमुक्ति सेना को छूट दे दी। चार तारीख को उन्होंने तियानानमेन चौक में बख्तरबन्द गाड़ियाँ और टैंक भेज दिए। आज तक किसी को पता नहीं कि वहाँ कितने लोग मारे गए। मुझे यह देखकर गहरा धक्का लगा कि चीनी सेना अपने लोगों को केवल इसलिए मार रही थी क्योंकि वे आज़ादी और बेहतर जिन्दगी की माँग कर रहे थे, यह भयानक था।

मैंने अपने सचिव तेंजिन गेयवे टिथोंग और लोडी गयारी, जो कि सूचना और अन्तरराष्ट्रीय विभाग का काम देख रहे थे, उन्हें तुरंत आकर मुझसे मिलने के लिए कहा। मैंने उनसे तियानानमेन चौक में उपस्थित युवकों के साथ एकजुटता और चीन सरकार के द्वारा उनका दमन किए जाने की निन्दा करते हुए एक वक्तव्य तैयार करने को कहा। वे सहज रूप से इस बात को लेकर चिन्तित थे कि मेरा ऐसा सार्वजनिक बयान हमारी चीन से चल रही वार्ता पर नकारात्मक प्रभाव डालेगा। परन्तु मैंने कहा कि यदि मैं अब भी नहीं बोला तो

मुझे कभी भी स्वतंत्रता और लोकतन्त्र पर बोलने का नैतिक अधिकार कैसे रहेगा? मैंने उन्हें बताया कि तियानानमेन चौक पर एकत्र युवा चीनी थोड़ी अधिक आज़ादी से अधिक कुछ नहीं माँग रहे थे।

समय के प्रवाह में कुछ क्षण ऐसे भी आते हैं जब मानवता के मूलभूत प्रश्नों का सामना करना होता है, उस समय अपने लाभ अथवा स्वार्थ के कारण कोई चुप नहीं रह सकता। इस प्रकार मैंने चीनी नेतृत्व द्वारा सैनिक कार्यवाही की कठोरतम शब्दों में निन्दा की और चीन की सरकार द्वारा लोगों की वास्तविक भावनाओं को न समझ पाने पर घोर निराशा व्यक्त की। इतने अधिक निरीह लोगों के जीवन से हाथ धोने पर शोक व्यक्त करते हुए मैंने उनके परिवारों, सम्बन्धियों से कहा कि मैं उन सब के दुःख में शामिल हूँ, जिन्होंने अपने प्रियजन खोए हैं। मैं पूरे विश्वास के साथ कह सकता हूँ की 4 जून, 1989 को तिब्बत के भीतर और बाहर रहने वाले सारे तिब्बती, चीन के लोगों के पक्ष में एकजुट थे।

बाद में जब 10 दिसम्बर, 1989 को मैंने औपचारिक रूप से नोबेल शान्ति पुरस्कार स्वीकार किया, मैंने इन शब्दो से वक्तव्य प्रारंभ किया:

> मैं इस पुरस्कार को कहीं भी रहने वाले दमित लोगों की ओर से और आज़ादी के लिए संघर्ष कर रहे तथा विश्व शांति के लिए कार्यरत लोगों की ओर से कृतज्ञता पूर्व स्वीकार करता हूँ। मैं इसे उस व्यक्ति के नाम से स्वीकार करता हूँ जिसने अहिंसात्मक कार्यविधि से परिवर्तन की नयी परम्परा का सूत्रपात किया- महात्मा गांधी- जिनके जीवन ने मुझे सिखाया है, प्रेरित किया है।

क्योंकि मुझे लगा कि अपने वक्तव्य में मुझे तियानानमेन चौक में घटित घटनाओं के विषय में भी बोलना चाहिए इसलिये मैंने कहा:

> इस वर्ष जून में, चीन के तियानानमेन चौक पर जनान्दोलन को पाशविक बल से क्रूरतापूर्वक कुचल दिया गया। परन्तु मुझे नहीं लगता कि प्रदर्शन बेकार गए क्योंकि इनसे चीन के लोगों में स्वाधीनता का भाव पुनः जाग उठा है और विश्व भर में अनेक क्षेत्रों में जाग्रत इस भाव से चीन भी अछूता नहीं रह सकता। उन बहादुर छात्रों और उनके सहयोगियों ने उस महान देश के मानवीय चेहरे को विश्व के समक्ष प्रस्तुत कर दिया है।

जहाँ एक ओर पुराने सोवियत संघ और पूर्वी यूरोप में लोकप्रिय आन्दोलन सफल हुए और बर्लिन की दीवार गिराने तथा असंख्य लोगों को साम्यवादी अधिनायकवाद से मुक्ति दिलाने में सफल हुए वहीं, छात्रों के नेतृत्व में चला तियानानमेन चौक का आन्दोलन साम्यवादी चीन के बाँसों के पर्दे को गिराने में असफल रहा। यह कहना अनावश्यक है कि इतिहासकार और भू-राजनीतिक विशेषज्ञ इस अन्तर को समझाएँगे। सरलीकरण का खतरा उठाते हुए भी कहूँगा कि दो बातें मेरे विचार में आती हैं। पहली बात तो यह कि चीन की जनमुक्ति सेना, अपने नाम के विपरीत, अपने ही लोगों पर गोली चलाने को तैयार थी, जो कि पूर्वी यूरोप में नहीं हुआ। दूसरे पूर्वी यूरोप में जब सत्ता को लोकप्रिय आन्दोलनों ने चुनौती दी उस समय उन्हें लगभग सारी जनता का समर्थन प्राप्त हुआ। तियानानमेन चौक के आन्दोलन के संबंध में कहें, यद्यपि छात्र आन्दोलन चीन के सैकड़ों शहरों और कस्बों तक फैला था परन्तु वह इतनी निर्णायक आबादी तक नहीं पहुँच सका था कि जिससे वास्तविक अन्तर आता। परन्तु मैं एक क्षण के लिए भी यह स्वीकार नहीं कर रहा कि तियानानमेन चौक से चीन के लोगों की स्वाधीनता, गौरव और प्रजातंत्र को पाने की लालसा समाप्त हो गई है।

इसमें कोई आश्चर्य नहीं कि तियानानमेन चौक यद्यपि तिब्बत से सीधे सम्बन्ध नहीं रखता था फिर भी इसका हमारी चीन से होने वाली वार्ताओं पर बहुत अधिक प्रभाव पड़ा। वह प्रक्रिया जो 1979 में, डेंग जियाओपिंग की मेरे भाई ग्यालो थोंडुप से कही बात कि 'आज़ादी के सिवा किसी भी बात पर चर्चा संभव है'- अब पूरी तरह समाप्त हो चुकी थी। डेंग का नेतृत्व जिसमें इतनी अधिक संभावनाएँ थीं, अंततः माओ जितनी क्रूरता के साथ समाप्त हुआ।

8 मार्च, 1989 को ल्हासा में मार्शल लगा दिया गया और अगले वर्ष 1 मई को ही उठाया गया।

9

तियानानमेन के बाद

तियानानमेन की त्रासदी का तुरन्त अनुषंगी प्रभाव यह हुआ कि चीनी जनसंख्या का वह भाग, विशेष रूप से बुद्धिजीवी और विरोधी, जो दमन चक्र के पश्चात् चीन से बच निकले थे, उनमें तिब्बती लोगों के लिए अधिक संवेदना जागृत हुई। 1989 के वर्ष के पश्चात मैं ऐसे अनेक लोगों से मिला जो कि प्रजातंत्र समर्थक आन्दोलन से जुड़े थे और भागकर बाहरी दुनिया में आ गए थे। वे पेरिस, लन्दन, स्विटजरलैंड, जर्मनी, संयुक्त राज्य अमेरिका, ऑस्ट्रेलिया और जापान में भी थे।

तियानानमेन चौक पर विरोध आन्दोलन में भाग लेने वाले कुछ प्रमुख सदस्यों ने मिलकर सितम्बर 1989 में पेरिस में 'फेडरेशन फॉर डेमोक्रेटिक चाइना' नाम से एक संगठन बनाया। दिसम्बर 1989 में, पेरिस में मैंने उनके नेताओं के साथ चलती फिरती मीटिंग की। जिन विरोधी पक्ष के लोगों से मैं मिला उनमें यान जिआ(कभी चीन के प्रधानमंत्री झाओ जिआंग के राजनीतिक सलाहकार और बाद में प्रजातांत्रिक-चीन के कट्टर समर्थक) भी थे। मैंने चीन में और अधिक प्रजातंत्र की स्थापना के लिए प्रतिबद्धता और साहस की सराहना की। चीन जैसी बड़ी जनसंख्या वाले देश में प्रजातंत्र की स्थापना एक महान कार्य है और इसके लिए धैर्य और अडिग निश्चय की आवश्यकता है, तभी इसमें सफलता संभव है। मैंने उनके साथ तिब्बत की आज़ादी और

सम्मान के लिए अपने संघर्ष की चर्चा की और कहा कि हम अविचलित रहेंगे और पूरी तरह लक्ष्य के लिए प्रतिबद्ध रहेंगे, कितना भी समय क्यों न लग जाए। मैंने इस अवसर पर उन्हें बताया कि अपने संघर्ष की दृष्टि से हमने मध्यमार्ग का अनुसरण करने का निर्णय लिया है, जिसमे हम पूर्ण आज़ादी की माँग नहीं करेंगे, बल्कि वास्तविक स्वायत्तता प्राप्त कर अपना अस्तित्व बनाए रखकर और एक समुदाय के रूप में अपनी भाषा, संस्कृति और धर्म के साथ उन्नति करेंगे। मैंने उन्हें याद दिलाया कि हमारे संघर्ष के मुकाबले में उनका चीन को प्रजातांत्रिक बनाने का संघर्ष तो अभी-अभी प्रारम्भ हुआ है।

बाद में चीन से असहमत अन्य लोगों से भी मिला, जिनमें विशेष थे वी जिंगसेंग, सुप्रसिद्ध मानवाधिकार कार्यकर्ता जिनकी प्रसिद्धि 1978 में लिखे निबन्ध "पाँचवी आधुनिकता" के कारण है, जिसे बीजिंग की 'प्रजातंत्र की दीवार' पर प्रदर्शित किया गया था और हैरी बू जिन्होंने चीन की श्रमिक शिविर प्रणाली का भण्डाफोड़ किया था। बू ने मुझे, वास्तव में कई अवसरों पर कहा कि मैं अपने रुख पर पुनः विचार करूँ और तिब्बत की पूर्ण आज़ादी के लिए आन्दोलन चलाऊँ।

1991 में कोलम्बिया विश्वविद्यालय में मानवाधिकारों पर आयोजित एक सम्मेलन में मुझे सुप्रसिद्ध चीनी खगोलविद फांग लिझी के साथ मंच साझा करने का अवसर मिला, जो कि उन दिनों निर्वासित जीवन जी रहे थे। मैं विलक्षण चीनी लेखक वांग रुओवांग से भी मिला, जो इसलिए प्रसिद्ध थे कि उन्होंने डेंग जियाओपिंग को पत्र लिखकर तियानानमेन में छात्रों द्वारा संचालित आन्दोलन का समर्थन किया था और शंघाई सिटी हॉल तक एक जुलूस ले जाने में सहायता की थी। वे चीनी बुद्धिजीवी और सैकड़ों छात्रनेता, जो तियनमेन के पश्चात् भाग आए थे, चीन में अधिक आज़ादी, सम्मान और प्रजातन्त्र के लिए ही लड़ रहे थे। इस बात से कोई अन्तर नहीं पड़ता कि चीन का साम्यवादी दल उनके विषय में क्या कहता है, इन सब लोगों ने अपनी आत्मा की आवाज़ के लिए भारी मूल्य चुकाया था और यह सच्चे देशभक्त थे जिन्हें चीन के भविष्य और विश्व में उसके स्थान की चिन्ता थी।

मैंने सदा यही कहा है कि हमारी लड़ाई चीन के लोगों के विरुद्ध नहीं है बल्कि वहाँ के दमनकारी शासन के विरुद्ध है और तिब्बतियों के अधिकार के लिए है। इस लिए तार्किक रूप से मैं उन सब के प्रति अतिरिक्त रूप से

संवेदनशील हूँ, जिनका दमन चीनी शासन ने किया है। इनमें चीन के लोग हैं, भीतरी मंगोलिया के मंगोल हैं, और पूर्वी तुर्किस्तान (शिनजियांग) के उइगर भी हैं। मैं अनेक निर्वासित उइगरों से मिला हूँ, जिनमें विशेष हैं- इसा अलपतेकिन और उनका बेटा एरकिन अलपतेकिन तथा बाद में रेबिया कादीर और दोलकुन इसा जो कि उइगर कांग्रेस के क्रमशः पुराने और वर्तमान अध्यक्ष हैं। मैंने उन्हें बताया कि आज़ादी के लिए जो हम न्यायपूर्ण संघर्ष कर रहे हैं उसमें कठोर अहिंसाव्रत का पालन आवश्यक है और मेरा यह दृढ़ विश्वास है कि केवल अहिंसा तथा दोनों पक्षों की आवश्यकताओं और चिंताओं पर विचार किए बिना संघर्ष का वास्तविक स्थायी समाधान नहीं निकल सकता। अहिंसक ढंग से समस्या का समाधान खोजने की कुंजी ऐसी प्रक्रिया को अपनाना है जो दोनों पक्षों के लिए लाभदायक हो। उन्हें मैंने अपने तिब्बती संघर्ष के विषय में बताते हुए वही कहा, जो मैं प्रायः अपने अन्तरराष्ट्रीय समर्थकों से कहता हूँ- कि मैं उन्हें न तो चीन विरोधी मानता हूँ, न ही तिब्बत समर्थक मानता, मैं उन्हें केवल सत्य का पक्षधर मानता हूँ।

मुझे नोबेल पुरस्कार देने की घोषणा से और इसके परिणाम स्वरूप ओस्लो में आयोजित पुरस्कार समारोह के बाद तिब्बत समस्या की ओर विश्व का ध्यान तेजी से गया। विश्व भर के तिब्बतियों के लिए यह पुरस्कार हमारे सुदृढ़, शान्तिपूर्ण संघर्ष के प्रति प्रतिबद्धता की महत्त्वपूर्ण स्वीकृति थी, जो कि हम अपनी स्वाधीनता और सम्मान को पुनः प्राप्त करने के लिए कर रहे थे। व्यक्तिगत रूप से मेरे लिए सर्वाधिक हृदयस्पर्शी अनुभव का हिस्सा अनेक तिब्बतियों और अन्तरराष्ट्रीय समर्थकों के आनंदित और जश्न में डूबे चेहरों को देखना था, जिन्होंने दशकों से अथक परिश्रम किया था। उन लोगों के सुन्दर और आनन्दपूर्ण ऊर्जा से भरे चेहरे जो उस उत्सव में भाग लेने के लिए ओस्लो पधारे थे, मुझे आज भी अच्छी तरह याद हैं। मैंने उनमें से अनेक का व्यक्तिगत रूप से धन्यवाद किया। उधर तिब्बत में भी अनेक लोगों ने, यह जानते हुए भी कि ऐसा करने में खतरा है, खुशियाँ मनाईं। परन्तु फिर भी तिब्बत में स्थितियाँ बिगड़ती चली गईं।

जुलाई, 1990 में साम्यवादी दल के नेता जियांग जेमिन और जनमुक्ति सेना के जनरल स्टॉफ विभाग के मुखिया ची- हाओ शियान ने तिब्बत का दौरा किया। अब तक, चीन की तरह ही तिब्बत में भी कट्टरपंथी लोग सत्ता में थे। चीनी अधिकारियों ने 'मातृभूमि' के लिए निष्ठा और अलगाववाद के विरुद्ध

संघर्ष पर ज़ोर दिया, अर्थात मेरे और निर्वासित लोगों के विरुद्ध अभियान। उन्होंने तिब्बत में आने वाले चीनियों के लिए प्रलोभन और भी बढ़ा दिया, यहाँ तक कि तिब्बत में नौकरी के लिए आने वालों को भी अधिक वेतन देने की घोषणा की। इन प्रवासियों के आगमन से न केवल तिब्बती बल्कि साम्यवादी कार्यकर्ता भी आक्रोशित हुए। तिब्बत के भीतर बढ़ती हुई सख्ती बाहरी दुनिया के परिप्रेक्ष्य में एक दुखदायी एवं विचित्र घटना थी। क्योंकि यही वह कालखण्ड था जब स्वतंत्रता की लहर पूरे विश्व को बहाए लिए जा रही थी; जिसमें 1986 में फिलिपीन में और 1990 में चिली में तानाशाही की समाप्ति और साथ ही 1989 में बर्लिन की दीवार का गिरना शामिल है। यह समय देशों के बीच वास्तविक तनावों की कमी तथा अमेरिका और सोवियत संघ के बीच परमाणु निशस्त्रीकरण का था। परन्तु इसके विपरीत चीन में और विशेषकर तिब्बत में यह दमन के दौर की नई शुरुआत थी। वार्तालाप के द्वारा किसी समाधान को पाने के मेरे प्रयास भी बुरी तरह निरस्त कर दिए गए।

अन्तरराष्ट्रीय मोर्चे पर, मई 1991 में अमेरिका के विधान मण्डल ने कांग्रेस का समवर्ती संकल्प स्वीकार किया, जिसमें कहा गया कि तिब्बत पर अवैध कब्जा किया गया है और तिब्बत पर अमेरिका के उस रुख की पुनः पुष्टि की, जिसे कि 1961 में अमेरिका के राजदूत ने संयुक्त राष्ट्र संघ में स्पष्ट किया था और कहा था कि संयुक्त राज्य अमेरिका का मानना है कि तिब्बत में मानवाधिकारों की बहाली और उनके आत्म-निर्णय के स्वाभाविक अधिकार की स्वीकृति ही लक्ष्य होना चाहिए। इस प्रस्ताव का समापन इन पंक्तियों से हुआ था:

> कांग्रेस यह मानती है कि तिब्बत, जिसमें वे सब क्षेत्र शामिल हैं, जिन्हें चीन सरकार ने सियाचिन, मुन्नान, गांसू और शिंघाई में शामिल कर लिया है, अन्तरराष्ट्रीय कानून के सर्वस्वीकृत सिद्धांतों के अनुसार तिब्बत एक अधिकृत देश है, जिसके सच्चे प्रतिनिधि दलाई लामा और तिब्बत की निर्वासित सरकार है, जिसे तिब्बत के लोगों का समर्थन प्राप्त रहा है।"

कुछ वर्ष पश्चात 1997 में अमेरिका के स्टेट डिपार्टमेंट में तिब्बती मामलों के लिए अमेरिका के विशेष समन्वयक की नियुक्ति की गई। वर्तमान में यह कार्यालय तिब्बत विषयक नीतियों और कार्यक्रमों को 'तिब्बत नीति अधिनियम

2002' और संशोधित 'तिब्बत नीति सहयोग अधिनियम 2020' के अनुसार समन्वित करता है। इसके गठन के काल से ही यहाँ पर नियुक्त हर पदाधिकारी से मिलने का सौभाग्य मुझे प्राप्त रहा है।

1991 में तिब्बत के भीतर निरन्तर बिगड़ती स्थिति से चिन्तित होने के कारण तथा चीन की बाहरी मुख्य दमनकारी राष्ट्र की स्थिति के कारण मैंने येल विश्वविद्यालय में व्याख्यान देने के निमन्त्रण को स्वीकार किया। मैंने अपना वक्तव्य इस स्वीकृति के साथ प्रारम्भ किया कि हम बहुत महत्त्वपूर्ण समय में रह रहे हैं। किस प्रकार से, कुछ ही वर्षों में विश्व नाटकीय ढंग से बदल गया है। मैंने इस पर विचार व्यक्त किए कि किस प्रकार बर्लिन की दीवार गिरी और सत्तर वर्ष के साम्यवादी नियन्त्रण के पश्चात सोवियत संघ का पतन हुआ, जो कि देशों और लोगों की स्वतंत्रता और प्रजातंत्र के प्रति बढ़ती अकांक्षाओं का संकेत था। मैंने यह भी बताया कि मैंनेअपनी मंगोलिया, बाल्टिक राज्यों और बुल्गेरिया की यात्राओं में लाखों लोगों को उस स्वाधीनता का आनन्द लेते देखा, जिससे उन्हें दशकों से वंचित रखा गया था इससे अत्यधिक उत्प्रेरित भी हुआ। मैंने विशेष रूप से रेखांकित किया कि कैसे यह सब हिंसा का सहारा लिए बिना हुआ।

मैंने इस बात पर ज़ोर दिया कि अन्तरराष्ट्रीय समुदाय को चीन के साथ चर्चा जारी रखनी चाहिए क्योंकि मेरा मानना है कि शब्दों और लोगों के बीच संबंध पारस्परिक समझ बूझ से ही स्थापित होते है। जब भी वह अन्तरराष्ट्रीय समुदाय के साथ रचनात्मक ढंग से जुड़ना चाहता है, विश्व को चीन के साथ संबंध स्थापित करने चाहिए। परन्तु जब भी वह सभ्य व्यवहार के मूलभूत सिद्धांतों को तोड़ने की जिद करता है तब किसी बिगड़ैल बच्चे की तरह उसकी जिद पूरी नहीं की जानी चाहिए। चीन को अन्तरराष्ट्रीय समुदाय के जिम्मेदार सदस्य की तरह अपने दायित्व निभाने को विवश किया जाना चाहिए। हमारे अपने संघर्ष की बात करते हुए मैंने कहा कि चीन के साथ चल रही हमारी समझौता वार्ता के प्रयासों के विषय में मेरी ओर से वार्ता प्रारम्भ करने के प्रयासों को उचित प्रतिफल न निकलने के कारण तिब्बत के भीतर रहने वाले तिब्बतियों, विशेषकर युवकों में, हमारे अहिंसक मार्ग से संघर्ष करने की नीति के प्रति अधीरता बढ़ती जा रही है। चीन की जन सांख्यिक आक्रमण को बढ़ावा देने की नीति के कारण, जिससे तिब्बतियों के अपने ही देश में द्वितीय श्रेणी के अल्पसंख्यक बनने का खतरा मंडराने लगा था, वहाँ तनाव बढ़ता जा

रहा था। मैं अत्यधिक चिंतित था क्योंकि ऐसी विस्फोटक स्थिति में कभी भी हिंसा भड़क सकती थी। मैंने कहा कि मैं अपनी ओर से इसे रोक सकने का भरसक प्रयास कर रहा हूँ।

तब मैंने इच्छा प्रकट की कि मैं स्वयं तिब्बत जाना चाहता हूँ ताकि मैं वहाँ जाकर उन्हें समझा सकूँ कि वे अहिंसा का मार्ग न छोड़ें। मेरी यात्रा से चीन के वरिष्ठ नेताओं को यह जानने का अवसर मिल सकता है कि वे तिब्बतियों की वास्तविक भावनाओं को समझ सकें।

क्योंकि बीजिंग द्वारा मेरी पंच सूत्रीय योजना और दिसम्बर 1988 में स्ट्रासबर्ग में दिए सुझावों में से किसी का रचनात्मक उत्तर नहीं दिया गया था इसलिए सितम्बर 1991 में मैंने घोषणा की कि अब मैं भी इन सुझावों से बँधा हुआ नहीं हूँ। फिर भी मैंने घोषणा की कि हम समझौता वार्ता का मार्ग अपनाने को प्रतिबद्ध हैं। स्वाभाविक रूप से हमने चीन से अपने सम्पर्क सूत्र बनाए रखे। जब 1991 में चीन के प्रधान मंत्री ली पेंग, दिल्ली यात्रा पर आए, मैंने उनसे मिलने का असफल प्रयास किया। जून 1992 में चीन के पोलितब्यूरो के एक सदस्य डिंग गुआंगेन मेरे भाई ग्यालो थोंडुप से मिले और उन्होंने चीन सरकार की ओर से सन्देश दिया कि वे मेरे साथ वार्ता के लिए इस शर्त पर तैयार हैं कि मैं सार्वजनिक रूप से तिब्बत की आज़ादी के विचार का खण्डन करूँ। यह विचित्र बात थी क्योंकि हमने तो कितनी ही बार बिल्कुल स्पष्ट रूप से कहा था कि यदि वार्ता द्वारा समझौता होता है तो हम अपनी आज़ादी की माँग छोड़ने को तैयार हैं। फिर भी मैंने सर्वोच्च नेता डेंग जियाओपिंग और मुख्य सचिव जियांग जेमिन को 11 सितम्बर 1992 में पत्र लिखा और बातचीत के लिए मार्ग खुला होने की बात कही। चीज़ों को व्यापक संदर्भ देने के लिए 1951 से अबतक हुई वार्ताओं का एक पूरक नोट भी साथ लगा दिया। यह पत्र चीन के राजदूत को व्यक्तिगत रूप से पहुँचाया गया, साथ ही सुझाव दिया गया कि परस्पर विश्वास स्थापित करने के लिए, चीनी दूतावास में मासिक बैठकें आयोजित की जाएँ। परन्तु जुलाई 1993 में ही चीनी सरकार ने मेरे प्रतिनिधि को यह पत्र व्यक्तिगत रूप से प्रस्तुत करने का अवसर दिया।

जियांग जेमिन को लिखे पत्र में मेरा यह मूलभूत विश्वास दर्ज था कि समझौता वार्ता का मार्ग ही एकमात्र व्यवहार्य मार्ग था जिससे तिब्बत समस्या का समाधान हो सकता था। मैंने लिखा:

मुझे इस बात की प्रसन्नता है कि पुनः, हमारे बीच सीधा सम्पर्क स्थापित हुआ है। मुझे आशा है कि इससे आपसी सम्बन्ध सुधरेंगे और पारस्परिक समझ और विश्वास विकसित होगा।

22 जून, 1992 को डिंग गुआंगेन की ग्यालो थोंडुप के साथ जो बातचीत हुई उसके विषय में बताया गया और तिब्बत समस्या के समाधान के विषय में चीन सरकार क्या सोचती है, पता चला। मुझे यह देखकर निराशा हुई कि डिंग गुआंगेन ने कठोर एवं अनमनीय रुख प्रकट किया, विशेषकर वार्ता के लिए पूर्व-शर्तों पर ज़ोर दिया।

सार्थक बातचीत के लिए एक दूसरे पर भरोसा होना आवश्यक है। इस लिए विश्वास पैदा करने के लिए चीन के नेताओं और जनता को मेरे उन प्रयत्नों से परिचित करवाना आवश्यक है जो मैंने आज तक विश्वास स्थापना के लिए किए हैं। मेरे तीन प्रतिनिधि मेरा एक पत्र आप तक पहुँचाने के लिए उपस्थित हैं, इसमें एक विस्तृत नोट है, जिसमें मेरी ओर से तिब्बत और चीन के लोगों के हित में किये गए कार्यों का विवरण है। आपकी ओर से चर्चा में उठाए गए सभी प्रश्नों का उत्तर भी वह देंगे और किसी बिन्दु पर यदि आप विचार करना चाहें तो उस पर चर्चा भी करेंगे। मुझे आशा है कि पुनः प्रारम्भ की गई इस चर्चा से हम कोई ऐसा मार्ग खोज पाएँगे जिससे वार्ता का मार्ग खुल सके।

मैंने अपनी ओर से समस्या के समाधान के लिए अनेक विचार प्रस्तुत किए हैं। मेरा मानना है कि अब समय आ गया है कि यदि चीन की सरकार तिब्बत के साथ शान्तिपूर्ण ढंग से रहना चाहती है तो सचमुच सार्थक सुझाव दे। इसलिए मैं सच्चे दिल से चाहता हूँ कि आप खुले मन से और मैत्री भाव से मुझे उत्तर देंगे।

इस पत्र के साथ मैंने एक विस्तृत नोट लिखा था, जिसमें सारगर्भित ढंग से तिब्बत समस्या के समाधान के विषय में ऐतिहासिक रूप से मेरे रुख और उसके पीछे की मेरी विचारधारा का वर्णन था। साथ ही अर्थपूर्ण वार्ता के लिए चर्चा प्रारम्भ करने का सुझाव था। मैंने लिखा था:

यदि चीन चाहता है कि तिब्बत चीन के साथ रहे तो उसे इसके लिए आवश्यक स्थितियाँ पैदा करनी चाहिए। समय आ गया है कि चीन अब

चीन और तिब्बत को मैत्रीपूर्ण ढंग से रहने का रास्ता दिखाए। तिब्बत की मूलभूत स्थिति का विस्तृत और क्रमिक रूप से वर्णन किया जाए। तिब्बत की मूलभूत स्थिति को स्पष्ट किया जाए। यदि इस प्रकार का स्पष्टीकरण दिया जाता है तो समझौता हो या न हो, इस विषय में हम तिब्बती, चीन के साथ रहने या न रहने का निर्णय ले सकेंगे। यदि तिब्बतियों को उनके मूलभूत अधिकार दे दिए जाते हैं तो हम चीन के साथ रहने से होने वाले संभावित लाभों को न समझ पाएँ, यह संभव नहीं।

मैंने आशापूर्ण ढंग से समापन करते हुए लिखा कि मुझे चीनी नेतृत्व की दूरदर्शिता और बुद्धिमत्ता पर विश्वास है और आशा करता हूँ कि बदलते हुए वैश्विक परिवेश में वे तिब्बत समस्या को शान्तिपूर्ण ढंग से सुलझाने की आवश्यकता को समझेंगे और चीन तथा तिब्बत के लोगों के बीच वास्तविक और स्थायी शान्ति स्थापित करेंगे।

इन्हीं दिनों सितम्बर 1992 में तिब्बत ने एक श्वेतपत्र जारी किया, जिसका शीर्षक था- 'तिब्बत! इसका स्वामित्व और मानवाधिकारों का प्रश्न'। गुमराह करने वाले इस दस्तावेज में तिब्बत के लम्बे इतिहास का वर्णन इस तरह किया गया मानों तिब्बत सदा से चीन का हिस्सा रहा हो। यह इस बात का सूचक था कि चीन तिब्बत में अपनी उपस्थिति की वैधता की रक्षा के लिए ऐसा कर रहा था। इस दस्तावेज में तिब्बत की आज़ादी के विरुद्ध अनेक तर्क प्रस्तुत किए गए थे और दावा किया गया था कि "तथाकथित तिब्बत की आज़ादी जिसे दलाई मंडली और बाहर बसी चीन-विरोधी शक्तियाँ प्रचारित करती है यह उन साम्राज्यवादी शक्तियों की कल्पना की उपज है, जिन्होंने चीन के वर्तमान इतिहास में चीन पर आक्रमण किए हैं।" दुख की बात है कि इस दस्तावेज में आगे ज़ोर देकर कहा गया है "एक और झूठ यह है, जिसका दावा किया जाता है कि बड़ी संख्या में हान लोग तिब्बत में आ बसे हैं और स्थानीय तिब्बती वहाँ अल्पसंख्यक हो गए हैं।" यह सीधे तौर पर ऐसे तथ्य का नकार था जिसे स्वतंत्र पर्यवेक्षकों ने पुष्ट किया है और तिब्बती लोगों में आक्रोश का प्रमुख कारण है।

उधर तिब्बत में 23 मई, 1993 को लगभग एक हज़ार आम लोगों ने विरोध प्रदर्शन प्रारम्भ किया, जो कि पहले तो महँगाई के विरुद्ध था और फिर शीघ्र ही आज़ादी की लड़ाई बन गया। इन प्रदर्शनों को, सामूहिक रूप से लोगों को बन्दी बनाकर, क्रूरतापूर्वक कुचल दिया गया। इसके कारणों में से एक मुख्य

कारण ल्हासा में चीनी अप्रवासियों का बढ़ना था। 1994 में बीजिंग में जब साम्यवादी दल की केन्द्रीय समिति द्वारा तृतीय तिब्बती 'वर्क फोरम' बुलाया गया तो अनेक नई दमनकारी नीतियाँ थोप दी गईं। इनमें नियंत्रण हेतु सुरक्षा तंत्र पर अधिक खर्चा, तथा मुझ पर व्यक्तिगत रूप से अत्यन्त कटु प्रहार किया गया। उदाहरण के लिए एक आधिकारिक वक्तव्य में कहा गया- "यद्यपि आम लोगों को भ्रमित करने के लिए दलाई लामा कभी कभी नम्र भाषा में बात करता है परन्तु उसने अपनी अलगाववादी गतिविधियों को कभी बन्द नहीं किया है।" इसमें आगे चलकर ज़ोर देकर कहा गया है- "हमारे क्षेत्र में लड़ाई का केन्द्र बिंदु अलगाववाद का विरोध है और यह दलाई लामा की मंडली का विरोध करने से होगा। जैसी कि कहावत है, 'एक साँप को मारने के लिए आवश्यक है कि पहले हम उसका सिर कुचल दें।' इसी दस्तावेज में मठवासियों को ज़ोर देकर कहा गया कि इस बात के लिए वे दलाई लामा का साथ छोड़ दें। इसमें कहा गया कि, "हमें हर तरह से तिब्बत में भिक्षुओं और भिक्षुणियों को दलाई लामा की मंडली के प्रभाव से मुक्त करना चाहिए।" इसी दस्तावेज के साथ मेरे छाया चित्र अथवा चित्र, घरों में अथवा सार्वजनिक स्थलों पर रखने पर पूरी तरह प्रतिबन्ध लगा दिया गया। असल में यह एक प्रकार का वैचारिक कट्टरवाद (विशेष रूप से शिक्षा के क्षेत्र में) था, जिसे सांस्कृतिक क्रांति के समय के बाद नहीं देखा गया था। ल्हासा पार्टी नेतृत्व ने बलपूर्वक कहा:

> जातीय शिक्षा को सफल नहीं माना जा सकता यदि वह पुरानी परम्पराओं और संस्कृति को बनाए रखती हैं... शैक्षिक कार्य का सार है समाजवादी लक्ष्यों की पूर्ति करने हेतु सुशिक्षित सर्जकों और वारिसों को तैयार करना और यही जातीय शिक्षा का भी एकमात्र, मूल उद्देश्य है।

इस प्रकार के आधिकारिक वक्तव्यों के कारण और जमीनी स्तर पर दमनकारी नीतियों के कारण, जिनका लक्ष्य तिब्बतियों की अस्मिता, संस्कृति, परम्पराओं और तिब्बती पठार में किए जा रहे बड़े पैमाने पर जनसांख्यिक परिवर्तनों ने मुझे अत्यधिक चौंका दिया और मुझे यह कहने को विवश कर दिया कि तिब्बत के भीतर जाने या अनजाने में जो कुछ किया जा रहा है, एक प्रकार का सांस्कृतिक जनसंहार ही है।

10

अभ्यास, जो पीड़ा में मेरे मददगार बने

अब मुझे रुककर इस बात की चर्चा करने दीजिए कि हम हतोत्साहित करने वाली, निराशाजनक स्थितियों में भी अपना दृढ़ निश्चय कैसे बनाए रख सकते हैं। यह मानवीय स्वभाव है कि जब वह भयंकर आपदाओं और कष्टों के सामने होता है और उनका अन्त कहीं दिखाई न पड़ रहा हो तो हतोत्साहित हो जाए। जो लोग तिब्बत में रहते हैं, उनका अनुभव ऐसा ही है और ऐसे अन्य अनेक लोगों का है, जिन्होंने दमनकारी शासन में आजाद होने की अकांक्षा रखी। 1989 में जब छात्रों पर क्रूर कार्यवाई की गई तब उन हजारों छात्रों का अनुभव भी ऐसा ही भाव विह्वल कर देने वाला रहा होगा। 1950 के पश्चात के वर्षों में अनेक बार मैंने भी ऐसे ही भावों का सामना किया है और मुझे अपनी आशा को जीवित रखना पड़ा है।

यहाँ कुछ प्रक्रियाएँ दे रहा हूँ, जिन्हें मैंने अपने जीवन में सहायक पाया है। सबसे पहले मैं अपने आपको याद दिलाता हूँ कि किसी भी महत्त्वपूर्ण यात्रा में हमें कठिनाइयाँ तो आएँगी ही इसलिए यह महत्त्वपूर्ण है कि हम प्रारम्भ से ही उनका सामना करने के लिए तैयार रहें। इस प्रकार जब मुसीबत आती है तो हमें नहीं लगता कि वह आसमान से एकाएक टपकी है और हमें धक्का नहीं लगता

तथा हम असावधानी में पकड़े नहीं जाते। जैसा कि एक तिब्बती कहावत है "सर्वश्रेष्ठ की आशा करो और निकृष्टतम के लिए तैयार रहो।"

कष्ट और कठिनाईयाँ तो जीवन का अपरिहार्य हिस्सा हैं, प्रश्न यह है कि हम क्या प्रतिक्रिया देते हैं। जब हम प्राकृतिक आपदा के कारण कष्ट भोगते हैं तब विनाश और मानव जीवन की हानि होने पर भी हम साधारणतया उसे बिना कड़वाहट के और बिना पराजयवाद में फँसे, सह लेते हैं। इन आपदाओं में मनुष्यता का श्रेष्ठतम अंश सामने आता है और हम सहज ही करुणापूर्ण व्यवहार करते हैं। परन्तु कुछ आपदाएँ मानव निर्मित होती हैं, जिनका कारण मनुष्य ही होता है। इस श्रेणी के कष्टों को सहना और भी अधिक कठिन होता है और इनसे निपटने के लिए अधिक शक्ति की आवश्यकता होती है। इसमें खतरा रहता है कि हम निराशा अथवा घृणा में डूब जाएँ अथवा हिंसा का उत्तर हिंसा से दें। दुर्भाग्य से हम मनुष्य इस दुष्चक्र को दुहराते रहते हैं। मूल बात इसमें यह है कि हम कभी भी साझी मानवता को न भूलें जो कि दोषी (अपराधी), उसका शिकार और स्वयं हम सभी में है। निश्चित रूप से यही कारण है कि मैंने अपने तिब्बती भाईयों से सदा कहा है कि चीनियों के प्रति घृणा पालने से सावधान रहें।

1959 के विद्रोह की पहली वर्षगांठ मनाते हुए मैंने अपने साथी तिब्बतियों से कहा था कि यह सच्चाई है कि हमें साम्यवादी चीन के कार्यों का विरोध करना है, परन्तु मैं कभी भी वहाँ के लोगों से घृणा नहीं कर पाया। मैंने कहा कि विशेष रूप से हमारे संघर्ष के सन्दर्भ में, सारे लोगों से घृणा करना हमारी कमज़ोरी बनेगा, शक्ति नहीं। मैंने कहा कि जब बुद्ध ने यह कहा कि घृणा से और अधिक घृणा पैदा होती है तो वे केवल आध्यात्मिक उपदेश मात्र नहीं दे रहे थे। एक व्यावहारिक शिक्षा भी दे रहे थे। मैं सचमुच विश्वास करता हूँ कि कोई भी आन्दोलन जिसकी नींव घृणा पर रखी गई है, कितने भी अच्छे उद्देश्य से क्यों न चलाया जाए, उससे भविष्य में स्थायी समाधान का आधार नष्ट हो जाता है। बौद्ध धर्म की शिक्षाओं में विशेष रूप से इस बात पर बल दिया गया है कि आपके जो विरोधी आपके रास्ते में बाधाएँ पैदा करते हैं उन्हें आप अपना आध्यात्मिक गुरु मानें। उनके इरादे कुछ भी रहे हों, वे आपको धैर्य और करुणा का पाठ पढ़ाते हैं। हमारे विरोधी हमारे सबसे मूल्यवान शिक्षक हैं। यह

जीवन का स्वयंसिद्ध तथ्य है। जहाँ एक ओर हमारे मित्र हमें अनेक प्रकार से सहायता कर सकते हैं परन्तु हमारे विरोधी ही हैं जो हमारे सम्मुख यह चुनौती प्रस्तुत करते हैं कि हम उन गुणों का अपने में विकास करें जिनसे मानसिक शान्ति और सुख मिलता है।

व्यक्तिगत रूप से महायान (बौद्धमत की एक शाखा जिसे मैं संस्कृत शाखा कहता हूँ, जिसे चीनी बौद्ध और तिब्बत के लोग मानते हैं) का अनुयायी होने के कारण मैं प्राचीन चीनी राष्ट्र का बड़ा प्रशंसक रहा हूँ, क्योंकि उन्होंने बौद्ध परम्परा का संरक्षण किया है। चीन में बौद्ध धर्म, तिब्बत से चार सौ वर्ष पहले आ गया था। बहुत से ग्रन्थ मूल भारतीय भाषाओं में लुप्त हो चुके हैं। वे आज भी चीनी पराम्परा में उपलब्ध हैं जैसे कि पाँचवी शताब्दी के सुप्रसिद्ध तर्कशास्त्री दिङ्नाग का ग्रंथ 'हेतुमुख'। तिब्बत के दो प्रमाणिक ग्रन्थ संग्रह-कंगयूर (धर्मग्रंथो का अनुवाद) तथा तंगयूर (ग्रंथ संग्रह), में ऐसे अनेक महत्त्वपूर्ण ग्रंथ हैं, जिन्हें चीनी भाषा से अनूदित किया गया है। महायान के प्रसिद्ध धर्म ग्रंथ 'समाधि निर्मोचन सूत्र' (प्रयोजन का स्पष्टीकरण) का अनुवाद कोरिया के भिक्षु वोनच्योक ने किया, जो कि बौद्ध मठों में अत्यधिक महिमामण्डित किया जाता है। महायान की अनेक शाखाएँ चीन में जन्मीं, विकसित हुईं और फली-फूलीं उदाहरण के लिए तियानतार, हुयेन, सनलुन, प्योरलैंड, और चान। प्रशंसनीय बात यह है कि चीनी परम्परा में पूर्ण रूप से बौद्ध धर्म में दीक्षित, भिक्षुणियों की वंश परम्परा, ठीक महात्मा बुद्ध के समय तक उपलब्ध है, यह आज भी बची हुई है। पूरी तरह दीक्षित भिक्षुणियों की परम्परा को जानकर मुझे विशेष आनन्द हुआ। चीन के अनेक अभिनन्दनीय भिक्षुओं में जो मुझे अनेक वर्षों में ताइवान और पश्चिमी देशों में मिले, उनमें से दो ने मुझे चीन की बुद्ध परम्पराओं की समृद्धि से परिचित कराकर प्रोत्साहित किया वे हैं- चान संप्रदाय के प्रतिष्ठित गुरु शेंग येन और चीनी विनय के महान गुरु दाओ-हाई। मुझे बौद्ध और तिब्बती दोनों परम्पराओं को लेकर इन दोनों के साथ औपचारिक वार्तालाप का अवसर मिला। और दाओ-हाई से तो बाद में एक बार न्यूयॉर्क में भी वार्तालाप का अवसर मिला। मुझे गुरु दाओ-हाई के साथ पर्वत वुताई शान पर जाकर महान दार्शनिक नागार्जुन के प्रसिद्ध धर्म ग्रंथ 'मध्य मार्ग' का संस्कृत, तिब्बती और चीनी भाषा में पाठ करने का मन हुआ, यह ग्रंथ तिब्बती और चीनी दोनों ही बौद्ध परम्पराओं को अत्यधिक प्रिय है।

यह कहना आवश्यक नहीं है कि मुझे चीनी तीर्थ यात्रियों की बौद्ध धर्म ग्रंथों और परम्पराओं की खोज से गहरी और सतत प्रेरणा मिली है। चौथी शताब्दी के अन्त में फाहयान, सातवीं शताब्दी के मध्य में, ह्यून सांग, और बाद में सातवीं शताब्दी के अंत में युवान च्यांग जैसे अद्वितीय तीर्थ यात्रियों ने धर्म के लिए अपना सर्वस्व न्यौछावर कर दिया। इन चीनी यात्रियों की एक विशेषता यह है कि इन्होंने अपनी यात्राओं का सूक्ष्म विवरण सहेज कर रखा है। इन यात्रियों में से ह्यून साँग की देन को आज सार्वभौमिक स्तर पर मान्यता मिली है। चीन की साहित्यिक परम्परा में बन्दर की प्रसिद्ध दंतकथा का आधार मुख्य रूप से ह्यूनसांग के 'पश्चिमी क्षेत्र के दस्तावेज' पर आधारित है, जिसे उसने चीन लौटने पर तांग शहंशाह के लिए औपचारिक रूप से लिखा था, इसी से महात्मा बुद्ध के जीवन से जुड़े अनेक स्थलों और भारत में बौद्धमत से जुड़े ऐतिहासिक तथ्यों का पता चलता है, जैसे कि बाद में खोजे गए नालन्दा विश्वविद्यालय का। आज विश्व के अनेक भागों से बौद्ध इन स्थलों की तीर्थ यात्रा कर अपनी श्रद्धा प्रकट करते हैं। इस प्रकार प्राचीन चीन और वहाँ के लोगों के प्रति मेरे मन में सदा से ही अत्यधिक सम्मान का भाव रहा है।

दूसरे मुझे व्यापक परिप्रेक्ष्य में देखने पर सहारा मिलता है, क्योंकि हम बहुत निकट से समस्याओं को देखकर भाव विह्वल या अशक्त महसूस करते हैं। यदि आप अपनी हथेली को आँख से लगा कर देखेंगे तो हाथ को नहीं देख पाएँगे। जब हम किसी वस्तु को अत्यधिक निकटता से देखते हैं तो हम उसी से बंध जाते हैं और हमारा परिप्रेक्ष्य संकीर्ण हो जाता है। इसके विपरीत यदि हम किसी समस्या को व्यापक परिप्रेक्ष्य में रखकर देखते हैं तो हम उसकी जटिलता को समझ सकते हैं, इसके कारणों, परिणामों और इसके अंतर्संबंधों को जानकर समाधान का ऐसा रास्ता चुन सकते हैं, जो कि वास्तविकता के अधिक अनुरूप हो और जिससे सफलता मिलने की अधिक संभावना हो। व्यापक परिप्रेक्ष्य हमें किसी समस्या को उचित अनुपात में समझने में सहायता करता है इसलिए जो पहले अलंध्य लगता था अब नियंत्रण-योग्य लगने लगता है और जो कुछ हुआ है उसमें सकारात्मक पक्षों को पहचानना आसान हो जाता है। इस प्रकार के व्यापक परिप्रेक्ष्य के कारण, आपदा में भी यदि किसी अवसर की संभावना हो वह दीखने लगती है। जैसा कि मैंने प्रायः कहा है कि

राज्यविहीन व्यक्ति हो जाने से मैं वास्तविकता के अधिक निकट आ सका। जब आप शरणार्थी होते हैं तब औपचारिकताओं और दिखावे के लिए अवसर नहीं बचता। यदि मैं एक स्वतंत्र देश चीन के ल्हासा में धर्माधारित राज्य का शासक ही बना रहता, अर्थात जिसे 'सोने का पिंजरा' कहा जा सकता है, उसमें परम पवित्र दलाई लामा रहता, परन्तु आज मैं बिल्कुल अलग तरह का व्यक्ति हूँ। एक शरणार्थी के रूप में अपने घर से बाहर निकलने पर मुझे भिन्न-भिन्न प्रकार के अनेक लोगों से मिलने का अवसर मिला, जो कि विभिन्न पृष्ठभूमियों के और जीवन के विभिन्न क्षेत्रों से थे, जिनमें आध्यात्मिक खोज के मेरे साथी, वैज्ञानिक, सक्रिय कार्यकर्ता, राजनीतिज्ञ और कलाकारों से लेकर वैज्ञानिक तक, सभी थे। मुझे विशेष रूप से वैज्ञानिकों से मैत्री करने और गहन विचार-विमर्श करने का जो सौभाग्य मिला, उसे मैं संजोकर रखना चाहूँगा। मैं यह तर्क भी देना चाहूँगा कि हमारी अपनी बौद्ध परम्परा को भी शरणार्थी होने से पर्याप्त लाभ हुआ है। आज हमने भिक्षुणियों के लिए भी सफलतापूर्वक गेरोमा उपाधि (मठ संबंधित सर्वोत्तम औपचारिक अकादमिक उपलब्धि) स्थापित कर दी है विज्ञान-शिक्षा मठों में प्रारम्भ की है और वैज्ञानिकों के साथ मन के अध्ययन और मन-आधारित यन्त्रों (साधनों) का वृहत्तर मानव कल्याण के लिए प्रयोग के विषय पर चर्चाएँ और पारस्परिक सहयोग प्रारम्भ कर दिया है। बात यह है कि यदि हमने व्यापक परिप्रेक्ष्य न अपनाया होता और हम अपनी क्षति से ही बंधे रहते तो हममें न तो ऐसी इच्छा-शक्ति पैदा होती और न ही उन संभावनाओं को खोजने का भाव जागता, जो कि हम पर पड़ी आपदा ने हमारे सम्मुख प्रस्तुत की थीं।

तीसरे हमें अपनी दृष्टि सदा आशावादी रखनी चाहिए, परिस्थितियाँ कितनी भी विपरीत क्यों न हों। इसके विपरीत 'निराशावाद' के साथ समस्या यह है कि इसमें आप बिना लड़े ही हार मान बैठते हैं। स्वाभाविक है कि आशावादिता भी वास्तविकता के सही मूल्यांकन और उसके प्रति स्पष्ट रुख से परिचालित होनी चाहिए ताकी भविष्य के लिए सही मार्ग चुना जा सके। उदाहरण के लिए तिब्बत की समस्या अस्तित्व से जुड़ी है इसलिए इसे छोड़ने की सुविधा हमारे पास नहीं है। इसी को निराशावाद कहते हैं।

चौथे, यह महत्त्वपूर्ण है कि हम अतीत की अपनी सफलताओं को पहचानें और उन्हें महत्त्व दें, चाहे वे कितनी ही छोटी क्यों न हों। यह अपने को प्रोत्साहित करने और अपनी प्रेरणा को जागृत करने के लिए आवश्यक है, ताकि हम आगे बढ़ते रहें। यदि हम सफलता चाहते हैं और यदि हम चुनौतियों का सामना करना चाहते हैं तो हमें कभी आशा नहीं छोड़नी चाहिए और सदा इसे बनाए रखना चाहिए। आशा के साथ ही हममें सेवा का और काम करने का साहस पैदा होता है।

अंततः चाहे कुछ भी हो जाए, हमें कभी भी मानवता में विश्वास नहीं खोना चाहिए। इसमें मूल बात यह है कि हम दूसरों की सेवा करने की सहज क्षमता को न भूलें और कभी भी साझी मानवता के भाव को तिलांजलि न दें, उनके लिए भी नहीं जिन्होंने व्यक्तिगत रूप से आपको हानि पहुँचाई है। मैंने पाया है कि मेरे हृदय की यह मूलभूत कल्याणकारी भावना ही मेरी सबसे बड़ी शक्ति और साहस बनी है। हर सुबह जब मैं उठता हूँ तो अपने आप को याद दिलाता हूँ कि धरती पर बसे अरबों लोगों में से मैं भी एक हूँ। हम सभी एक जैसे हैं, सभी सुख की तलाश में हैं और कोई भी दुःख नहीं चाहता। सामाजिक प्राणी होने के कारण हम दूसरों से जुड़ना चाहते हैं और उनके माध्यम से सुख पाना चाहते हैं। 'अकेले का कल्याण' नाम की कोई चीज़ नहीं है क्योंकि हमारा कल्याण एक दूसरे से जुड़ा हुआ है। आठवीं शताब्दी के गुरु शान्तिदेव की निम्न पंक्तियों का जाप मैं प्रतिदिन करता हूँ-

विश्व में जो भी सुखी हैं
वे सुखी हैं कि वे दूसरों का सुख चाहते हैं;
संसार में दुखी वे ही हैं
जो केवल अपने लिए सुख चाहते हैं
इसलिए यदि कोई अपना दृष्टिकोण,
स्वार्थ से परमार्थ में परिवर्तित नहीं करता
आत्मज्ञान प्राप्ति तो बहुत दूर है
इस जीवन में भी सुखी न होगा।
जब तक यह अन्तरिक्ष रहेगा
जब तक चेतन प्राणी रहेंगे,

तब तक मैं भी रहूँ जीवित
दूर करूँ दुख सकल विश्व के।

इस श्लोकों का पाठ करने से मुझे दैनिक जीवन में प्रेरणा मिलती है और मेरे दृढ़ निश्चय में निरंतर मजबूती आती है।

हम सब मानव इस छोटे से ग्रह पर बसे हैं। मानवता के लम्बे इतिहास में, इस काल खण्ड में, यहाँ हम एक साथ रह रहे हैं। अधिक से अधिक हमारी जीवन अवधि लगभग सौ वर्ष की है। यह इस ग्रह के जीवन में हलकी-सी आहट मात्र है। यदि मानवता से कटकर, झगड़ों फँसकर बिताएँगे और एक दूसरे को हानि पहुँचाएँगे, तो यह मूल्यवान जीवन को व्यर्थ करना होगा। यदि हम दूसरों की सेवा में जीवन गुजारें अर्थात अपने मानव परिवार और नाजुक ग्रह को अपना जीवन दें तो जीवन सार्थक होगा। इसलिए जब अन्त आए और हम पीछे मुड़कर बिना किसी खेद के देखें और अनुभव करें कि इस पृथ्वी पर हमारा जीवन उपयोगी रहा।

11

सहस्राब्दि का अंत होते होते

तिब्बत में चीन की सख़्ती बढ़ाने की नीति का परिणाम, तिब्बतियों पर भयंकर प्रभाव डालने से भी बढ़कर पंचेन लामा के चुनाव विषयक त्रासदी के रूप में सामने आया। मैंने सचमुच यह सोचा था कि मैं तिब्बत के ताशी ल्हुनपो मठ के साथ मिलकर और उसके माध्यम से चीन के अधिकारियों से मिलकर पंचेन लामा के अवतार को खोजने में सहायता कर पाऊँगा। अन्य महत्त्वपूर्ण तिब्बती लामाओं के अवतारों की खोज की तरह ही, पंचेन लामा के अवतार की पहचान करना बौद्ध मत में एक महान आध्यात्मिक महत्त्व का कार्य माना जाता है। यद्यपि पंचेन लामा का 'आधिकारिक चयन' चीन सरकार के लिए महज़ राजनीतिक महत्त्व ही रखता है। फरवरी 1991 में तिब्बती वर्ष के तीसरे दिन, मैंने एक भविष्य-कथन अनुष्ठान यह जानने के लिए किया कि पंचेन लामा का अवतरण तिब्बत के भीतर हुआ है अथवा बाहर हुआ है। परिणामस्वरूप, संकेत मिले कि यह तिब्बत के भीतर हुआ है। इसलिए मार्च 1991 में मैंने बीजिंग को दिल्ली स्थित चीनी दूतावास द्वारा यह सन्देश भिजवाया कि मैं नये पंचेन लामा की खोज में सहायता करना चाहूँगा। सत्रहवीं शताब्दी में जब से चतुर्थ पंचेन लामा लोबसांग चोकी ग्यालत्सेन को चुना गया तब से पंचेन लामा और दलाई लामा चुनाव में एक-दूसरे की सहायता करते आए हैं। इस ऐतिहासिक परम्परा के कारण ही, हर जगह बसने वाले तिब्बती और हिमालयी क्षेत्र में रहने वाले सभी बौद्ध धर्मावलम्बी, जिनका पंचेन लामा से ऐतिहासिक

संबन्ध रहा है, उन सबने मुझसे सम्पर्क स्थापित किया और मुझसे निवेदन किया कि मैं नये पंचेन लामा की खोज में उनकी सहायता करूँ। इसलिए यह मेरी ऐतिहासिक और नैतिक जिम्मेदारी थी कि मैं इस खोज में सहायता करूँ।

17 जुलाई 1993 को ताशी ल्हुनपो मठ के प्रधान मठाधीश जड्रेल रिनपोछे, जो कि इस खोज प्रक्रिया के प्रभारी थे, मेरे भाई ग्यालो थोंडुप से बीजिंग में मिले और उन्हें एक नामावली दी तथा खोज में सहायता माँगी। स्वाभाविक रूप से मैंने सोचा कि जड्रेल रिनपोछे, चीन से पूछकर यह सब कर रहे हैं इसलिए मैंने उन्हें विचार-विमर्श के लिए धर्मशाला आने का निमन्त्रण दिया। यद्यपि वह आ नहीं सके परन्तु 1994 के अंत में उनकी ओर से सावधानी पूर्वक चुने गए चौबीस नामों की सूची मुझे प्राप्त हुई। उन्होंने यह सन्देश भी भिजवाया कि वह और उनके दल के सदस्य इसमें से गेन्दुन चोएक्यी न्यिमा को अगले अवतार के लिए सर्वश्रेष्ठ मानते हैं। इस सूचना के आधार पर और भविष्य-कथन के अनेक अनुष्ठान, परम्परागत विधान और भविष्य-वक्ता से पूछकर मैं भी इसी निर्णय पर पहुँचा कि उनके द्वारा किया गया चुनाव सही था।

यह समाचार गुप्त रूप से जड्रेल रिनपोछे तक फरवरी 1995 में पहुँचा दिया गया और इसके साथ ही नये ग्यारहवें पंचेन लामा की दीर्घायु के लिए एक प्रार्थना भी भिजवाई। मुझे आशा थी कि वह बीजिंग की राजनीति से पार पा लेंगे। क्योंकि लामा के अवतरण का विषय तिब्बती बौद्धमत में एक धार्मिक विषय था, और साथ ही चुना गया व्यक्ति चीनी नियन्त्रण वाले क्षेत्र से ही था इसलिए मुझे आशा थी कि जड्रेल रिनपोछे और उनके दल द्वारा चुने हुए व्यक्ति को चीनी नेताओं की स्वीकृति मिल जाएगी। उन्ही दिनों, सेरा मठ में एक प्रमुख भिक्षु गेशे येशे वांगचुक को मैंने एक गोपनीय पत्र लिखा और बताया कि मैं यह देखकर कितना प्रसन्न हुआ कि दल द्वारा खोजा गया व्यक्ति, मेरी खोज के बिल्कुल अनुरूप था। नये पंचेन लामा के लिए मैंने जो दीर्घायु की प्रार्थना लिखी थी उसकी प्रति भेजते हुए मैंने उनसे प्रार्थना की कि वे चीनी अधिकारियों को विश्वास दिलाने का प्रयास करें कि नये चुने गए पंचेन लामा से मेरा किसी प्रकार का परिचय नहीं है। मैंने उनसे यह भी कहा कि कुछ समय तक मैं अपने विचार को गुप्त ही रखूँगा।

दुर्भाग्य से चीन की सरकार ने मार्च 1995 में, यह निर्णय लिया कि सही अवतार चुनने की अपेक्षा तीन से पाँच नाम एक सुनहले बर्तन[1] में डाले जाएँ और उनमें से एक नाम लॉटरी से चुना जाए। इसने मुझे बहुत कठिन स्थिति में डाल दिया। संभावना यही थी कि वे गलत व्यक्ति को चुनते। इसलिए मैं अपने भविष्य-कथन अनुष्ठानों के पश्चात इस निर्णय पर पहुँचा कि अब मुझे विश्व भर के बौद्धों को पंचेन लामा विषयक अपने भविष्य-कथन अनुष्ठानों के परिणाम से अवगत करवा देना चाहिए। इस प्रकार 14 मई 1995 को (तिब्बती कैलेण्डर के चौथे महीने की पन्द्रह तारीख को, पूर्णमासी के दिन), अपने भाई ग्यालो थोंडुप के द्वारा चीन सरकार को पूर्व सूचना देने के उपरान्त मैंने अंततः यह घोषणा सार्वजनिक कर दी कि मैंने गेन्दुन चोएक्यी न्यिमा को ग्यारहवें पंचेन लामा के रूप में स्वीकृति दे दी है। इस महत्त्वपूर्ण घोषणा के लिए मैंने इसी दिन को इसलिए चुना क्योंकि इसे एक शुभ दिन माना जाता है। इसका संबंध पंचेन लामाओं से संबद्ध एक विशेष उपदेश एवं कर्मकाण्ड की पद्धति 'कालचक्र तंत्र' से है। मैंने यह भी सुनिश्चित किया कि मेरी इस औपचारिक घोषणा की एक प्रति दिल्ली स्थिति चीन के दूतावास में इस प्रार्थना के साथ दी जाए कि इसकी एक प्रति तिब्बत स्थित ताशी ल्हुनपो मठ के जड्रेल रिनपोछे और उसके दल को भिजवा दी जाए, जो कि इस खोज-दल के सदस्य थे। मेरे लिए पंचेन लामा विषयक घोषणा सबसे बढ़कर तिब्बती बौद्ध धर्म की एकजुटता का विषय थी। एक बार जब मुझे पंचेन लामा की प्रामाणिकता पर विश्वास हो गया और उन्हीं के मठ के खोजी दल ने भी उसी व्यक्ति का चयन किया था तो किसी अन्य उम्मीदवार की पुष्टि के विषय में सोचा भी नहीं जा सकता था।

1 सुनहला बर्तन/गोल्डन अर्न मूलतः चीनी नेतृत्व द्वारा एक परम्परा को सशक्त बनाने की कोशिश थी जिसकी शुरुआत क्विंग सम्राट क्विनलोंग से समय हुई और 18वीं सदी में यह ख़त्म हो गया। इस संदर्भ में दो ऐतिहासिक तथ्यों को हमेशा याद रखना चाहिए। पहला, इसकी शुरुआत क्विनलोंग द्वारा हुई जो तिब्बती बौद्धमत के अनुयायी थे। पवित्र मूर्तियों के सामने प्रतिभागियों के नाम को लपेटकर इस बर्तन में डाल दिया जाता था। इस बर्तन का अपने आप में कोई मतलब नहीं था। इसका उद्देश्य वरिष्ठ लामाओं में संभावित तनाव और किसी भी तरह के भ्रष्टाचार से बचना था। दूसरे जब इसका उपयोग दलाई लामा और पंचेन लामा को चुनने के लिए किया भी गया तब जैसे आठवें और नावें पंचेन लामा की बात हो या दसवें और बारहवें दलाई लामा का चुनाव हो, ये चुनाव वास्तविक की बजाय औपचारिक अधिक थे। वास्तविक पहचान तो परम्परिक तिब्बती तरीके से होती थी, खासतौर से भविष्य-वक्ता के कथन से। इसके अतिरिक्त यह आतार्किक है कि कम्युनिस्ट चीन, जो की धार्मिक राज का विरोधी है, इसे पंचेन लामा की खोज की परम्परा से कोई मतलब क्यों होना चाहिए।

दुर्भाग्य से इसका परिणाम भयंकर हुआ। जड्रेल रिनपोछे को छह वर्ष कारावास की सजा दी गई और ताशी ल्हुनपो मठ को अनेक प्रकार से परेशान किया गया। इसके तीस से अधिक भिक्षुओं को भी कैद में डाल दिया गया। आज तक मुझे जड्रेल रिनपोछे के बारे में कोई सूचना नहीं मिली है कि वे कहाँ हैं। परन्तु यह माना जाता है कि उन्हें जेल से छोड़ दिया गया था। उन्होंने न केवल पिछले पंचेन लामा की निष्ठापूर्वक सेवा की थी बल्कि यह सुनिश्चित करने का प्रयास भी किया कि पंचेन लामा के पुनः अवतरण को तिब्बती बौद्ध परम्पराओं के अनुसार स्वीकृति मिले। इससे भी बढ़कर उन्होंने पूरा प्रयास किया कि जिस खोज दल का नेतृत्व वह कर रहे थे, उसके द्वारा खोजे गए पंचेन लामा को तिब्बत स्थित चीनी अधिकारियों द्वारा स्वीकृति मिल जाए और इसीलिए उन्होंने अपनी खोज के हर पड़ाव पर चीनी अधिकारियों से सम्पर्क बनाए रखा। इसलिए, अपनी ईमानदार कोशिशों के लिए उन्हें इस प्रकार कष्ट सहते देखना सचमुच दुःखद था। गेन्दुन चोएक्यी न्यिमा, जो कि मात्र छः वर्ष के बालक थे, उन्हें परिवार सहित बन्दी बनाया गया। वे उस समय के सबसे कम उम्र के पंचेन लामा थे, जिन्हें राजनीतिक बन्दी बनाया गया था। आज तक उनका कोई अता पता नहीं है। यह इसे चीन की साम्यवादी पार्टी के इतिहास का सबसे अधिक सहेजकर रखा गया रहस्य बनाता है। मुझे कुछ चीनियों ने बताया है, उनमें से एक बहुत विश्वस्त स्रोत के अनुसार, गेन्दुन चोएक्यी न्यिमा, घर में नजरबंद हैं। वह घर सैनिक छावनी के भीतर, मुख्य भूमि, चीन में है। चीनी अधिकारियों ने एक अन्य उम्मीदवार को चुनकर, जिसका नाम ग्यालत्यसेन नोरबू था और जिसके माता-पिता दोनों ही साम्यवादी दल के सदस्य थे, उसे ताशी ल्हुनपो मठ पर नये पंचेन लामा के रूप में थोप दिया। यह काम शिगास्ते जहाँ यह मठ स्थित है में बड़े सैन्यदल की तैनाती के साथ किया गया। मुझे इन त्रासद स्थितियों में फँसे दोनों बालकों की हालत से दुःख होता है। हम जानते हैं कि वास्तविक पंचेन लामा गायब हैं, जबकि चीन के साम्यवादी दल द्वारा चुना हुआ बालक, जिसे कुछ चीनी बौद्ध और तिब्बती 'झूठा पंचेन लामा' अथवा 'चीनी पंचेन लामा' पुकारते हैं, को ताशी ल्हुनपो मठ पर पंचेन लामा के रूप में स्थापित कर दिया गया है। आज तक गेन्दुन चोएक्यी न्यिमा का चित्र, तिब्बत में प्रतिबन्धित है।

नवम्बर 1996 में चीन के प्रधान मंत्री जियांग जेमिन आठ दिन की यात्रा पर भारत आए। मैं जानता था कि मेरी उनसे भेंट संभव नहीं है इसलिए मैंने इस अवसर पर अपील की कि तिब्बत में जारी चीन की दमनपरक नीतियों को बन्द किया जाए। 19 फरवरी, 1997 को चीन के सर्वोच्च नेता डेंग जियाओपिंग का निधन हो गया। उस दिन मैंने अपने वक्तव्य में कहा कि मुझे दुःख है कि उनके जीवन काल में तिब्बत पर गम्भीर वार्ताएँ नहीं हो सकीं फिर भी मैं आशा करता हूँ कि अब हमारे पास अवसर है कि हम पुनः वार्ताएँ प्रारम्भ कर सकते हैं। जियांग जेमिन को अपने शोक सन्देश में मैंने लिखा:

> यह सचमुच दुःखद है कि डेंग जियाओपिंग के जीवन काल में तिब्बत समस्या पर गम्भीर वार्ताएँ नहीं हो सकीं। परन्तु फिर भी मेरा मानना है कि डेंग की अनुपस्थिति तिब्बती और चीनियों के समक्ष नयी चुनौतियाँ प्रस्तुत करती है। मुझे पूर्ण विश्वास है कि चीन सरकार आपके नेतृत्व में तिब्बत समस्या का समाधान, सुलह समझौते की भावना से करने की बुद्धिमत्ता को समझेगी। जहाँ तक मेरा प्रश्न है, मेरा यह दृढ़ विश्वास है कि तिब्बत समस्या का समाधान ईमानदारी और खुले मन से होने वाली समझौता-वार्ता से ही निकलेगा।

मेरे भाई को दिए डेंग के प्रारम्भिक प्रस्ताव का कथन था- 'आज़ादी को छोड़कर, हर विषय पर समझौता-वार्ता संभव है।' मुझमें आशा जगी थी कि हम उनके नेतृत्व में इस दिशा में प्रगति कर सकेंगे। दुःख से कहना पड़ता है कि यह हो न सका।

डेंग की मृत्यु से एक युग का अंत हो गया। वह चीन पर शासन करने वाले क्रांतिकाल के वरिष्ठ नेताओं में अंतिम थे और मेरे परिचित नेताओं में भी आखिरी, जिन्हें मैं व्यक्तिगत रूप से जानता था। वह चीन में उदारीकरण के लिए उत्तरदायी थे। चीन ने उनके नेतृत्व में आर्थिक क्षेत्र में बहुत प्रगति की। इसके परिणामस्वरूप लाखों चीनी गरीबी रेखा से ऊपर आए, विशेषकर वह गरीबी जो कि 'लम्बी छलाँग' के दौरान पड़े अकाल से और सांस्कृतिक क्रांति से पैदा हुई थी। यही वह समय भी था जिसमें चीन की जनमुक्ति सेना ने, डेंग की देख-रेख में तियानानमेन चौक पर अपने ही लोगों पर आक्रमण किया था।

1997 में मुझे पहली बार ताइवान यात्रा का सौभाग्य प्राप्त हुआ। मेरे आधिकारिक मेजबान 'बुद्धिस्ट एसोशिएसन ऑफ चाइना (ताइवान) और नेशनल पार्टी की सरकार थे (जिसे कुओमिनटांग भी पुकारा जाता था), जिसे मूल रूप से चियांग काई-शेक ने स्थापित किया था, जो कि माओवादी क्रांति के पश्चात 1949 में मुख्य भूमि चीन छोड़कर, इस द्वीप पर आ बसे थे। कुओमिनटांग खुद को चीन की गणतन्त्रीय सरकार ही मानता था। यद्यपि यह मुख्यभूमि से दूर था, फिर भी वह मुख्यभूमि चीन पर अपनी प्रभुता का दावा करता था साथ ही तिब्बत पर भी। ताइवान के राष्ट्रपति लि-तांग हुई ने मेरा आधिकारिक रूप से स्वागत किया, जो इस बात का संकेत था कि तिब्बत की स्थिति के विषय में, ताइवान की आधिकारिक सोच में अंतर आया है। यह कहना अनावश्यक है कि मेरी ताइवान यात्रा से, विशेष रूप से ताइवान के राष्ट्रपति से मिलने से, बीजिंग बहुत नाराज हुआ और उसने मुझ पर ताइवान से मिलकर चीन को नीचा दिखाने का आरोप लगाया। व्यक्तिगत रूप से मेरे लिए अत्यधिक स्मरणीय और मूल्यवान क्षण वे थे जब मुझे ऐसे अनेक चीनी बौद्ध धर्मावलम्बियों से मिलने का अवसर मिला, जो बुद्ध के प्रति अपनी श्रद्धा में ईमानदार थे और किसी सरकारी हस्तक्षेप के बिना अपने धर्मपथ पर चलने को स्वतंत्र थे। 2001 में मैंने राष्ट्रपति चेन-शुई विआन के निमन्त्रण पर पुनः ताइवान का दौरा किया। इस अवसर पर मुझे शाई-इंग-वेन से मिलने का अवसर भी मिला, जो आगे चलकर ताइवान के राष्ट्रपति बने। यह वह समय था, जबसे उन्होंने तिब्बत पर अपनी संप्रभुता के दावे को छोड़ना प्रारम्भ किया। जिसके परिणामस्वरूप उन्होंने भारतीय दस्तावेजों पर, राज्यविहीन तिब्बती नागरिकों को वीज़ा देना प्रारम्भ किया। इससे अंततः 'यूनाइटेड फ्रंट ऑफिस' (जिसे पहले तिब्बती और मंगोलियन कमीशन कहते थे) जो कि मूलतः गैर चीनी लोगों, जैसे तिब्बती और मंगोलिया के भीतरी मंगोलिया[2] वासियों के लिए खुला था बंद हो गया। अंततः 2009 में एक निमन्त्रण पर मैंने ताइवान के दक्षिणी भाग की यात्रा की ताकि भयंकर समुद्री तूफान के विनाश से त्रस्त लोगों और मृतकों के लिए प्रार्थना कर सकूँ।

---

2 संदर्भ यहाँ ताइवान में 'यूनाइटेड फ्रंट ऑफिस' बन्द करने का है जिसे कि इसी कार्यालय की अगली कड़ी के रूप में बीजिंग में नेशनलिस्ट गवर्नमेंट ऑफ कुओमिनटांग (के एम टी) चाइना, के नाम से पुकारा गया।

तिब्बत के लोगों के साथ चल रहे मुद्दों पर विचार-विमर्श करने की मेरी स्वाभाविक, सतत रूप से चलने वाली नीति के कारण, सितम्बर 1997 में एक महत्त्वपूर्ण बैठक का आयोजन किया गया, जिसका लक्ष्य चीन के साथ हमारी चल रही वार्ता पर पुनर्विचार करना था। जैसाकि मैंने सदा कहा है कि अंततः तिब्बतियों के भाग्य का निर्णय न कोई दलाई लामा करेगा और न ही साम्यवादी चीन की सरकार करेगी, यह निर्णय स्वयं तिब्बतियों का ही होगा। इस सम्मेलन के अन्त में तिब्बतियों के प्रतिनिधियों ने औपचारिक रूप से जो बात तय की मैंने उसे 'मध्यमार्ग' का नाम दिया। इसके मुख्य बिंदु इस प्रकार थे-

- तिब्बत के लिए आज़ादी की माँग किए बिना, केन्द्रीय तिब्बती प्रशासन एक ऐसी राजनीतिक इकाई की स्थापना के लिए प्रयासरत हो जिसमें तिब्बत के परम्परागत तीनों भाग शामिल हों।
- इस इकाई को वास्तविक, क्षेत्रीय स्वशासन का अधिकार हो।
- यह स्वायत्त इकाई प्रजातांत्रिक ढंग से जनता द्वारा चुनी गई विधायिका द्वारा शासित हो, इसकी स्वतंत्र कार्यपालिका और न्यायपालिका हो।
- जैसे ही इस दर्जे को चीन सरकार द्वारा स्वीकृति दे दी जाती है, तिब्बत अलग होने की माँग नहीं करेगा और रिपब्लिक ऑफ चाइना का अंग बनकर रहेगा।
- चीन की केन्द्रीय पीपल्स रिपब्लिक ऑफ चाइना की सरकार के पास तिब्बत के अन्तरर्राष्ट्रीय सम्बन्ध और रक्षा का दायित्व रहे तथा अन्य सभी मामलों का प्रबन्धन तिब्बतियों के हाथ में हो जैसे धार्मिक, सांस्कृतिक, शैक्षिक, आर्थिक, स्वास्थ्य, पारिस्थितिकी और पर्यावरण रक्षा संबंधी विषय।
- तिब्बत की समस्या के समाधान के लिए परम पावन दलाई लामा जी पर इन बातों को आगे बढ़ाने का और चीन सरकार के साथ समझौते पर पहुँचने का पूर्ण दायित्व रहेगा।

यह माना जा सकता है कि 1998 में हमारे प्रस्ताव के उत्तर में, 'स्टेट कौंसिल इन्फ़ॉरमेशन आफिस' की ओर से चीन की गणतांत्रिक सरकार ने

एक श्वेतपत्र जारी किया, जिसका शीर्षक था- 'तिब्बत के स्वायत्तशासी क्षेत्र में मानवाधिकारों में प्रगति के नये आयाम', जो कि आक्रामक नीति अपनाने का सूचक था। इस दस्तावेज के अन्त में कहा गया था- "निर्वासित दलाई लामा ने हर तरह से तथ्यों को छुपाने का, नये तिब्बत में हुई प्रगति को कलंकित करने और उसपर आक्रमण करने का भरसक प्रयास किया है। इसमें आगे कहा गया था कि, "दलाई लामा के प्रचण्ड रूप से गढ़े गए झूठ और उनके द्वारा दिए अपने ही धर्मादेशों को तोड़कर पाँवों के नीचे कुचलना उनके असली रूप को दिखाता है। वह धर्म की ध्वजा फहराते हुए अपने कार्यकलापों को चलाते हैं, जिनका लक्ष्य मातृभूमि के टुकड़े करना है।"

इन्हीं दिनों मैंने चीन को विश्व समुदाय की मुख्य धारा में प्रवेश दिलाने के प्रयास किए। मेरा तब भी दृढ़ विश्वास था और आज भी है कि चीन का खुलना - चीन के लोगों के हित में है। इसलिए जब संयुक्त राज्य अमेरिका में यह बहस चल रही थी कि चीन को सबसे पसंदीदा राष्ट्र का दर्जा दिया जाए अथवा नहीं, तो मैंने वहाँ इसका समर्थन किया। वास्तव में मैंने स्वयं अमरीकी सेनेट की 'विदेश संबंध समिति' के अध्यक्ष को ऐसा करने के लिए प्रोत्साहित करते हुए पत्र भी लिखा। जहाँ तक बीजिंग नेतृत्त्व के साथ हमारे सीधे सम्बन्धों का प्रश्न है, 1984 के पश्चात, कई वर्ष तक कुछ भी महत्त्वपूर्ण घटित नहीं हुआ था। इतना होने पर भी हांग कांग और थाईलैंड के चियांग माई में मेरे दूत लोदीगयारी और केलसांग गयालसेन तथा चीन के अध्यक्ष जियांग जेमिन के दूत के बीच उस समय गुप्त वार्ताएँ हुई थीं। इसके साथ ही 28 सितम्बर, 1997 को जब सेनेटर डायन फेनस्टीन और उनके पति, अमरीकी व्यापारी रिचर्ड ब्लम, चीन के चेयरमैन से मिले तो उन्होंने कृपापूर्वक मेरा एक पत्र जियांग जेमिन तक पहुँचाया। यह बात राष्ट्रपति बिल क्लिंटन और जियांग के बीच बीजिंग में हुए शिखर सम्मेलन से कई महीने पहले की है।

बीजिंग में हुई प्रेस वार्ता में क्लिंटन ने यह रहस्योद्घाटन किया कि उनकी तिब्बत समस्या पर भी बात हुई और उन्होंने वार्ता को पुनः प्रारम्भ करने का अनुरोध किया है। जियांग ने टिप्पणी की:

> यदि दलाई लामा यह घोषित करें कि तिब्बत चीन का अभिन्न अंग है और साथ ही ताइवान को चीन का प्रांत स्वीकार करें तो वार्ता के दरवाज़े

खुले हैं। वास्तव में, हमने दलाई लामा से बातचीत के कई रास्ते खुले रखे हैं इसलिए मैं आशा करता हूँ कि इस दिशा में दलाई लामा सकारात्मक कदम उठाएँगे।

यह पहली बार हुआ था कि चीन के राष्ट्राध्यक्ष ने तिब्बत की समस्या पर टिप्पणी की थी और सच्चे वार्तालाप की संभावना स्वीकार की थी। जहाँ तक जियांग की पहली शर्त का प्रश्न है वह जानते थे कि पहले ही जब मैंने 1988 में स्ट्रासबर्ग में भाषण दिया था, सार्वजनिक रूप से तिब्बत की आज़ादी की माँग छोड़ने की घोषणा कर रखी है। जहाँ तक दूसरी शर्त का प्रश्न है, ताइवान का प्रश्न, तिब्बतियों और उनकी समस्या से स्पष्ट रूप से अलग है। हो सकता है जियांग ने मेरे दूत से ईमानदारी से यह बात कही हो परन्तु यह अस्पष्ट है कि चीनी पोलिटब्यूरो में इसे कितना समर्थन प्राप्त है।

जैसे ही घटनाओं से भरा 1990 का दशक समाप्त हो रहा था, एक सुखद आश्चर्य हुआ। अचानक 5 जनवरी, 2000 को, चौदह वर्षीय करमापा, जो कि काग्यू वंशावली में, तिब्बती बौद्धों के प्रमुख थे, भागकर भारत आ गए और अचानक धर्मशाला पहुँच गए। मैं उनसे पूर्ववर्ती, सोलहवें करमापा से परिचित था, जो कि उन वरिष्ठ लामाओं में से थे जो मेरे साथ 1954 में निर्वासन में आ गए थे। मैं नये करमापा ओगिएन त्रिनले दोरजे के आगमन से बहुत प्रसन्न था और मैंने उन्हें तथा उनके साथियों को हर प्रकार से सहायता का वचन दिया, जितना कि मैं कर सकता था, विशेषकर उनकी शिक्षा के विषय में।

नवम्बर 1950 में जब वे बमुश्किल सोलह वर्ष के थे, परमपूज्य दलाई लामा से तिब्बत और इसकी जनता के लौकिक नेतृत्व को संभालने का निवेदन किया गया था।

अपने परिवार के साथ चौदहवें दलाई लामा। (बाएँ से दाएँ) उनकी माता डेक्यी त्सेरिंग, बड़ी बहन त्सेरिंग डोल्मा, भाई ग्यालो थोंडुप, तकत्सेर रिनपोछे और लोबसांग सामतेन, परमपूज्य दलाई लामा, उनकी छोटी बहन जेत्सुन पेमा और सबसे छोटे भाई तेंजिन चोग्याल।

नेशनल पीपल्स कांग्रेस के उद्घाटन अवसर पर
बीजिंग में चेयरमैन माओ-त्से-तुंग के द्वारा स्वागत (सितंबर 1954)

पंचेन लामा और वाईस प्रिमियर, डेंग जियाओपिंग के साथ,
बीजिंग के रेलवे स्टेशन पर शुभेच्छुओं के बीच। (1954)

पंचेन लामा के साथ (उस समय पंचेन लामा 16 वर्ष के थे और दलाई लामा 19 वर्ष के), बीजिंग 1954

बीजिंग में तिब्बती नव वर्ष 'लोसार' पर आयोजित समारोह की मेजबानी करते हुए। बाएँ से दाएँ- झाऊ एनलाई, पंचेन लामा, माओ-त्से-तुंग, प.पू. दलाई लामा और लुई शाओकी (जो माओ के बाद चेयरमैन पद के उत्तराधिकारी बने)

भारतीय प्रधानमंत्री जवाहरलाल नेहरू और प्रीमियर झाऊ एनलाई के साथ, भारत में एक आधिकारिक समारोह के अवसर पर, 1956

फरवरी 1959 में, जब तिब्बत की राजधानी ल्हासा में तनाव बढ़ रहा था जो भाविष्य में तिब्बती जनता के 10 मार्च के ऐतिहासिक जन उभार की पृष्ठभूमि बनने वाला था, तब दलाई लामा जो एक छात्र ही थे, को अपनी कठिन 'गेशे लाराम' की अंतिम परीक्षाओं में सम्मिलित होना था।

तिब्बती सैनिकों और विद्रोही लड़ाकों की सुरक्षा में प. पू. दलाई लामा, जब मार्च 1959 में वे अपने निर्वासन के लिए निकले।

तिब्बत की राजधानी ल्हासा से बच निकलने के बाद अपने परिचारकों के साथ, मार्च 1959

अपने सबसे छोटे भाई तेंजिन चोग्याल के साथ,
आज़ादी की लम्बी यात्रा के दौरान एक दर्रे से गुज़रते हुए, मार्च 1959

ल्हासा के नज़दीक 1416 में स्थापित ड्रेपंग मठ के जो बड़े अवशेष 1993 तक बचे हुए थे,
उन्हें सांस्कृतिक क्रांति के दौरान चीन की जनमुक्ति सेना के द्वारा पूरी तरह नष्ट कर दिया गया।

10 मार्च, 1959 को ल्हासा में तिब्बती जनता का स्वस्फूर्त जन उभार ।

अद्रुक गोम्पो ताशी,
तिब्बती प्रतिरोध के नेता
जिन्होंने धर्म की रक्षा के लिए
स्वयंसेवक सेना (तेनसुंग डैंगलांग
माग्मी) बनाने की अपील की।

मार्च 1959 में दलाई लामा के निर्वासन का अनुसरण करते हुए
तिब्बती शरणार्थियों का भारत आगमन। 1959 से 1960 की शुरुआत के बीच कुल मिलाकर
लगभग 80,000 तिब्बती शरणार्थी तिब्बत से भागकर आने में सफल हुए।

उत्तर भारत में सड़क निर्माण में काम करते हुए तिब्बती शरणार्थी।
तिब्बत के चीन के हाथ चले जाने का अर्थ था कि तिब्बत से लगी 3000 किलोमीटर की सीमा पर अब भारत को सैन्य सुरक्षा की ज़रुरत थी।

अप्रैल 1959 में नेहरू, मसूरी में दलाई लामा से मिलने आये।
भारत आने के बाद जहाँ परम पूज्य को सबसे पहले रखा गया था।

दक्षिण भारत में, 1960 की शुरुआत में बन रही नई तिब्बती बस्ती का अवलोकन करते हुए।

दक्षिण भारत में एक दूसरी तिब्बती बस्ती के निर्माण का अवलोकन।
सबसे बाएँ खड़े भिक्षु, दलाई लामा के वरिष्ठ सचिव थे- तारा तेनजिन चोएन्यी

1960 की शुरुआत में, धर्मशाला में अपने पहले निवास, स्वर्ग आश्रम में कुछ तिब्बती शरणार्थी बच्चों के साथ दलाई लामा ।

उत्तर भारत के मेकशिफ्ट स्कूल में, 1960 की शुरुआत में तिब्बती विद्यार्थियों के साथ।

1960 के आरंभ में शरणार्थी बच्चों के साथ।

नेहरू की पुत्री इंदिरा गांधी के साथ जो बाद में भारत की तीसरी प्रधानमंत्री बनीं।

1970 में धर्मशाला में "कालचक्र सशक्तीकरण समारोह" का संचालन करते हुए।
यह तिब्बती बौद्धमत का शांति से जुड़ा हुआ धार्मिक समारोह है जो कई दिनों तक चलता है।

1989 में ओस्लो, नॉर्वे में नोबल शांति पुरस्कार ग्रहण करते हुए।

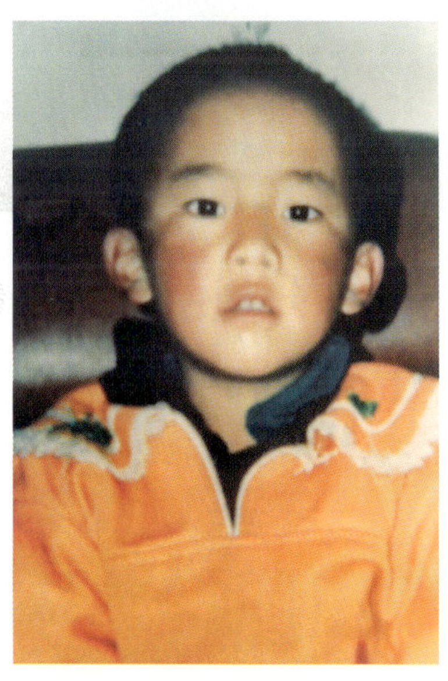

6 वर्ष की उम्र में ग्यारहवें पंचेन लामा गेंडुन चोएक्यी न्यीमा का छायाचित्र। आज तक उनके बारे में कोई विश्वसनीय जानकारी नहीं है और यह छायाचित्र तिब्बत में प्रतिबंधित है।

27 अक्टूबर, 2017 को अमेरिका की राजधानी में
राष्ट्रपति बुश के हाथों "कांग्रेसनल स्वर्ण पदक" प्राप्त करते हुए।

12

वार्ताओं की अन्तिम शृंखला

2001 में, जब मैं छियासठ वर्ष का हुआ, तब मैंने निर्वासित तिब्बती समुदाय के राजनीतिक ढाँचे में परिवर्तन का निर्णय लेते हुए अर्द्ध अवकाश लेकर, तिब्बत के राजनीतिक नेतृत्व को कार्यकारी शक्तियाँ हस्तान्तरित करने का निर्णय लिया। पहली बार तिब्बती निर्वासित प्रशासन के लिए जिम्मेदार व्यक्ति का चुनाव सीधे जनता करने वाली थी और चुना हुआ नेता स्वेच्छा से अपना मंत्रिमंडल नियुक्त करने वाला था। तिब्बतियों के प्रतिनिधियों की सभा पहले ही बन चुकी थी (चुनी हुई संसद के समकक्ष) इसलिए मुझे लगा कि अपनी प्रशासनिक व्यवस्था में पूर्ण प्रजातंत्र की दिशा में यह एक और कदम है। इन परिवर्तनों को संस्थानिक बनाने के लिए हमने निर्वासित तिब्बती चार्टर में परिवर्तन किया और 14 जून 2001 को तिब्बती प्रतिनिधि सभा ने उसे स्वीकृति दे दी। इस नयी व्यवस्था के अन्तर्गत प्रोफेसर सोमदोंग रिनपोछे प्रशासन के पहले चुने हुए नेता बने और कालोन त्रिपा ने मंत्रिमंडल के मुखिया का पद ग्रहण किया।

इसके पीछे विचार यह था कि यदि मेरे जीवन काल में तिब्बत समस्या का समाधान नहीं हुआ तो हमें आजादी के संघर्ष को संस्थाबद्ध करना होगा ताकि यह लम्बे समय तक जीवित रहे। स्पष्ट है कि जब तक मैं जीवित हूँ,

अपनी क्षमता के अनुसार हर प्रयास करता रहूँगा। परन्तु फिर भी मुझे सदा लगता रहा है कि किसी पूरे समुदाय के भाग्य के संबंध में किसी एक व्यक्ति पर आवश्यकता से अधिक आश्रित हो जाना उचित नहीं है। तिब्बत के लोग मुझ पर जरूरत से अधिक विश्वास करते हैं।

22 अक्तूबर, 2002 को, बीजिंग की पहल पर मेरे प्रतिनिधि, लोदी ग्यारी अपने समकक्ष 'युनाइटेड फ्रंट वर्क डिपार्टमेंट' (चीन की साम्यवादी पार्टी की एक संस्था, जिसे अन्य लोगों से संबंध स्थापित करने का दायित्व सौंपा गया है, जिनमें वे लोग भी शामिल हैं जिन्हें 'चीनी अल्पसंख्यक' समझा जाता है।) से कनाडा के ओटावा में मिले। इससे हमारे मध्य वार्ताओं का एक बिल्कुल नया दौर प्रारम्भ हुआ जो कि नवें दौर की वार्ता के पश्चात जनवरी 2010 में समाप्त हुआ। इस पूरी प्रक्रिया के दौरान मेरे प्रतिनिधियों ने मुझसे, कालोन त्रिपा और सोमदोंग रिनपोछे से सतत संपर्क बनाए रखा।

हम जानते थे कि शुरुआती कुछ बैठकों में मेरा प्रतिनिधि मण्डल, जिसमें चार सदस्य थे जिसका नेतृत्व लोदी ग्यारी और केलसंग गयालसेन कर रहे थे तथा चीन के यूनाइटेड फ्रंट का प्रतिनिधि मण्डल, पारस्परिक व्यक्तिगत संबंध-स्थापन और विश्वास अर्जन में बिताएँगे। चूँकि अबतक चीन को 2008 के ओलम्पिक खेल आयोजित करने का दायित्व मिल चुका था इसलिए स्वाभाविक रूप से हमारी बैठकों में चीन के प्रतिनिधियों का जोर इस बात पर रहता था कि ओलम्पिक खेलों को सफलतापूर्वक आयोजित करने को सुनिश्चित करें। हमारी चौथी वार्ता के दौरान जो कि 2005 में बर्न में, चीन के दूतावास में हुई थी मेरे प्रतिनिधियों ने गम्भीरता से प्रयास किया कि चीनी प्रतिनिधि मुझे चीन में तीर्थयात्रा की आज्ञा दिलाएँ ताकि मैं पवित्र वुताई शान पर्वत तक जा सकूँ, जहाँ जाने की मेरी की इच्छा सदा से रही है।

उन्होंने (मेरे प्रतिनिधियों) जो मुख्य कारण उन्हें बताया वह यह था कि मैं 'काग' वर्ष में (शाब्दिक रूप से, बाधाओं का वर्ष) में प्रवेश कर रहा हूँ और यह परम्परा है कि बाधाओं को दूर करने के लिए किसी महत्त्वपूर्ण पवित्र स्थान की तीर्थयात्रा की जाए।[1] उन्होंने यह प्रार्थना भी की कि निर्वासित भिक्षुकों के छोटे

1 तिब्बती परम्परा में यह धारणा है कि व्यक्ति के जन्म वर्ष के आधार पर उसके जीवन में कुछ वर्ष ऐसे आते हैं जब उसके रोग या आपदाग्रस्त होने का अधिक भय रहता है।

से साधारण दल को भी तीर्थयात्रा की अनुमति दी जाए, ताकि वे ल्हासा में जो-खांग मंदिर की मूर्तियों और विभिन्न मठों तथा पवित्र स्थल पर जाकर मेरी दीर्घ आयु के लिए प्रार्थना कर सकें। मेरे प्रतिनिधियों ने कहा कि मेरी बीजिंग यात्रा में चीन के उच्चाधिकारियों को मेरी अकांक्षाओं को जानने का अवसर भी मिल सकेगा। चीन के प्रतिनिधियों ने कहा कि यह राष्ट्रीय महत्त्व का विषय है और इस विषय में निर्णय लेने के लिए वे अधिकृत नहीं है। उन्होंने मेरे प्रतिनिधियों को बताया कि वे हमारे सुझाव बीजिंग में नेतृत्व तक पहुँचा देंगे। अफसोस है कि इन सुझावों का कोई उत्तर नहीं आया।

इन वार्ताओं से ईमानदारी से वार्तालाप के अवसर मिले, जिनमें उस दस्तावेज को प्रस्तुत करने का भी अवसर मिला, जिसमें इसकी रूपरेखा प्रस्तुत की गई थी कि हमारे लिए चीनी जनवादी गणतंत्र का अंग बनकर रहते हुए भी वास्तविक स्वायत्तता क्या है। परन्तु हम कभी भी 'यूनाइटेड फ्रंट' से ऊपर के नेतृत्व से महत्त्वपूर्ण विषयों पर चर्चा नहीं कर सके। इसका अर्थ था कि हम कभी उस व्यक्ति तक या उस संस्था तक नहीं पहुँच पाएँगे जिसे इन विषयों पर निर्णय लेने का अधिकार है। सातवीं और आठवीं वार्ता के मध्य 2008 में बीजिंग ओलम्पिक का आयोजन हुआ। ओलम्पिक से पूर्व पूरे विश्व की विशेषकर विश्व भर के मीडिया की नजरें बीजिंग पर टिकी थीं इसलिए संसार के विभिन्न भागों में रहने वाले अनेक तिब्बतियों और उनसे सहानुभूति रखने वाले लोगों ने इस अवसर का लाभ उठाया और तिब्बत के भीतर जो घटित हो रहा था और वार्ताओं में प्रगति का कोई चिह्न नहीं दिखाई दे रहा था, इसके विरुद्ध आवाज उठाई।

इसी वर्ष ल्हासा में 10 मार्च 1959 में हुई क्रांति की वर्षगाँठ पर स्वतःस्फूर्त विरोध प्रदर्शन प्रारम्भ हुए और तेज़ी से तिब्बती पठार में फैल गए। वास्तव में 10 मार्च 2008 में जब मैंने एक सन्देश के माध्यम से यह सुना कि सैकड़ों भिक्षुओं की भीड़ द्रपुंग मठ से शहर के चौक की ओर बढ़ रही है तथा धार्मिक आजादी की माँग कर रही हैं, तो मैं अत्यधिक चिन्तित हुआ और मैंने उनकी सुरक्षा के लिए प्रार्थना की। दूसरे दिन सेरा मठ से अनेक भिक्षुओं ने, पिछले दिन बन्दी बनाए गए भिक्षुओं की आज़ादी के लिए विरोध जलूस निकाला। इसके पश्चात विरोध प्रदर्शन में भाग लेने के लिए भिक्षुओं और भिक्षुणियों ने,

जिनमें गनदेन मठ भी शामिल था, ल्हास की ओर प्रस्थान किया। पुलिस ने क्रूरता का व्यवहार किया और अनेक लोगों को बन्दी बना लिया। भिक्षुओं और भिक्षुणियों पर हुए क्रूरतापूर्ण व्यवहार ने उस बारूद में चिंगारी लगा दी जो कि चीन के दमनकारी शासन ने लम्बे समय से बिछा रखा था। 14 मार्च को भिक्षु और भिक्षुणियों को मुक्त करने की माँग करते हुए, विशाल प्रदर्शन हुआ। जब उस दिन पुलिस पुनर्संयोजित हुई तो उसका साथ देने सेना पहुँच गई, जिसके पास आँसू गैस, बख्तरबंद सैनिक गाड़ियाँ और सैनिक वाहन थे। 14 मार्च से विरोध प्रदर्शन अमदो और खाम (तिब्बत के उत्तरी और पूर्वी भाग) तक फैल गए और अप्रैल के अन्त तक चलते रहे। ओलम्पिक मशाल रिले दौड़ के समय अन्तरर्राष्ट्रीय स्तर पर, अनेक देशों में, इसके विरुद्ध प्रदर्शन हुए, जिनमें तिब्बत के प्रति समर्थन व्यक्त किया गया। इन प्रदर्शनों की शुरुआत 24 मार्च, 2008 को बीजिंग आयोजन समिति के अध्यक्ष के, एथेन्स में मशाल उद्घाटन समारोह के अवसर पर दिए भाषण के समय हंगामा करने से हुई। विश्व के अनेक नेताओं ने चीन को संयम का संदेश दिया और हमारे साथ चल रही वार्ताओं के प्रति अपना समर्थन व्यक्त किया। जहाँ तक बीजिंग का प्रश्न है, चीन ने यह समझने-विचारने की अपेक्षा कि तिब्बती इस प्रकार की प्रतिक्रिया क्यों कर रहे हैं, उसके प्रचार तन्त्र ने व्यक्तिगत रूप से मुझ पर ही आरोप लगाने प्रारम्भ कर दिए। उन्होंने मुझपर आरोप लगाया कि तिब्बत में यह विरोध-प्रदर्शन मैं ही करवा रहा हूँ। 18 मार्च, 2008 में तिब्बत स्थित साम्यवादी दल के नेता ने कहा, "दलाई लामा भिक्षु के वेश में भेड़िया है, एक शैतान है जिसका चेहरा मनुष्य का है और दिल पशु का... अब हम दलाई गिरोह के विरुद्ध भयंकर आग और तलवार की लड़ाई लड़ रहे हैं, यह हमारे और शत्रु के बीच जीवन और मरण का युद्ध है।"

लाओस की राजकीय यात्रा के दौरान, चीन के प्रधानमन्त्री वेन जिआनो ने (अन्तरराष्ट्रीय मीडिया को सम्बोधित करते हुए) मुझसे अनुरोध किया कि मैं तिब्बत में शान्ति स्थापना में सहयोग करूँ। इसके उत्तर में मैंने सीधे उनके नेता हू जिनताओ से बातचीत का प्रस्ताव रखा। मुझे इसका कोई उत्तर नहीं मिला। इसी बीच साम्यवादी चीन के सरकारी टी.वी. प्रचार माध्यमों से मुख्यभूमि चीन में सर्वत्र यह प्रचारित किया गया कि तिब्बती विरोध-प्रदर्शन चीन के लोगों

पर प्रहार है, और इस प्रचार का दुःखद परिणाम मुख्य भूमि चीन में रह रहे तिब्बतियों के विरुद्ध जातीय विद्वेष के रूप में सामने आया। मैंने तिब्बतियों के विरुद्ध भेदभाव की कहानियाँ सुनीं जिनमें होटलों में किराए पर कमरा न देना, सार्वजनिक परिवहन जैसे गाड़ियों और वायुयानों में टिकट न देना और पार्कों में तिब्बतियों पर थूकना आदि शामिल था। अनजाने में चीनियों ने क्रुद्ध तिब्बतियों की एक ऐसी पीढ़ी को जन्म दिया जो अपने साथ हुए प्रत्यक्ष जातीय भेदभाव को कभी भुला न सकेगी।

जहाँ आधिकारिक रूप से चीन सरकार की प्रतिक्रिया इस स्वतः स्फूर्त विरोध के प्रति बहुत सख्त थी, प्रसन्नता की बात है कि मुख्यभूमि चीन में रहने वाले अनेक चीनियों ने, जिनमें बुद्धिजीवी और लेखक भी थे, उन्होंने अकल्पनीय समर्थन और सहानुभूति जताई। तिब्बती मुद्दे के प्रति अपना समर्थन व्यक्त करते हुए और मेरे साथ सार्थक वार्ता का अनुरोध करते हुए पीपल्स रिपब्लिक ऑफ चाइना के भीतर और बाहर, चीनी भाषा में एक हज़ार से भी अधिक लेख प्रकाशित हुए। लेख लिखने वालों में लियु शियोनो भी थे जो कि चार्टर (8 दिसंबर, 2008 में जारी मानवाधिकारी घोषणा पत्र) लिखने वालों में से एक थे, जिन्हें आगे चलकर चीन में लम्बे समय तक मानवाधिकारों के लिए अहिंसक संघर्ष करने के कारण 2010 का नोबेल शान्ति पुरस्कार भी मिला। चीनी लेखकों द्वारा लिखे गए लेखों के शीर्षकों की एक झलक- "संघवाद, तिब्बत समस्या के समाधान का एक मार्ग है", "मध्यमार्ग प्रस्ताव ही जातीय विद्वेष को समाप्त करने का रामबाण है", "दलाई लामा का मध्यमार्गी प्रस्ताव ही तिब्बत समस्या को सुलझाने का सही रास्ता है"। यह सब निश्चित रूप से तिब्बत समस्या के समाधान के लिए हमारे मार्ग का समर्थन करते हैं।

इन्हीं दिनों मैंने बहुत-सी अपीलें कीं। मैंने अनुरोध किया कि तिब्बती अहिंसा के मार्ग का अनुसरण करें, परिस्थितियाँ कितनी भी भयंकर क्यों न हों। मैंने उन्हें याद दिलाया कि मैं प्रारम्भ से ही ओलम्पिक खेलों के चीन में आयोजित किए जाने के पक्ष में रहा हूँ और इन खेलों का विश्व की सबसे बड़ी जनसंख्या वाले देश में आयोजित किया जाना गर्व का विषय है। वास्तव में जब मुझे यू. एस. की अक्टूबर 2007 में आयोजित 'कांग्रेसनल गोल्ड मेडल' सेरेमनी के अवसर पर बोलने के लिए आमन्त्रित किया गया था, मैंने बताया कि किस

प्रकार मैंने विश्व के नेताओं को चीन से सम्बन्ध स्थापन के लिए प्रोत्साहित किया और मैंने चीन में विश्व व्यापार संगठन (डब्लयू. टी. ओ.) में प्रवेश का समर्थन किया तथा बीजिंग में ग्रीष्म कालीन ओलम्पिक किए जाने का भी समर्थन किया था। मैंने इस बात पर बल दिया कि हमारा संघर्ष चीन की जनवादी गणतंत्रीय सरकार के साथ है, न कि चीन के लोगों के साथ। हम कभी भी ऐसा काम नहीं करेंगे जिससे गलतफहमी पैदा हो और उससे चीनी लोगों को कष्ट हो।

विश्व भर के अपने चीनी भाई बहनों से मैंने यह अपील की कि वे तिब्बत में हो रहे हमलों को रोकने की मेरी माँग का समर्थन करें और दोनों समुदायों के बीच की सारी गलतफहमियों को दूर करें। मैंने जोर देकर कहा कि चीनी और तिब्बती लोग, महायानी बौद्ध धर्म की साझी आध्यात्मिक विरासत से जुड़े हैं। हम करुण-बुद्ध के आराधक हैं और सभी दुःखी लोगों के प्रति करुणा का भाव रखना उच्चतम आध्यात्मिक आदर्शों में से एक मानते हैं। तिब्बती और चीनी समुदायों में बढ़ते शत्रुता के भाव से चिंतित होने के कारण मैंने विश्व भर में रहने वाले तिब्बतियों से अनुरोध किया कि 'चीनी-तिब्बती मैत्री संघ' स्थापित करें। ऐसे संघों के माध्यम से उस शहर विशेष में रहने वाले चीनी लोगों को अपने समारोहों में बुलाएँ और उनके साथ प्रीतिभोज करें।

इसी दौरान मैंने अपने प्रतिनिधियों को पुनः आदेश दिया कि वे अपने समकक्षों से संपर्क स्थापित करें और एक बैठक बुलाने का अनुरोध करें। तिब्बत के भीतर की विस्फोटक स्थिति को अविलम्ब शान्त करना और चीनी अधिकारियों से यह अनुरोध करना कि इन व्यापक प्रदर्शनों की सही जाँच कर तिब्बतियों की उचित शिकायतों को गंभीरता से लें, आवश्यक था। हमारे प्रयत्नों से मई 2008 में शेनजेन में मेरे दो प्रतिनिधियों और उनके समकक्ष लोगों में अनौपचारिक बैठक हुई। दोनों पक्षों ने तय किया कि सातवें दौर की अगली बैठक बीजिंग में 12 मई, 2008 को होगी। इसके तुरन्त पश्चात् 12 मई, 2008 को सिचुआन प्रांत में भयंकर भूचाल आया, जिसमें तिब्बत का नवा भी शामिल था। जब हमने समाचार सुना, भूचाल के शिकार हुए लोगों के लिए, प्रवासी तिब्बतियों के समुदायों द्वारा, विशाल प्रार्थना सभाओं का आयोजन किया गया। जिसमें थेकचेन शियोलिंग मंदिर, धर्मशाला की सभा भी थी। 'अन्तरराष्ट्रीय रेड क्रॉस' और 'रेड क्रेसेंट सोसायटी' के माध्यम से मैंने

व्यक्तिगत रूप से राहत कोष में सहायता राशि दान की। बाद में उसी माह लन्दन में अपनी यात्रा के दौरान, चीनी दूतावास के सौजन्य से, मेरी ओर से मेरे सचिव को शोक पुस्तिका में मेरा सन्देश लिखने की अनुमति दे दी गई। जिसमें मैंने पीड़ितों के प्रति अपनी प्रतिबद्धता जताई।

छह दौर की वार्ता के पश्चात अपनी वार्ता के विषय में मैं निराश होने लगा था। क्योंकि हम गोलाकार चक्कर लगा रहे थे और बातों के विषय में बातें कर रहे थे। एक तिब्बती कहावत है, "आपके कदम, आपकी यात्रा को आगे बढ़ाने वाले होने चाहिए।" इसलिए छठे दौर की वार्ता के पश्चात् मैंने अपने दल से कहा कि वे अभी तक हुई वार्ताओं का विश्लेषण मेरे सम्मुख प्रस्तुत करें। उस समय तक वे आशावान थे। उन्हें लगता था कि एक-दूसरे की शिकायतें और चिंताएँ जानने के कठिन कार्य के पश्चात शायद ऐसी स्थिति बन गई है कि असली मुद्दों पर चर्चा की जाए।

इस प्रकार सातवें दौर की वार्ता बीजिंग में जुलाई 2008 में हुई। प्रारम्भ में ही मेरे प्रतिनिधियों ने अपने समकक्षों को बता दिया कि अब चर्चा महत्त्वपूर्ण विषयों पर होनी चाहिए। उन्होंने मेरी और तिब्बती समुदाय की बढ़ती निराशा और अधीरता से भी अवगत करवाया। हमसे कहा गया कि हम किस तरह की और किस मात्रा में स्वायत्तता चाहते हैं, इसकी औपचारिक जानकारी अगली बैठक के लिए हम उन्हें दें।

यद्यपि इस विषय में हमारी स्थिति वर्षों से स्पष्ट थी फिर भी हमने एक औपचारिक दस्तावेज- 'तिब्बती लोगों के लिए वास्तविक स्वायत्तता का ज्ञापन' शीर्षक से तैयार किया और 31 अक्तूबर 2008 को, आठवीं बैठक में प्रस्तुत कर दिया। हमने दुहराया कि हम तिब्बत की आजादी की माँग न करने को प्रतिबद्ध हैं। बल्कि उसके स्थान पर इस समस्या का समाधान, वास्तविक स्वायत्तता, जो कि जनतांत्रिक चीनी गणतंत्र के संविधान के अनुरूप है, उसके अनुसार चाहते हैं। यह स्पष्ट है कि हमारा आधारभूत लक्ष्य था (और है) कि हम तिब्बतियों की विशिष्ट संस्कृति, भाषा और धर्म की रक्षा कर सकें तथा हमारे प्रस्ताव का मुख्य बिन्दु यह था कि तिब्बत के सभी भागों को सुरक्षा और प्रशासन का एक जैसा ढाँचा प्राप्त हो। हमने इस बात पर भी जोर दिया कि यदि

स्वायत्तता को वास्तविक बनाना है तो हमें जनवादी चीनी गणतंत्र के भीतर, स्थानीय स्तर पर स्वशासन का अधिकार मिलना चाहिए।

यह दस्तावेज ऐसे स्वरूप और भाषा में पूरी सावधानी से तैयार किया गया था जिससे जनवादी गणतंत्रीय चीन के संविधान का सम्मान होता था और यह प्रादेशिक राष्ट्रीय स्वायत्तता के कानून के भी अनुरूप था। इस दस्तावेज से हम बीजिंग को यह विश्वास दिलाना चाहते थे कि हमारे लक्ष्यों की पूर्ति सचमुच जनवादी गणतांत्रिक चीन के ढाँचे में रहकर भी हो सकती है और हमारे विचार से यह दस्तावेज संविधान के पूरी तरह अनुरूप था।

यद्यपि चीनी जानते थे कि तिब्बतियों के लिए वास्तविक स्वायत्तता का ज्ञापन औपचारिक वार्ता के लिए हमारे ईमानदार प्रयासों का सूचक था। इस बैठक के पन्द्रह दिन बीतने से भी पहले चीन ने इस पर नकारात्मक प्रतिक्रिया देने का मार्ग चुना और 10 नवम्बर को एक सार्वजनिक वक्तव्य जारी किया। उन्होंने हम पर आरोप लगाया कि हम 'जातीय अलगाव' करने और तथाकथित तिब्बती आजादी के लिए अथवा अर्द्ध-आजादी या फिर प्रच्छन्न आजादी के लिए वैधानिक आधार तैयार करना चाहते हैं। उन्होंने जोर देकर कहा, कि "तिब्बत की आजादी, अर्द्ध आजादी अथवा प्रच्छन्न आजादी के लिए रास्ते कभी नहीं खोले जाएँगे।" (आलोचना की यही विधि 2009 में जारी श्वेत-पत्र में भी अपनाई गई, जिसे 1959 की पचासवीं वर्षगांठ पर जारी किया गया था जिसका शीर्षक था 'तिब्बत में प्रजातांत्रिक सुधारों के पचास वर्ष', जिसमें यह घोषणा की गई, "दलाई गिरोह के लिए 'तिब्बत की आजादी' बनाए रखने का कोई रास्ता नहीं दिया जाएगा और न ही वह अपनी अर्द्ध-आजादी पाने की माँग में सफल होगा अथवा 'उच्च स्तरीय स्वायत्तता' के रूप में प्रच्छन्न आजादी पा सकेगा।") जिस तरह की उच्च स्वायत्तता की माँग हम कर रहे थे, वह चीनियों द्वारा प्रचारित स्वायत्तता से अलग नहीं थी और न ही यह 'उच्च स्वायत्तता' किसी भी प्रकार से जनवादी गणतांत्रिक चीन की क्षेत्रीय स्वायत्तता के कानून के बाहर थी।

बीजिंग को प्रारम्भिक नकारात्मक प्रतिक्रिया के पश्चात् निर्वासित-तिब्बती चार्टर के अनुसार 17 से 22 नवम्बर, 2008 तक, पाँच दिवसीय सम्मेलन बुलाया गया, जिसमें तिब्बती चीन से हो रही वार्ताओं पर विचार-विमर्श कर

सकें। विश्व के विभिन्न भागों से और विभिन्न वर्गो का प्रतिनिधित्व करते हुए लगभग 600 प्रतिनिधि एकत्र हुए और विचार विमर्श किया तथा एक बार फिर से उन्होंने मध्यमार्ग का अत्यधिक सशक्त ढंग से समर्थन किया।

4 दिसम्बर, 2008 को, एक महीने के बाद ब्रुसेल्स में यूरोपीय संसद के समक्ष बोलते हुए मैंने चीनी आलोचना का उत्तर देते हुए कहा और रेखांकित किया कि हम तिब्बतियों का यह लक्ष्य नहीं रहा कि हम गैर-तिब्बतियों को तिब्बती पठार से बाहर निकाल दें, बल्कि हम इस बात पर चिन्ता जताते रहे हैं कि मुख्य रूप से हान तथा अन्य राष्ट्रीयताओं के लोगों को प्रलोभन देकर बड़े पैमाने पर तिब्बत में लाया जा रहा है, जिसके परिणाम स्वरूप स्थानीय तिब्बती हाशिये पर धकेले जा रहे हैं और तिब्बत के नाज़ुक पर्यावरण के समक्ष चुनौती खड़ी हो रही है। ऐसे कुतर्कपूर्ण और अत्यधिक नकारात्मक प्रतिक्रिया के समक्ष मैं अपनी निराशा को प्रकट किए बिना न रह सका और मैंने कहा कि जहाँ एक ओर चीन के लोगों में मेरा विश्वास अखण्ड रूप से बना हुआ है वहीं चीन की सरकार में मेरा विश्वास दिन प्रतिदिन छीजता जा रहा है।

बीजिंग का हमारे ज्ञापन के प्रति आधिकारिक वक्तव्य बहुत निराशाजनक था। वार्ताओं के विभिन्न दौरों में, जो कि 2002 से प्रारम्भ हुए, चीनियों ने कभी भी महत्त्वपूर्ण प्रस्ताव नहीं रखे। हमारे प्रस्तावों पर तुरन्त और जानबूझकर किए गए हमलों के होते हुए भी हमने फिर से अपने ज्ञापन पर एक विस्तृत टिप्पणी तैयार की, जिसमें उनकी प्रतिक्रिया और दोनों का निराकरण यह सोचकर किया गया था कि हो सकता है कि उन्हें हमारी बात समझ न आई हो। इस स्पष्टीकरण में हमने उन तीन निष्ठाओं की ओर भी संकेत किया था, जिन्हें चीनियों ने बातचीत का दायरा कहा गया था, जिसे तोड़ा नहीं जा सकता था। वे हैं (1) साम्यवादी दल देश का नेतृत्व करता है, उसके प्रति निष्ठा। (2) समाजवाद में चीनी विशिष्टताओं के साथ निष्ठा। (3) क्षेत्रीय राष्ट्रीय स्वायत्तता कानून में निष्ठा। जनवरी 2010 में नौवें दौर की वार्ता में हमारा स्पष्टीकरण वाला दस्तावेज प्रस्तुत किया गया। यह वार्ताओं का अंत सिद्ध हुआ। तब से औपचारिक वार्ताएँ नहीं हुई हैं।

19 मार्च, 2011 को, जब मैं 75 वर्ष का हुआ, मैंने राजनीति से पूरी तरह अवकाश लेने की घोषणा की और इस प्रकार राजनीतिक सत्ता के हस्तांतरण

की उस प्रक्रिया को पूरा किया जो 2001 में प्रारम्भ हुई थी और जिसके अधीन, निर्वासित तिब्बतियों ने पहली बार सीधे मतदान से अपना नेता चुना था। मैंने कहा कि राजाओं और धार्मिक नेताओं द्वारा शासन का युग बीत चुका है और हमें स्वतंत्र दुनिया के साथ चलना चाहिए और यह गति प्रजातंत्र की ओर है। इससे भी बढ़कर, चौदहवें दलाई लामा के रूप में मेरे लिए सर्वाधिक उचित यही था कि मैं स्वेच्छा से, प्रसन्नता से और गर्व के साथ दलाई लामा की लौकिक सत्ता को प्रजातांत्रिक ढंग से चुने नेताओं को सौंप दूँ और वे यह भूमिका निभाएँ। इस मूलभूत परिवर्तन को सांस्थानिक बनाने के लिए, 'निर्वासित तिब्बतियों के चार्टर' में संशोधन सहित अन्य सभी तैयारियाँ हम उसी वर्ष 29 मई तक कर पाए। चार्टर में संशोधन के पश्चात तिब्बतियों की विधान सभा का विशेष सत्र बुलाया गया और मेरा अन्तिम कार्यकारी आदेश औपचारिक रूप से इस संशोधित चार्टर पर हस्ताक्षर करने का था और इसके साथ ही मैंने संपूर्ण लौकिक सत्ता, चुने हुए प्रतिनिधियों को सौंप दी। अगस्त 2011 में चुनाव जीतने के उपरान्त लोबसँग सेनगे ने कालोन त्रिपा (मंत्रिमंडल के प्रमुख) का पदभार ग्रहण किया और बाद में उन्हें सिक्योग की उपाधि (केन्द्रीय तिब्बती प्रशासन का अध्यक्ष) दी गई तथा उसने पाँच-पाँच वर्ष के दो कार्यकाल पूरे किए। 2021 में पेंवा शेरिंग इस पद पर चुने गए, जो आज भी हैं।

मई 2011 में, पूर्ण अवकाश प्राप्ति के समय मैंने तिब्बत में रहने वाले और निर्वासित तिब्बतियों को यह विश्वास दिलाया कि मेरा राजनीतिक सत्ता त्यागने का यह अर्थ कदापि नहीं है कि तिब्बत के सत्य और स्वतंत्रता के लिए चल रहे संघर्ष में मेरी अब रुचि नहीं रही, संकल्प कम हुआ है या मैं इसमें भाग लेना छोड़ रहा हूँ। एक तिब्बती होने के नाते और अभिन्न रूप से लामाओं की वंशावली से जुड़े होने के कारण यह संभव ही नहीं है कि मैं तिब्बतियों और तिब्बत के लक्ष्य को भुला दूँ। इसके लिए मेरी अभिप्रेरणा केवल तिब्बतियों का सर्वाधिक भला करने की थी। विशेष रूप से यह सुनिश्चित करना था कि हमारी आजादी की लड़ाई चिरस्थायी हो सके। यदि तिब्बत समस्या का समाधान, कुछ और दशकों तक नहीं हो पाया तब हम सब जानते है कि मैं इस आन्दोलन का नेतृत्व करने के लिए जीवित नहीं रहूँगा। परन्तु यदि इसकी जगह, मेरे जीवित रहते केन्द्रीय तिब्बती प्रशासन, राजनीतिक नेतृत्व की पूरी जिम्मेदारी ले लेता

है, तो हमारे प्रशासन के पास मेरे नेतृत्व के न रहते हुए भी इतना समय होगा कि वह इस कार्य के लिए वांछित कौशल और अनुभव प्राप्त कर सके। यदि इस संक्रमण काल में कोई समस्या आती है तो मैं यथासंभव उसमें सहायता का प्रयास करूँगा। इसके साथ ही इस हस्तांतरण से विश्व को, और खास तौर से बीजिंग को, संदेश जाएगा कि हमारा संघर्ष समस्त तिब्बत वासियों की भलाई के लिए है न कि दलाई लामा अथवा उसकी संस्था के लिए। मैं, दलाई लामा के राजनैतिक नेतृत्व को स्वेच्छा से तथा प्रसन्नता और गर्व से त्याग रहा था। राजसत्ता का यह पूर्ण हस्तांतरण व्यक्तिगत रूप से केवल मुझ तक सीमित नहीं था बल्कि मुझसे पूर्व सत्रहवीं शताब्दी से चली आ रही, मेरे पूर्ववर्ती पाँचवें दलाई लामा द्वारा चलाई गई परम्परा का सदा के लिए अंत था।

जैसे-जैसे यह स्पष्ट होता जा रहा था कि चीन के साथ हमारे वार्तालाप निष्फल हो रहे हैं, तिब्बती लोग निराश होने लगे। इस निराशा की दुःखद अभिव्यक्ति, तिब्बत के भीतर आत्मदाह की आँधी के रूप में दिखाई पड़ी। इसकी शुरुआत 27 फरवरी, 2009 को नग्वा प्रदेश (उत्तरपूर्वी तिब्बत)में, तपे नामक भिक्षु के द्वारा, जो कि किसी मठ से जुड़ा था, के आत्मदाह से हुई। तब से लगभग 160 भिक्षु, भिक्षुणियों तथा सामान्य लोगों ने, जिनमें से अधिकांश युवा थे, आत्मदाह के माध्यम से विरोध प्रदर्शन का मार्ग चुना। इनमें से अधिकांश तिब्बत के भीतर थे, कुछ भारत और नेपाल से भी थे। निकट अतीत में 24 फरवरी, 2022 में भी कुछ स्थानों पर ऐसी घटनाएँ घटीं। त्सेवांग नोरबू, जिनके तिब्बत और मुख्य भूमि में बहुत से प्रशंसक थे, ने पोटला महल के आगे आत्मदाह किया। वह पच्चीस वर्ष के थे। मुझे बताया गया कि उनके गीतों को चीन में सारे प्लेटफ़ॉर्म से हटा दिया गया और उनकी मृत्यु संबन्धी सारी खबरों को दबा दिया गया। वास्तव में उनकी सम्पूर्ण डिजिटल उपस्थिति, जिसमें उनके जीवन संबंधी सूचनाएँ थीं, पूरी तरह मिटा दी गईं ताकि उनके अस्तित्व का कोई चिह्न तिब्बत और चीन के लोगों को डिजिटल माध्यमों पर न मिल सके। मुझे बताया गया कि पुलिस द्वारा बारबार परेशान करने के कारण नोरबू के पिता ने भी मई में आत्महत्या कर ली। इस अंतिम उदाहरण से स्पष्ट है कि तिब्बत के लोगों का कष्ट सामाजिक आर्थिक स्तर से कहीं गहरा है और यह उनके मानस में छुपा है। आत्मदाह की इन घटनाओं से पता चलता है कि

तिब्बत के लोगों में कितनी निराशा, असहायता और दुःख का भाव समाया है, जो कि मूल रूप से साम्यवादी चीन के, उनकी मातृभूमि पर शासन से उपजा है।

आत्मदाह की पहली ज्ञात घटना 1998 में, दिल्ली में घटित हुई थी। मैं व्यक्तिगत रूप से थुपटेन नोदुप से राजधानी दिल्ली के एक अस्पताल के बर्न यूनिट में मिलने गया था, जहाँ वह जल जाने के कारण अन्तिम साँसें ले रहे थे। इन बहुत ही दुःखदायी घटनाओं पर पहली बार, सार्वजनिक रूप ले मैंने टोक्यों में 2010 में हुई प्रेस वार्ता में बोला था। यह कीर्ति मठ के युवा भिक्षु द्वारा उत्तरपूर्वी तिब्बत में आत्मदाह करने के एक वर्ष पश्चात की बात है। एक पत्रकार के प्रश्न के उत्तर में मैंने तीन बातें कही थीं। पहली, जब कभी मैं किसी ऐसी घटना के विषय में सुनता हूँ तो मैं गहरा दुःख और पीड़ा अनुभव करता हूँ, दूसरी, मैं ऐसे कार्यों का समर्थन नहीं करता क्योंकि मैं मानता हूँ कि इनसे चीनी अधिकारियों पर कोई प्रभाव नहीं पड़ेगा, तीसरी, मुझे आशा है कि ये घटनाएँ चीनी अधिकारियों को यह जानने के लिए विवश करेंगी कि इन घटनाओं की प्रेरणा युवकों को कहाँ से मिल रही है। आज तक इस आत्मदाह की समस्या से मैं संशय ग्रस्त हूँ। एक ओर तिब्बतियों के साथ उनके घर में जो हो रहा है, उसके कारण उपजी उनकी गहन असहायता के साथ मेरी पूरी संवेदना है। दूसरी ओर एक भी व्यक्ति का जीवन नष्ट होना मेरे लिए बहुत कुछ खोना है। निश्चय ही यह कृत्य अतिवादी है परन्तु सच्चाई यह भी है कि जिन्होंने यह कार्य किया, उन्होंने अपने ही जीवन का बलिदान किया, किसी अन्य व्यक्ति की हत्या नहीं की।

13

लेखा जोखा

जैसा कि मैंने बताया है कि 1959 में निर्वासन में आने के पश्चात बीजिंग के साथ हमारी वार्ताओं के दो बड़े दौर चले। इनमें से कोई भी उस स्तर तक नहीं पहुँचा जहाँ उच्चतम स्तर तक पहुँचकर महत्त्वपूर्ण समझौता-वार्ता हो पाती। स्वाभाविक रूप से मैंने अपने आप से यह प्रश्न किया कि तिब्बत समस्या पर यह समझौता वार्ताएँ पारस्परिक सहमति से किसी निष्कर्ष तक क्यों नहीं पहुँच सकीं?

पीछे मुडकर देखता हूँ तो पाता हूँ कि मार्च 1979 में पहले दौर की बातचीत, डेंग के प्रस्ताव से, जो उन्होंने मेरे भाई को भेजा, जिसके परिणाम स्वरूप वो हू याओबांग से मिले, हमें लगा कि सचमुच कोई संभावित रास्ता खुला है। जहाँ तक हमारा प्रश्न है, हमने इससे बड़ी आशाएँ लगा लीं और उन संभावित बातों पर विचार करने लगे, जिन्हें अपनाकर हम डेंग जियाओपिंग की घोषणा- “पूर्ण आजादी के सिवा, हर विषय पर चर्चा संभव है”- के अन्तर्गत, परस्पर स्वीकार्य स्थायी समझौते पर पहुँच सकते हैं। लक्ष्य यह था कि इन वार्ताओं के परिणामस्वरूप जो समझौता होगा उसपर चीनी नेतृत्व और मैं हस्ताक्षर करूँगा। कम से कम हम जानते थे कि चीन का उच्चतम नेतृत्व हमसे बातचीत के पक्ष में है। इससे भी बढ़कर हमें यह स्पष्ट था कि चीन का नेतृत्व

उन सब अनसुलझे अन्तरर्राष्ट्रीय विषयों पर गंभीर चर्चा के लिए तैयार था, जो चीनी जनवादी गणतंत्र को एक आधुनिक देश बनाने में बाधक थे। क्योंकि उन्हीं दिनों डेंग ने, मार्च 1979 में हांग कांग के राज्यपाल को हांग कांग के भविष्य पर चर्चा के लिए बुलाया, जो उस समय तक ब्रिटेन का उपनिवेश था। इसके पश्चात अनेक अन्तरराष्ट्रीय वार्ताएँ हुईं और जो 1984 में एक समझौते के साथ समाप्त हुईं, जिसके पश्चात 1997 में यह द्वीप, चीन को सौपा गया।

इससे पूर्व हुई वार्ता के एक दौर में 1982 में, उन्होंने हमारे प्रतिनिधि मण्डल को 'विशेष प्रशासनिक क्षेत्र' (एसएआर) की एक प्रति हमें सौंपी थी, जिसे कि हांग कांग की विशेष स्थिति पर लागू करने का विचार था, जिसे बाद में जनवादी गणतांत्रिक चीन के संविधान में धारा 31 के रूप में मान्यता दी गई। हमें भी सुझाव दिया गया कि हम इसका अध्ययन करें क्योंकि 'विशेष प्रशासनिक क्षेत्र' की स्थिति तिब्बत के सन्दर्भ में भी प्रासंगिक हो सकती है। मेरे प्रतिनिधि मण्डल ने यह अर्थ लगाया कि धारा 31 के अनुरूप यदि किसी समाधान को तैयार किया जाए तो वह डेंग द्वारा घोषित मूलभूत सिद्धांत के अनुरूप होगा। यद्यपि, जैसा कि हमने अन्ततः देखा कि चीनी पक्ष ने इसमें कभी गम्भीर रुचि नहीं ली।

जहाँ तक वार्ताओं के दूसरे दौर, 2002-2010 का प्रश्न है, घटनाक्रम के पुनरावलोकन का लाभ उठाते हुए मैं कह सकता हूँ कि मुझे नहीं लगता कि चीनी नेतृत्व की वास्तविक समझौता-वार्ता करने की कोई इच्छा भी थी। हमारी 'यूनाइटेड फ्रंट', जो कि साम्यवादी दल की एक शाखा थी, जिसे राष्ट्रीय अल्पसंख्यकों से निपटने का दायित्व दिया गया था, उसके नेतृत्व से ऊपर के किसी चीनी नेता से सारगर्भित वार्ता न हो सकी। कोई पूछ सकता है कि फिर भी हम इन वार्ताओं में क्यों लगे रहे। इसका उत्तर स्पष्ट है। अंततः तिब्बत समस्या का समाधान चीन और तिब्बत के लोग समझौते की मेज पर बातचीत से ही निकाल सकते हैं। अन्य कोई भी सक्षम उपाय नहीं है। क्योंकि दलाई लामा होने के कारण मेरा यह दायित्व था और मेरी यह भूमिका थी कि मैं बात करूँ और तिब्बती लोगों की ओर से निरन्तर करता रहूँ।

'तिब्बती लोगों के लिए वास्तविक स्वायत्तता ज्ञापन' की स्पष्ट प्रतिक्रिया 2013 में चीन द्वारा प्रकाशित श्वेत-पत्र में आयी, जिसका शीर्षक 'तिब्बत

का विकास और प्रगति' था। उन्होंने हम पर आरोप लगाया कि हमने इसमें "वृहत्तर-तिब्बत की परिकल्पना दी है और उच्चतर स्वायत्तता का विचार रखा है, जो कि चीन की वास्तविक परिस्थितियों के विपरीत है तथा इसके संविधान और संबद्ध कानून का उल्लंघन है।" संभवतः "वृहत्तर तिब्बत" बनाने का आरोप हमारे उस सुझाव के कारण लगाया गया, जिसमें हमने पूरे तिब्बती पठार में समान नीतियाँ लागू करने की बात की थी, जो कि तीनों भागों- उ-त्संग, खाम और अमदो- में लागू होनी थी। वास्तव में यह कोई नया विचार नहीं है। 1989 में अपनी मृत्यु से पूर्व पंचेन लामा ने, जनवादी गणतांत्रिक चीन के भीतर, नेशनल पीपल्स कांग्रेस के उपाध्यक्ष होने के नाते कहा था कि तिब्बती राष्ट्रीयता के लिए एकीकृत स्वायत्त क्षेत्र का गठन करना उचित और कानूनी रूप से वैध है। "कानूनी रूप से वैध" कहने से पंचेन लामा का अभिप्राय, साम्यवादी दल की राष्ट्रीयताओं विषयक अपनी नीति से था। इस नीति के अनुसार, स्वायत्त प्रादेशिक इकाईयाँ वहाँ गठित हों, जहाँ किसी राष्ट्रीयता विशेष के लोग इकट्ठे अथवा निकटवर्ती क्षेत्रों में रहते हैं। इस नीति के अनुसार पूरा तिब्बती पठार जिसमें उ-त्संग, खाम और अमदो एक ही क्षेत्र में होने चाहिए। इससे पूर्व भी 1956 मैंने जनवादी गणतंत्रीय चीन सरकार के आदेश पर एक विशेष समिति का गठन किया गया था, जिसके अध्यक्ष साम्यवादी दल के एक वरिष्ठ नेता सांग्ये येशे थे (तियेन बाओ के नाम से प्रसिद्ध) जो कि उन विरले साम्यवादी नेताओं में थे, जिन्हें माओ का विश्वास प्राप्त था। उन्होंने तिब्बत के विभिन्न क्षेत्रों को एकीकृत कर एक स्वशासी क्षेत्र में गठित करने की व्यापक योजना बनाई थी। उनके इस प्रयास को साम्यवादी दल में मौजूद अतिवादी वामपंथियों ने निष्फल कर दिया। जनवादी गणतंत्रीय चीन में ऐसा उदाहरण भी मिलता है जब कि जिलों में विभाजित राष्ट्रीयताओं को पुनः एकीकृत प्रशासन के अधीन लाया गया। उदाहरण के लिए 1979 में आन्तरिक मंगोलिया के जो क्षेत्र अलग हो गए थे, इन्हें पुनः स्वशासित आन्तरिक मंगोलिया में शामिल किया गया। मुद्दे की बात केवल यह थी कि तिब्बतियों की विशिष्ट भाषा, संस्कृति और आध्यात्मिक विरासत की सुरक्षा का श्रेष्ठतम उपाय क्या हो सकता था।

बीजिंग के साथ बातचीत में हमारी ओर से उद्देश्य स्पष्ट और वार्ताकारों का पदानुक्रम एकदम सीधा था। मेरे राजदूत सीधे मेरे प्रति उत्तरदायी थे और मैं

तिब्बत के बाहर और भीतर रह रहे तिब्बतियों की ओर से बोल रहा था। विशेष रूप से जब दूसरे दौर की वार्ता प्रारम्भ हुई तो मेरे दल के लोगों को स्पष्ट रूप से मेरा दूत नामित किया गया था। इसका अर्थ था कि चीनियों को यह सदा से स्मरण था कि वे किससे वार्ता कर रहे हैं। परन्तु हम बाहरी लोगों के लिए यह समझना कठिन था कि चीन की ओर से हम किससे वार्ता कर रहे हैं। सबसे पहली बात तो यह कि जब चीन के साम्यवादी दल में नेतृत्व परिवर्तन होता है तो उसका अर्थ क्या लगाएँ, यह अस्पष्ट रहता है। माओ और डेंग के कार्यकालों में अभूतपूर्व अंतर था, परन्तु डेंग और जियांग जेमिन के, जियांग और हू जिन ताओ तथा हू और शी जिनपिंग के कार्यकालों के बीच अंतर की बारीकियों को समझ पाना और समय पर उनमें से रास्ता निकाल पाना अत्यधिक कठिन था। इसके साथ ही चीनी नेताओं से बात करते समय यह स्पष्ट नहीं रहता कि क्या आप अधिकृत व्यक्ति से वार्ता कर रहे हैं अथवा किसी ऐसे व्यक्ति से, जो पोलित ब्यूरो के अन्य सदस्यों के साथ शक्ति संबंधों के जटिल मकड़जाल में उलझा हुआ है। उदाहरण के लिए 1998 में हो सकता है कि जियांग जेमिन के प्रस्ताव ठीक नीयत से किए गए हों परन्तु पार्टी के भीतर के नेतृत्व ने उनको रोक दिया। इन सबको ध्यान में रखने हुए मैंने आशा की थी कि अब शी जिनपिंग, डेंग के बाद चीन के सर्वोच्च शक्तिशाली नेता के रूप में स्थापित हो चुके हैं और वे इस अवसर पर दूरदर्शिता दिखाते हुए तिब्बत समस्या का समाधान खोजेंगे। मुझे इस बात की भी जानकारी थी कि राष्ट्रपति शी ने चीन के नैतिक ह्रास के विरुद्ध संघर्ष में, जिसके कारण बड़े पैमाने पर भ्रष्टाचार व्याप्त था, उसे रोकने के लिए बौद्ध धर्म की प्रशंसा की थी। मेरा यह दृष्टिकोण उस समय पुष्ट हुआ जब वे पेरिस में यूनेस्को के मुख्यालय में दौरे पर आए और टिप्पणी करते हुए उन्होंने बताया कि कैसे बौद्ध मत ने चीन के लोगों की धार्मिक आस्थाओं, दर्शन, साहित्य और रीति रिवाजों को प्रभावित किया है। कुछ लोगों ने मुझे यह भी बताया कि शी की माँ बौद्ध धर्म की अनुयायी हैं। यह भी तथ्य है, जैसा कि मैं पहले कह चुका हूँ, सन् 1954-55 की बीजिंग यात्रा में मेरी शी के पिता से मुलाकात हुई थी। शी के पिता ने सांस्कृतिक क्रांति में कष्ट सहे, यद्यपि वह डेंग जियाओपिंग के साथी थे फिर भी उन्होंने तियानानमेन चौक पर विद्रोही छात्रों पर सैनिक कार्यवाही का विरोध किया था। इसलिए मुझे लगता था कि उनके मन में तिब्बतियों के प्रति अधिक संवेदना होगी। वास्तव में जब मुझे पता चला

की 2014 में शी जिनपिंग दिल्ली आने वाले हैं तो मैंने व्यक्तिगत रूप से उनसे मिलने की इच्छा प्रकट की थी। दुर्भाग्य से मेरी इस चेष्टा का कोई परिणाम नहीं निकला।

मेरे मस्तिष्क में दो महत्त्वपूर्ण प्रश्न पैदा होते हैं। क्या चीनी कभी भी तिब्बत पर सार्थक समझौता वार्ता के लिए गम्भीर थे? जनवादी गणतांत्रिक चीन के साथ वार्ताओं के इतिहास से हम भविष्य में तिब्बत की आजादी के लिए क्या सीख सकते हैं?

हमारे कुछ अन्तरराष्ट्रीय समर्थकों ने यह बात कही है कि चीनी इस समस्या के समाधान के प्रति कभी भी ईमानदार नहीं थे।

उनका कहना है कि चीन के लिए यह महत्त्वपूर्ण था कि वे वार्ता करते हुए दिखें न कि वास्तव में वार्ता करें। 1980 में उसकी अभिप्रेरणा हांग कांग और मकाओ द्वीप के लिए चल रही समझौता वार्ताओं को सुगम बनाना रही होगी, (जो कि निश्चय ही डेंग जियाओपिंग की बड़ी अन्तरराष्ट्रीय उपलब्धि थी), बाद में चीन की अर्थव्यवस्था को अन्तरराष्ट्रीय स्तर पर खोलना और तत्पश्चात विश्व मंच पर अपनी उपस्थिति को स्वीकृति दिलाने के लिए ग्रीष्म ओलम्पिक 2008 का आयोजन आदि करना उसकी अभिप्रेरण रही होगी।

मैं डेंग जियाओपिंग को 1950 से व्यक्तिगत रूप से जानता था। और जब उनकी ओर से प्रस्ताव आया तो मुझे विश्वास था कि वो इस विषय में गम्भीर हैं। यह विश्वास उस समय और भी पुष्ट हो गया जब हू याओबांग तिब्बत यात्रा पर गये और उन्होंने सार्वजनिक रूप से कुछ ऐसी गलतियों को स्वीकार किया जो साम्यवादी दल ने तिब्बतियों के प्रति की थी और तदोपरान्त हू याओबांग मेरे भाई ग्यालो थोंडुप से मिले थे। इतना होने पर भी जो चर्चाएँ हुईं उनमें दिए चीनी सुझाव मेरी व्यक्तिगत स्थिति और तिब्बत वापसी से आगे नहीं बढ़ पाए।

आइए अब दूसरे प्रश्न पर विचार करें। इन वार्ताओं से प्राप्त अपने अनुभवों से हमने क्या सीखा? सबसे पहले जब दो पक्ष समझौता वार्ता का मार्ग चुनते हैं तो उनमें पारस्परिक विश्वास और एक दूसरे के प्रति सद्भाव होना चाहिए। संसार में घटनाएँ घटती रहती हैं- वार्ताओं के लम्बे अन्तराल में अनेक घटनाएँ घटित होंगी, इसलिए उस समय चल रही वार्ताएँ पटरी पर बनाए रखना

परमावश्यक है। दूसरे, पारस्परिक विश्वास बनाए रखने के लिए आवश्यक है कि दोनों पक्षों के बीच संवाद स्थापना के मार्ग खुले रहें। ताकि किसी प्रकार के संभावित संदेह या संशय की स्थिति में ऐसी प्रविधि हो कि तुरंत जिस किसी भी कारण से ऐसा हुआ हो, उसका निवारण हो सके, इसमें किसी भी पक्ष द्वारा दिए गए सार्वजनिक वक्तव्य भी शामिल हैं। तीसरे, किसी भी समझौता वार्ता में, जहाँ दोनों पक्षों की शक्ति में अत्यधिक असमानता हो, जैसा कि हमारी चीन वार्ताओं में था, अधिक शक्तिशाली पक्ष को कमजोर पक्ष के प्रति अधिक उदारता और सम्मान का व्यवहार करना चाहिए।

मुझे बताया गया है कि हर वार्ता में कुछ न कुछ लेन-देन होता है, मेरा दृष्टिकोण सदा यही रहा है कि मैं ईमानदारी से यह प्रस्तुत करूँ कि मेरे विचार से समाधान का स्वरूप क्या होना चाहिए, जिसे मैं पाने का प्रयास कर रहा हूँ। जैसा कि मेरे दोनों दूत और उनके साथी जो वार्ताओं के विभिन्न दौरों में उनके साथ रहे, वे मेरा दृष्टिकोण जानते थे कि वह सरल और ईमानदारी का है। एक भिक्षु के रूप में मेरे लिए ईमानदारी सर्वाधिक महत्त्वपूर्ण है। इसलिए मैंने अपने दूतों को स्पष्ट कह दिया था कि मैं स्पष्ट और पारदर्शी ढंग से अपने लक्ष्यों को प्रस्तुत करना चाहता हूँ न कि शुरुआती समझौते के लिए कुछ कहूँ और बाद में उसे काट-छाँटकर अपने वास्तविक लक्ष्य तक ले आऊँ। यही कारण है कि जो प्रस्ताव मैंने रखे, जैसाकि मैं पहले ही बता चुका हूँ, वे तिब्बत की आजादी की माँग से उल्लेखनीय रूप से भिन्न थे। हमने अपनी ओर से बहुत बड़ा समायोजन किया था। एक ऐसे देश के वासी होने के कारण जिस पर बलात अधिकार किया गया है, हम तिब्बतियों को अपनी आजादी को वापिस पाने का अधिकार है। परन्तु जो कारण मैं पहले बता चुका हूँ, मैं मानता हूँ कि हम जनवादी गणतंत्रीय चीन के परिवार में भी जीवन-यापन का मार्ग खोज सकते हैं, मगर शर्त यह है कि हमारे अधिकारों, गौरव और विशिष्ट भाषा, संस्कृति, धर्म तथा ऐतिहासिक विरासतों का सच्चा आदर हो।

अभी तक, मुझे नहीं लगता कि बीजिंग ऐसे बहुराष्ट्रीयता वाले राज्य का निर्माण कर पाया है, जिसमें तिब्बत के लोग यह महसूस कर सकें कि सचमुच उन्हें एक घर मिल गया है। दूसरे शब्दों में, चीन के नाम के महत्त्वपूर्ण हिस्से का जो अर्थ है, उसे प्राप्त करने में चीन असमर्थ रहा है। क्योंकि 'पीपल्स रिपब्लिक

ऑफ चाइना' का चीनी भाषा में समतुल्य शब्द है 'गुंघे' (तिब्बती में विथुन) जिसका अर्थ है 'समरस संगम'। मैं प्रायः सोवियत यूनियन का उदाहरण देता हूँ (पूर्व में जिसे यूनियन ऑफ सोवियत सोशलिस्ट रिपब्लिक कहा जाता था) उसके टूटने से पहले वहाँ कम से कम आधुनिक बहु-राष्ट्रीयताओं का राज्य स्थापित करने का गम्भीर प्रयास तो हुआ था। चीन के नाम की तरह जो 'पीपल्स रिपब्लिक ऑफ चाइना' है, सोवियत यूनियन में रूस शब्द आधुनिक संयुक्त राज्य में नहीं था। इस सामान्य से तथ्य ने गैर-रुसी लोगों के लिए इस नये राज्य को अपनाने में सहायता की, और गैर-रूसी स्टालिन और ब्रेझनेव के लिए रूस के नेता बनने का मार्ग भी प्रशस्त किया। इसके विपरीत साम्यवादी चीन ऐसे आधुनिक, बहुराष्ट्रीयता वाले समावेशी राज्य का निर्माण नहीं कर पाया है, जिसमें तिब्बती सुख से रह सकें। वास्तविक सच्चाई तो यह है कि कोई तिब्बती यह कभी नहीं कहेगा कि "मैं चीनी हूँ।"

जब से तिब्बत समस्या के समाधान हेतु 1979 से बीजिंग से सीधी वार्ताएँ प्रारम्भ हुई हैं, इस समस्या को सुलझाने के प्रति मेरा रुख सदा एक-सा रहा है। मैंने इसे 'मध्यमार्गी' दृष्टिकोण का नाम दिया है। इस दृष्टिकोण के केन्द्र में एक ऐसे ढाँचे की खोज रही है, जिससे तिब्बत के लोगों को अपना अस्तित्व बनाए रखते हुए एक विशिष्ट समाज के रूप में सम्मान, अद्वितीय भाषा, संस्कृति और पारिस्थितिकी तथा बौद्ध मत में विश्वास के साथ जीने की क्षमता प्राप्त हो सके। इससे भी बढ़कर मैंने सदा इस सिद्धांत के पालन का प्रयास किया है कि दोनों पक्षों के दृष्टिकोण और हितों को भी गम्भीरता से ध्यान में रखा जाए। चीन के लिए सबसे महत्त्वपूर्ण बात प्रादेशिक अखण्डता और स्थिरता है तथा तिब्बतियों के लिए सर्वाधिक महत्त्वपूर्ण है वास्तविक स्वायत्तता, जो कि भाषा, संस्कृति, पारिस्थितिकी और धर्म के विषय में स्वशासन की गारंटी हो। और जब कभी भी पारस्परिक सहमती से समझौता हो जाए तो उसे क्रियान्वित करने के लिए मजबूत व्यवस्था करनी आवश्यक होगी जो यह देखे कि दोनों पक्ष उन शर्तों का पालन कर रहे हैं, जिनपर आपसी सहमती हुई है। यह मैं अपने अनुभव से और गत दशक में हांग कांग मैं जो हुआ है, उसे देखकर कह रहा हूँ।

यद्यपि चीन के साथ हमारी औपचारिक वार्ता 2010 में समाप्त हो गई थी फिर भी मैंने इस समय कुछ चीनी नागरिकों के माध्यम से अनौपचारिक

और गोपनीय संबंध बनाए रखे हैं। उनमें वे लोग भी थे जो मुझसे मिलने और बातचीत करने आए, जिनका बीजिंग के सत्ताधीशों से सम्पर्क था और उनमें से कुछ का एकमात्र लक्ष्य मेरी तिब्बत "घर" वापसी था। इन मुलाकातों में मैंने यह स्पष्ट किया कि अभी इस बात का समय नहीं आया है। मैंने उनसे कहा कि इसके स्थान पर वे विशेषतः चीन और तिब्बत में मेरी तीर्थयात्रा के लिए मार्ग प्रशस्त करें। संभवतः बीजिंग को लगा कि मैं अपनी उम्र को देखते हुए अब घर वापिसी के लिए अधिक आसानी से तैयार हो जाऊँगा। इस अनौपचारिक निमन्त्रण के पीछे यही विश्वास रहा होगा कि, एक बार दलाई लामा "लौट आएँ" तो तिब्बत समस्या समाप्त हो जाएगी, इस प्रश्न का उत्तर दलाई लामा के स्थाई रूप में लौट आने से मिल जाएगा। यदि सचमुच यही है तो यह बात सिद्ध करती है कि बीजिंग अपने यहाँ चार दशकों में हुए अनेक नेतृत्व परिवर्तनों, दो वार्ता सीरीज़ (1979-1989 और 2002-2010) के बाद आज भी हू याओबांग के इन्ही पाँच बिन्दुओं पर खड़ा है, जो कि सब के सब मेरी स्थिति से सम्बद्ध थे, जिनमें तिब्बतियों के कल्याण के मुद्दों को सुलझाने का रत्ती भर प्रयास नहीं किया गया था।

यह दुर्भाग्यपूर्ण है कि बीजिंग ने तिब्बत समस्या के मेरे द्वारा सुझाए, दोनों पक्षों के लिए हितकर, समाधान का अवसर गँवा दिया। मुझे नहीं लगता कि बीजिंग को समझ में आया था कि मैं उन्हें क्या प्रस्तुत कर रहा हूँ। एकमात्र तर्कसंगत निष्कर्ष जिस पर मैं पहुँचा हूँ, वह यही है कि यद्यपि *किसी समय पर हो सकता है कि तिब्बत समस्या को सुलझाने की ईमानदार व वास्तविक इच्छा रही होगी, परन्तु ऐसा करने की वहाँ के नेतृत्व में न तो इच्छाशक्ति थी और न ही साहस था।* इससे पूर्व कि बहुत देर हो जाए, मैं आशा करता हूँ कि बीजिंग तिब्बत समस्या का शांतिपूर्ण समाधान खोजने का साहस पा जाएगा।

14

मुझे क्या आशान्वित करता है

यद्यपि बीजिंग सरकार से वार्ताओं से कोई रास्ता आज तक नहीं निकला है। परन्तु जो बात मुझे अब भी आशावान बनाती है, वह यह है कि तिब्बत और चीन के लोगों के पारस्परिक संबन्धों को अपूरणीय क्षति नहीं हुई है। जैसे-जैसे और अधिक साधारण चीनी लोग तिब्बत के न्यायपूर्ण संघर्ष को समझने लगे हैं, उन्हें इससे सहानुभूति होने लगी है। जहाँ तक मेरा प्रश्न है, मैंने भी विशेषतः मुख्य भूमि चीन से आए लोगों से चर्चा का सदा आनन्द लिया है। उदाहरण के लिए ब्रूकिंग्स संस्थान के सौजन्य से प्रमुख चीनी विद्वानों के साथ मेरी अनेक वार्ताओं का आयोजन करवाया गया, जो गहराई से चीन के भविष्य की चिंता करते हैं। ये वार्तालाप स्पष्ट और खुले मन से हुए। एक अस्पेन संस्थान, वाशिंगटन डी. सी. में हुआ, दूसरा अविस्मरणीय, भारत के लद्दाख में हुआ। वाशिंगटन डी. सी. में हुई चर्चा में, बातचीत का मुख्य बिन्दु यह मुद्दा बना कि अक्रामक रूप से धनवान बनने की संस्कृति के फलस्वरूप चीन में नैतिकता का संकट खड़ा हो गया है। व्यक्तिगत रूप से मुझे इन चर्चाओं से वर्तमान चीन और उसके सामने उपस्थित अवसरों व चुनौतियों को समझने में बहुत सहायता मिली है। मैंने चीनी विद्वानों के साथ ऐसे ही चर्चाएँ, बर्लिन, जेनेवा और हैम्बर्ग में भी की हैं।

मैं सुप्रसिद्ध बुद्धिजीवी वांग लिशियोग और उनकी अद्भुत बहादुर पत्नी और तिब्बती कवयित्री त्सेरिंग वूज़र का बहुत अभारी हूँ, जिन्होंने मुझे 2010 में मुख्य भूमि चीन में रहने वाले चीनी नागरिकों से प्रश्नोत्तर का दुर्लभ अवसर प्रदान किया। इस लाइव वेब संवाद की कुछ दिन पहले घोषणा करते हुए उन्होंने ग्राहकों से कहा कि वे अपने प्रश्न वेब पर डालें। फिर प्रश्न पूछने वालों से कहा गया कि प्राप्त प्रश्नों को अपनी पसन्द के अनुसार वरीयता क्रम में रखें। इस प्रजातांत्रिक प्रक्रिया से आठ प्रश्नों का चुनाव किया गया। यह प्रश्न उन प्रश्नों के प्रतिनिधि माने गए जो मुख्य भूमि चीन के रहने वाले मेरे बारे में और मुझसे पूछना चाह रहे थे। अब मैं संक्षेप में इस प्रश्नोत्तरी को आपके सम्मुख प्रस्तुत करूँगा।

एक प्रश्न, तिब्बत में धार्मिक नेताओं, विशेष रूप से दलाई लामा और पंचेन लामा के पद के भविष्य में रहने वाली भूमिका को लेकर था। मैंने उत्तर दिया था कि बहुत पहले 1969 में ही मैंने घोषणा कर दी थी कि दलाई लामा की संस्था रहे अथवा न रहे, इसका निर्णय तिब्बत की जनता करेगी। मैंने उन्हें यह भी बताया कि जैसे ही तिब्बत को वास्तविक स्वायत्तता प्राप्त हो जाएगी, मैं भविष्य की किसी भी तिब्बती सरकार में कोई पद ग्रहण नहीं करूँगा।

एक अन्य प्रश्न था कि तिब्बती और चीनी किस तरह से परस्पर अच्छे संबंध विकसित कर सकते हैं और बनाए रख सकते हैं। मैंने यह जोर देकर कहा कि यदि चीनी और तिब्बती एक दूसरे से समानता का व्यवहार करते हैं और एक दूसरे में व्याप्त मानवता को स्वीकार करते हैं, तो सम्प्रेषण में कोई बाधा नहीं आएगी। इस आधार पर अनेक समस्याओं का समाधान आसानी से किया जा सकता है। मैंने कहा कि मैं जहाँ कहीं भी, जिस भी देश में जाता हूँ, सदा साझी मानवता पर जोर देता हूँ। मैंने कहा कि जब भी हम किसी कठिन समस्या पर विचार के लिए एकत्र हों तो सबसे पहले मानवीय स्तर पर एक दूसरे से जुड़ना चाहिए। यही वह जमीन है, जहाँ हम सब एक समान हैं। इस तथ्य को पहचान लेने के पश्चात ही और पारस्परिक स्वीकृति से ही हम उन प्रश्नों का समाधान खोज सकते हैं, जिन्हें नस्ल, धर्म, संस्कृति, भाषा और राजनीति के भेदभाव ने पैदा किया है।

इसके पश्चात मुझसे पूछा गया कि तिब्बत और चीन के बीच हुई सभी वार्ताएँ असफल क्यों हुईं। ऐसे प्रश्न वास्तव में कौन से थे जिनका इतने दशकों से समाधान नहीं निकल पाया। मैंने बताया कि मूल समस्या तो यही थी कि चीनी सदा इसी बात पर जोर देते रहे कि तिब्बत समस्या जैसी कोई समस्या ही नहीं है, उनके अनुसार समस्या केवल दलाई लामा था। परन्तु सीधी सच्चाई यही है कि मेरी कोई व्यक्तिगत माँग नहीं है। समस्या तिब्बत वासियों की संस्कृति, धर्म और नाज़ुक पारिस्थितिकी की है। मैंने कहा कि यदि कभी, किसी समय, चीनी नेतृत्व तिब्बत समस्या को सुलझाने के लिए तैयार होगा तो मैं इसमें अपनी ओर से पूरा सहयोग दूँगा क्योंकि हमारा लक्ष्य जनवादी गणतंत्रीय चीन के अन्तर्गत अपना सार्थक स्थान प्राप्त करने का है। मैंने कहा कि बीजिंग सरकार तिब्बत में स्थिरता पर जोर देती है परन्तु स्थिरता केवल विश्वास से आ सकती है न कि बल प्रयोग और दमन से।

व्यक्तिगत रूप से मेरे लिए लाइव वेब संवाद वास्तव में अविस्मरणीय रहा। यह तथ्य कि मैं मुख्यभूमि चीन के भाइयों और बहनों से लाइव-संवाद कर सका, यह अविश्वसनीय था। इस संवाद से मेरी समझ में यह बात आई कि अनेक विचारशील चीनी, जो अपने देश के भविष्य की चिन्ता करते हैं, वे समझते हैं कि तिब्बती लोगों के अस्तित्व के लिए इस समस्या का समाधान खोजना आवश्यक है। इस लाइव संवाद ने, जो चीनी बहनों और भाईयों के साथ हुआ, मुझे आशा बँधाई और मेरे इस विश्वास को और भी दृढ़ किया कि, सरकारी और अधिकारियों के स्तर पर हमारे पारस्परिक संबंध कैसे भी क्यों न रहे हों, जब तक तिब्बती और चीनी लोग घृणा का मार्ग नहीं चुनते, तब तक इन दोनों समुदायों में वास्तविक समझौते की संभावना अवश्य बनी रहेगी।

2013 में मेरी न्यूयार्क यात्रा के दौरान मुझे चीनी कलाकार और सक्रिय कार्यकर्ता ऐ वेईवेई से वार्तालाप का आनन्ददायी अवसर मिला। उनके द्वारा पूछे गए प्रश्नों में से एक था कि क्या मैं आशा करता हूँ कि किसी दिन तिब्बत वापिस लौट सकूँगा। मैंने कहा था, "हाँ, मैं आशावान हूँ।" मैंने कहा कि यह सहज मानवीय स्वभाव है कि वह अपनी मातृभूमि को याद करता है यद्यपि हम तिब्बती प्रायः कहते हैं, "जहाँ भी आप प्रसन्न हैं, वहीं आपका घर है।" मैं

आशा करता हूँ कि मृत्यु से पहले, कम-से-कम एक बार मैं वहाँ जा सकूँ। अब, जबकि मेरी आयु नब्बे के निकट है, यह निरन्तर असंभव प्रतीत होने लगा है।

उत्तरी अमेरिका, यूरोप, जापान और ऑस्ट्रेलिया की मेरी यात्राओं के दौरान, विभिन्न पृष्ठभूमियों के लोग मुझसे मिलने आते रहे, जिनमें सामान्य-चीनी, बुद्धिजीवी, लेखक, कलाकार, व्यापारी, नेतागण, ऐसे नेता जिनकी पहुँच उच्च पदासीन चीनी अधिकारियों तक थी तथा जिनमें पूर्व सैन्य अधिकारी भी होते थे। मैं चीनी शासन प्रणाली में रहने वाले कुछ उच्च पदीय अधिकारियों और लामाओं से भी मिला, जो वहाँ से निकलकर मुझसे मिलने आ सके। इस लिए मुझे पर्याप्त अवसर मिले कि मैं उन्हें समझा पाया कि तिब्बत समस्या का समाधान पूरी तरह से आहिंसक उपायों से और दोनों पक्षों के हितों का विचार करते हुए किया जाना संभव है। एक चीनी के साथ मेरी सर्वाधिक मार्मिक और भावपूर्ण मुलाकात नोबेल पुरस्कार विजेता लियू जियाओबो की पत्नी से रही। मैं लियु शिया से स्वीडन यात्रा के दौरान 2018 में मिला। जिस क्षण लियु शिया की पत्नी ने मुझे देखा, वह फूट-फूटकर रोने लगी। मैंने उसे दिलासा दी और उसके पति लियू जियाओबो द्वारा तिब्बत में रहकर मानवाधिकारों के लिए किए उनके कार्यों की प्रशंसा की और अपने पति के कार्यों में साहसपूर्ण ढंग से सहयोग देने के लिए उनकी भी प्रशंसा की। उन्होंने कहा कि वह मुझे यह बताना चाहती हैं कि उसके पति मेरा कितना अधिक सम्मान करते हैं और सचमुच यह विश्वास करते हैं कि मेरे द्वारा सुझाए गए मध्यमार्ग की विधि से ही तिब्बत की लम्बे समय से अटकी समस्या का समाधान संभव है। उन्होंने मुझे अपने पति द्वारा रचित एक काव्य-संग्रह दिया और मैंने अपनी ओर से उन्हें चीनी भाषा में अनूदित अपनी दो पुस्तकें भेंट कीं।

कुछ भी हो, इस प्रकार के व्यक्तिगत संबंध चीनियों और तिब्बतियों में विकसित और पोषित किए जाने चाहिए। तिब्बतियों को भी यह समझना चाहिए कि चीन की कम्युनिस्ट पार्टी के हाथों उनका भी दमन हुआ है, उन्होंने भी कष्ट सहे हैं। हमें यह भी कभी नहीं भूलना चाहिए कि देश सरकारों के नहीं होते, लोगों के होते हैं। कोई भी सरकार कितनी भी मजबूत और शक्तिशाली क्यों न प्रतीत हो, सरकारें आती जाती रही हैं परन्तु लोग सदा रहेंगे। यही वास्तविक सच्चाई है।

क्योंकि चीन में बड़ी संख्या में बौद्ध मतावलम्बी रहते हैं, इसलिए इससे संबद्ध संस्थाओं की प्रार्थना पर मैं भारत में उनके लिए भी विशेष शिक्षा-सत्र चलाता रहा हूँ, खासतौर से 2009 के पश्चात तो यह अनिवार्य वार्षिक परम्परा बन गयी है। इनमें उपस्थित रहने वालों में अनेक मठवासी भिक्षु रहे, जिनमें कुछ 'माउंट वुताई शान' के मठों के भिक्षु भी थे। कुछ अवसरों पर व्यक्तिगत रूप से जब कुछ चीनी मिले तो वे मेरे सम्मुख रोए और उन्होंने चीन के साम्यवादी दल द्वारा हम पर किए गए अत्याचारों के लिए मुझसे क्षमा माँगी। उन्होंने यह भी बताया कि वे आभारी हैं कि चीन की सरकार द्वारा जो कुछ भी किया गया उसके बावजूद तिब्बतियों के दिलों में चीनियों के लिए घृणा का बीज नहीं पनपा। उन्होंने बताया कि धर्मशाल में (जहाँ मैं रहता हूँ) और बोध गया में, जहाँ हजारों बौद्ध तिब्बती तीर्थ यात्रा और शिक्षा ग्रहण के लिए एकत्र होते हैं, वहाँ घूमते समय उन्हें कभी डर नहीं लगा।

पेरिस में मेरी यात्रा के दौरान मेरी भेंट एक चीनी दल से हुई थी जिसे मैं कभी भूल नहीं सकता। एक युवक खड़ा हुआ जो कि आन्तरिक मंगोलिया का एक छात्र था, उसने कहा कि वह मेरे लिए अपने दादा का एक सन्देश लाया है। उसने बताया कि उसके दादा जनमुक्ति सेना में एक घुड़सवार थे, जिन्होंने 1950 में तिब्बत पर आक्रमण किया था। इतने वर्षों के पश्चात उन्होंने अपने पोते से कहा था कि उनकी ओर से वह मुझसे क्षमा माँगे। जिस हार्दिक गहराई से उस सिपाही के पौत्र ने क्षमा प्रार्थना मेरे सम्मुख प्रस्तुत की, मैं उससे द्रवित हो गया।

15

वर्तमान स्थिति और भविष्य का मार्ग

दुःख की बात है कि आज तिब्बत के भीतर की स्थित बहुत गम्भीर प्रतीत होती है। (पिछले तीस वर्षों में तिब्बत जाने वाले पहले चीनी नेता) शी जिनपिंग ने 2021 में तिब्बत की यात्रा की, उनकी नीतियाँ तिब्बत पर और अधिक शिकंजा कसने और तिब्बत के चीन में एकीकरण पर बल देने की रही हैं। उदाहरण के लिए चीनी भाषा को शिक्षा के मुख्य माध्यम के रूप में थोपा जा रहा है, जिससे तिब्बतियों की ऐसी पीढ़ी तैयार हो रही है जिसकी प्रथम भाषा चीनी होगी न कि तिब्बती भाषा। चिंताजनक समाचार कुछ स्रोतों से यह भी आ रहे हैं कि लगभग 10 लाख बच्चों को उनके परिवारों से अलग करके उन आवासीय विद्यालयों में रखा जा रहा है, जहाँ उन्हें मेंडरिन में ही पढ़ाया जाता है। इस प्रकार चीन की सरकार बदनाम औपनिवेशिक नीति अपना रही है। इस गतिविधि से चिंतित होकर यूरोपीय संसद ने, 2023 में तिब्बती बच्चों का राज्य द्वारा संचालित आवासीय विद्यालयों में बलपूर्वक एकीकरण करने के लिए निंदा प्रस्ताव पारित किया और इसे तुरन्त समाप्त करने की माँग की। इसी प्रकार की चिन्ता संयुक्त राष्ट्र संघ की मानवाधिकार समिति ने तथा संयुक्त राज्य कांग्रेस ने भी प्रकट की थी। यह कृत्य वास्तव में चीन के संविधान का भी उल्लंघन है, जो यह वादा करता है कि, "सभी राष्ट्रीयताओं को अपनी भाषा विकसित करने का अधिकार होगा।" यह क्षेत्रीय राष्ट्रीय स्वायत्तता कानून का भी स्पष्ट

उल्लंघन है, जो निर्धारित करता है कि "जिन विद्यालयों में जातीय अल्पसंख्य विद्यार्थी होंगे वहाँ वे शिक्षण के लिए अपनी भाषा का प्रयोग कर सकते हैं।" मैं इस स्थिति से बहुत अधिक चिंतित हूँ।

धार्मिक क्षेत्र में, मठों और भिक्षुणियों के मठों पर दल के सीधे नियन्त्रण की नयी नीति लागू की गई है, जिसके माध्यम से मठों में रहने वालों पर नजर और नियंत्रण रखा जा सके। मुझे बताया गया है कि कई मठों के परिसर में पुलिस चौकियाँ बनाई गई हैं। तिब्बती मठों को अपनी प्रबन्धन समितियों में साम्यवादी अधिकारियों को सदस्य बनाने के लिए विवश किया जा रहा है। तिब्बत के लोगों के धार्मिक जीवन को, जिसमें मठों पर नियंत्रण भी है, 2017 में चीन की राज्य समिति के धार्मिक मामलों के नियमन प्रावधानों के अन्तर्गत विशेष रूप से तैयार नीति के अधीन किया जा रहा है। संक्षेप में, विभिन्न नये कानून बनाए जा रहे हैं, जिनका लक्ष्य, चीनी अधिकारियों के अनुसार ऐसे तिब्बती बौद्धधर्म को बढ़ावा देना है जिसमें चीनी विशिष्टताएँ हों। ऐसे ही एक प्रावधान में कहा गया है कि मठों के पाठ्यक्रम में राजनीति, कानून, नियमों, नीतियों, चीनी भाषा तथा तिब्बत और 'मुख्य भूमि चीन' के संबंधों का इतिहास विषय रखे जाएँ।

जहाँ तक आम तिब्बतियों के जीवन का प्रश्न है, मुझे बताया गया है कि ल्हासा तथा अन्य सभी स्थानों पर, आम आदमी की दैनिक गतिविधियों पर और इंटरनेट के प्रयोग पर विशेष नजर रखी जा रही है। समुदाय के नेताओं, पर्यावरण आन्दोलनकारियों और सामाजिक कार्यकर्ताओं को विशेष रूप से निशाना बनाया जाता है। पंचेन लामा का क्या हुआ, इस विषय में आज भी कोई जानकारी नहीं है, तिब्बत के राष्ट्रीय झण्डे या मेरे चित्र को प्रदर्शित करने पर प्रतिबन्ध लगा हुआ है। वास्तविकता यह है कि डरा धमका कर और बलपूर्वक समावेशीकरण का एक सामाजिक प्रयोग किया जा रहा है जिसे नयी तकनीकों और डिजिटल माध्यमों से विस्तार दिया जा रहा है। तिब्बत में रहने वाले तिब्बतियों को निरन्तर यह महसूस कराया जाता है कि चीनी अधिकारियों की नजर में उनका तिब्बती होना ही सबसे बड़ा दोष है। यदि बीजिंग अपने पुराने इतिहास पर नजर डाले तो उसे स्पष्ट होगा कि दमन और बलपूर्वक किया गया समावेशन, काम नहीं आता है। वास्तव में इसका प्रतिकूल प्रभाव होता है।

क्योंकि इसके परिणाम स्वरूप तिब्बती पठार पर एक ऐसी पीढ़ी तैयार हो रही है जो तिब्बत में साम्यवादी चीनियों की उपस्थिति से बहुत क्रोधित है। यदि चीनी-नेतृत्व एक स्थिर और समरस तिब्बत के लिए चिंता करता हैं तो ऐसे तिब्बत का निर्माण करना पड़ेगा जहाँ तिब्बती आराम से रह सकें और चीनी नीतियों का आधार तिब्बतियों के सम्मान तथा उनकी मूलभूत आकांक्षाओं पर ध्यान देना हो- जैसे कि एक विशिष्ट भाषा, संस्कृति और धर्म से जुड़े समुदाय के रूप में फलने फूलने की अकांक्षा का सम्मान।

यदि बीजिंग को प्रतीत होता है कि हमारा आधारभूत लक्ष्य ही जनवादी गणतंत्रीय चीन के ढाँचे से मेल नहीं खाता तो तिब्बत का प्रश्न आने वाली कई पीढ़ियों तक अनुत्तरित ही रहेगा। मैंने सदा कहा है कि अन्ततः तिब्बती अपने भाग्य का निर्णय करेंगे। इसका निर्णय न दलाई लामा करेंगे और न ही बीजिंग का नेतृत्व। सामान्य सच्चाई तो यही है कि कोई भी नहीं चाहता कि कोई बंदूक लेकर आए और आपके घर पर कब्जा कर ले। यह तो सहज मानव स्वभाव है।

मुझे तो ऐसा नहीं लगता कि चीन की सरकार के लिए, यह कोई कठिन कार्य है कि वह चीनी जनवादी गणराज्य के परिवार में अन्य लोगों की तरह ही तिब्बतियों का स्वागत कर उन्हें प्रसन्न न कर सके। अन्य सभी लोगों की तरह, तिब्बती भी चाहते हैं कि उनका सम्मान हो, अपने घर में उनका अधिकार हो तथा वे जो हैं वही बने रहने का अधिकार हो। तिब्बतियों की अकांक्षाओं और आवश्यकताओं की पूर्ति केवल आर्थिक विकास से संभव नहीं है। अपने मूल रूप में यह केवल रोजी-रोटी का प्रश्न नहीं है। यह तो तिब्बतियों के अस्तित्व का प्रश्न है। तिब्बत समस्या का समाधान चीन जनवादी गणतंत्र के लोगों के लिए भी निश्चय ही बहुत लाभदायक है। सबसे महत्त्वपूर्ण तो यह है कि इससे तिब्बत में चीन की उपस्थिति को वैधता मिल जाएगी, जो कि जनवादी गणतंत्रीय चीन की विविध राष्ट्रीयताओं वाले स्वैच्छिक परिवार से निर्मित आधुनिक बहुराष्ट्रीयताओं वाले देश की स्थिरता और स्थिति के लिए आवश्यक है।

जहाँ तक तिब्बत का प्रश्न है, सत्तर वर्ष से भी अधिक समय बीत चुका है, जब 1950 में चीन ने इस पर आक्रमण किया था। क्रूर ताकत और आर्थिक प्रलोभनों के बल पर भौतिक रूप से तो चीन ने तिब्बत पर नियन्त्रण कर लिया है परन्तु तिब्बत के लोगों का क्रोध, विभिन्न रूपों में निरन्तर प्रतिरोध तथा

स्वतःस्फूर्त विद्रोहों के क्षण भी निरन्तर बने रहे हैं। यद्यपि कई पीढ़ियाँ और आर्थिक अवस्थाएँ बदल चुकी हैं परन्तु दृष्टिकोण में कोई अन्तर नहीं आया है। चीन को वे आज भी तिब्बत पर जबर्दस्ती अधिकार जमाने वाला ही मानते हैं। सीधी सच्चाई तो यही है कि तिब्बत के निवासी आज भी साम्यवादी चीनी शासन को, अवांछित और दमनकारी आक्रान्ता शक्ति ही मानते हैं।

तिब्बत के लोगों ने बहुत कुछ खोया है। उनकी जन्मभूमि पर बलपूर्वक अधिकार किया गया है और वह अब भी दमघोंटू सत्ता के अधीन हैं। उनकी भाषा, संस्कृति और धर्म पर बलपूर्व लागू की जा रही समावेशीकरण की नीतियों द्वारा व्यवस्थित ढंग से आक्रमण किए जा रहे हैं। यहाँ तक कि मात्र 'तिब्बती' कहना भी 'चीनी मातृभूमि की एकता' के लिए खतरा माना जाने लगा है। तिब्बतियों के पास जो एकमात्र क्षमता शेष है, वह है अपने लक्ष्य का नैतिक औचित्य और सत्य की ताकत। यह एक मान्य सत्य है कि तिब्बत आज एक आक्रान्त देश है और तिब्बती लोग ही तिब्बती पठार में चीन की उपस्थिति को वैधता प्रदान कर सकते हैं।

मैंने पूरा जीवन अहिंसा की वकालत की है। मैंने तिब्बत के भीतर और बाहर बसे हताश तिब्बतियों की सहज हताशा पर अंकुश लगाने का काम किया है। अपने निर्वासन के पश्चात विशेष रूप से जब से बीजिंग के साथ हमारी सीधी वार्ताएँ प्रारम्भ हुई हैं, मैंने अपनी सम्पूर्ण नैतिक सत्ता और प्रभाव का प्रयोग तिब्बतियों को यह समझाने के लिए किया कि वे एक व्यावहारिक समाधान, जो कि जनवादी गणतांत्रिक चीन के ढांचे के अन्तर्गत वास्तविक स्वायत्तता है, को स्वीकार कर लें। कहना पड़ रहा है कि तिब्बतियों द्वारा समावेशन के पक्ष में दी गई इस बड़ी छूट को चीन ने स्वीकृति न देकर, मुझे बहुत निराश किया है, और वे इस प्रस्ताव द्वारा तिब्बत समस्या के स्थायी समाधान के लिए प्रदत्त अवसर का लाभ उठाने से चूक गए। इस पुस्तक के प्रकाशन के समय तक मैं नब्बे वर्ष का हो रहा होऊँगा। यदि मेरे जीवित रहते इस समस्या का कोई समाधान नहीं निकल पाया तो तिब्बती, विशेष रूप से तिब्बत के भीतर रहने वाले लोग इसके लिए चीनी नेतृत्व और कम्युनिस्ट पार्टी को दोषी ठहराएँगे। कुछ चीनी लोग भी, विशेष रूप से बौद्ध धर्म को मानने वाले- बताते हैं कि मुख्यभूमि चीन में 20 करोड़ के लगभग लोग हैं, जो खुद को बौद्ध मानते हैं, अपनी सरकार

को तिब्बत समस्या का समाधान न खोजने के लिए दोषी मानेंगे, विशेषकर तब जबकि समाधान लम्बे समय से उपस्थित है।

मेरी उम्र के चलते, स्वाभाविक है कि बहुत से तिब्बती इस बात को लेकर चिंतित हैं कि मेरे बाद क्या होगा। राजनीतिक मोर्चे पर स्वतंत्र दुनिया में अब तिब्बतियों की पर्याप्त जनसंख्या है, इसलिए हमारा राजनीतिक संघर्ष हर हाल में चलता रहेगा। इस से भी बढ़कर, जहाँ तक हमारे आन्दोलन के दिन-प्रतिदिन के नेतृत्व का प्रश्न है अब हमारे द्वारा चुना हुआ कार्याध्यक्ष सिकयोंग के रूप में विद्यमान है (केन्द्रीय तिब्बती प्रशासन का अध्यक्ष) और साथ ही पूरी तरह स्थापित निर्वासित तिब्बती संसद है।

लोगों ने मुझसे प्रायः पूछा है कि क्या आगे भी कोई दलाई लामा बनेगा। मैंने बहुत पहले 1960 में ही यह घोषणा कर दी थी कि यह तिब्बती लोगों की इच्छा पर है कि वे आगे दलाई लामा चाहते हैं या नहीं। यदि तिब्बती यह मानते हैं कि दलाई लामा की संस्था अपना लक्ष्य पूरा कर चुकी है और अब आगे इसकी आवश्यकता नहीं है तो दलाई लामा एक संस्था के रूप में नहीं रहेंगे। मैंने कहा है कि उस स्थिति में मैं अंतिम दलाई लामा माना जाऊँगा। मैंने यह भी कहा है कि यदि अनुभव किया गया कि इसकी आवश्यकता बनी हुई है तो पन्द्रहवाँ दलाई लामा भी होगा। 2011 में विशेष रूप से, तिब्बत की सभी धार्मिक परम्पराओं के नेताओं की एक बैठक बुलाई गई थी और उसके समापन पर मैंने एक औपचारिक वक्तव्य जारी करते हुए कहा था कि जब मैं नब्बे वर्ष का हो जाऊँगा तब मैं तिब्बत के उच्च पदस्थ लामाओं और तिब्बत की जनता से परामर्श करूँगा। तब यदि इस बात पर सहमति बनती है कि दलाई लामा की संस्था को आगे भी जारी रहना चाहिए तब 15वें दलाई लामा की पहचान करने की जिम्मेवारी नियमानुसार 'गादेन फोडरंग ट्रस्ट'(दलाई लामा का कार्यालय) के पास रहेगी। 'गादेन फोडरंग ट्रस्ट' नये दलाई लामा की खोज और पहचान, बौद्धमत की पुरानी परम्पराओं के अनुसार करेगी, जिसमें विशेष रूप से 'प्रतिज्ञाबद्ध धर्मरक्षकों'[1] जो कि परम्परा से ऐतिहासिक रूप से जुड़े हैं, से परामर्श वैसे ही होगा जैसा मेरे चुनाव में हुआ था। जहाँ तक मेरा प्रश्न है मैंने कहा कि मैं भी इस विषय में स्पष्ट लिखित निर्देश छोड़ूँगा। एक दशक से

1 शपथ बद्ध धर्मरक्षक, तिब्बती में दमदेन छोस स्कयोंग, विशेष रूप से पालदेन लामो और दोरजे द्राकदेन (जिसे वाछुग के रूप में भी जाना जाता है) दलाई लामा के साथ संबद्ध हैं।

भी अधिक समय से मुझे तिब्बती समुदाय के विभिन्न वर्गों से याचिकाएँ और पत्र प्राप्त होते रहे हैं, जिनमें विभिन्न तिब्बती परम्पराओं के वरिष्ठ लामा, मठों के मुख्य पुजारी, विश्वभर में रह रहे प्रवासी तिब्बती, तथा तिब्बत के भीतर रहने वाले अनेक गण-मान्य और सामान्य तिब्बती तथा हिमालयी क्षेत्र और मंगोलिया में बसे बौद्धों द्वारा एक स्वर में यह माँग की जाती रही है कि यह सुनिश्चित किया जाए कि दलाई लामा की कुल परम्परा बनी रहे।

2011 में जारी अपने वक्तव्य में मैंने कहा था कि जो चीनी साम्यवादी स्पष्ट रूप से धर्म का निषेध करते हैं, अतीत और भविष्य के जीवन में विश्वास नहीं रखते, उन्हें दलाई लामा के अवतरण की प्रक्रिया में हस्तक्षेप नहीं करना चाहिए। इस प्रकार का हस्तक्षेप न केवल उनकी विचारधारा के विरुद्ध है बल्कि उनके दो-मुँहेपन को भी बताता है। एक अन्य स्थान पर मैंने कुछ मजाक में कहा था कि इससे पहले कि साम्यवादी चीन लामाओं और दलाई लामा के अवतरण के क्षेत्र में प्रवेश करे, उसे अपने अतीत के नेताओं माओ-त्से-तुंग और डेंग जियाओपिंग के अवतरण को स्वीकार करना चाहिए। दलाई लामा के अवतरण पर अपने विचारों को सार रूप में प्रस्तुत करते हुए 2011 में अपने आधिकारिक वक्तव्य में मैंने कहा था कि जब तक नये दलाई लामा की पहचान, परम्परागत तिब्बती बौद्ध ढंग से नहीं की जाती, तब तक तिब्बती लोगों और तिब्बती बौद्धों द्वारा, जो विश्व भर में रहते हैं, किसी ऐसे व्यक्ति को स्वीकृति नहीं दी जा सकती, जिसका चुनाव राजनीतिक लक्ष्यों की पूर्ति के लिए किया गया हो। चीनी जनवादी गणतंत्र के लोगों को भी यह अधिकार नहीं है। अब, चूँकि अवतरण का लक्ष्य अपने पूर्ववर्ती दलाई लामा के काम को आगे बढ़ाना है, इसलिए नये दलाई लामा का जन्म स्वतंत्र संसार में होगा, ताकि दलाई लामा के परम्परागत लक्ष्य को- अर्थात सार्वभौम करुणा की आवाज बनना, तिब्बती बौद्ध धर्म का आध्यात्मिक गुरु होना तथा तिब्बत का प्रतीक बनना जिसमें तिब्बतियों की अकांक्षाएँ रहें- दलाई लामा की संस्था बनी रहेगी।

16

अपील

इस पुस्तक के समापन के अवसर पर मुझे कुछ निवेदन करना है और व्यक्तिगत रूप से आभार प्रकट करना है।

अपने तिब्बती बहन-भाईयों से:

आकाश में कितना भी अँधेरा छाया हो, आशा मत छोड़ो। "यदि आप नौ बार गिरो तो नौ बार ही उठे खड़े होवो।" सदा याद रखो कि बादलों के पीछे दमकता सूर्य आपकी प्रतीक्षा कर रहा है। हम प्राचीन लोग हैं और पुन: उठ खड़े होने का हमारा लम्बा इतिहास है। सदियों से हम साम्पा खाने वाले, विशाल तिब्बती पठार के रक्षक रहे हैं, जिसे संसार की छत भी कहा जाता है। अपने बीस लाख वर्ष के लम्बे इतिहास में हमने अनेक उतार-चढ़ावों के बीच से अपना रास्ता बनाया है तथा एक विशिष्ट भाषा, संस्कृति; धर्म और मूलभूत जीवन मूल्यों से हमारी पहचान बनी रही है। आज साम्यवादी चीन का आधिपत्य अन्तहीन प्रतीत होता है परन्तु हमारे लम्बे इतिहास में यह एक दुःस्वप्न मात्र है। जैसा कि हमें हमारा बौद्ध मत बताता है कि नश्वरता के नियम से कोई भी मुक्त नहीं है।

कुछ लोग सोच सकते हैं कि मेरी उम्र और चीन की बढ़ती वैश्विक स्थिति के कारण, समय अभी हमारे साथ नहीं है। मैं इससे सहमत नहीं हूँ। हाँ, यह ठीक है कि दलाई लामा की संस्था आज विश्व भर के तिब्बतियों को संगठित करने में महत्त्वपूर्ण भूमिका निभाती है परन्तु हमें नहीं भूलना चाहिए कि दलाई लामा की संस्था तो मात्र पाँच सौ वर्ष पुरानी है जबकि हमारा इतिहास तो 1500 वर्ष से भी अधिक पुराना है। मुझे इसमें कोई सन्देह नहीं कि हमारा आजादी का संघर्ष चलता रहेगा, क्योंकि यह एक पुराने राष्ट्र और उसके भाग्य से जुड़ा है। सर्वसत्तावाद जन्मजात अस्थिर प्रणाली है, इसलिए समय उसके साथ नहीं है। समय तिब्बती और चीनी लोगों के साथ है, जो आजादी की अकांक्षा रखते हैं।

हमें आवश्यकता है धैर्य, अडिग निश्चय, एकता और उस साहस की, जो हमारे लक्ष्य की स्पष्टता में निहित है। आज छः दशकों तक निर्वासन में रहने के पश्चात भी, विश्व की आत्मा के सम्मुख तिब्बत का मुद्दा सशक्त रूप से बना हुआ है। यह सब हमारे दृढ़ निश्चय और लोगों की आजादी के प्रति हमारी प्रतिबद्धता के कारण ही है। तिब्बत को बचाना एक पुण्य कर्म है; यह धर्म का काम है, जो कि, बौद्ध होने के नाते हम मानते हैं, सभी के लिए सुख का वास्तविक स्रोत है। इसलिए, कितनी भी उत्तेजक कार्यवाही हो और हिंसा का उत्तर हिंसा से देने की सहज मानवीय प्रवृत्ति के रहते हुए भी, मैं यही कहूँगा कि इस भावना में न बहें। अपने दमनकर्ताओं में मानवता की खोज करो क्योंकि अंततः, उसी मानवता के साथ हमें किसी समझौते पर पहुँचना है। परन्तु इसका अर्थ यह नहीं है कि जो हमारे मानवीय सम्मान को गाली देते हैं या उसे भंग करते हैं, हम उन्हें चुनौती ही नहीं देंगे। जिस भी उपाय से संभव हो, हमें अन्याय का प्रतिकार करना चाहिए। अहिंसा का अर्थ यह नहीं कि हम कठोर रुख न अपनाएँ और अपना विरोध दृढ़ता से व्यक्त न करें। महात्मा गांधी ने विश्व को बताया है कि मजबूत अहिंसात्मक संघर्ष की स्थायी शक्ति क्या होती है। मैं स्वतंत्र विश्व में रहने वाले अपने तिब्बती मित्रों से कहना चाहूँगा कि हमारी मातृभूमि में रह रहे तिब्बती भाई, जो वहाँ दमित हैं, हम उन्हें कभी न भूलें। वे अपने अंधकाल में हमें अपनी आशा की किरण मानते हैं, और स्वतंत्र जीवन की प्राप्ति के लिए अकांक्षाओं की मशाल जलाए रखने की हमसे अपेक्षा रखते हैं।

महान राष्ट्र भारत तथा हमारे धर्म-भाई और बहनों के लिए:

1959 से आप मेरे मेजबान और मेरा घर रहे हो। मैंने अपने जीवन का इतना समय भारत में बिताया है जितना अपनी मातृभूमि तिब्बत में भी नहीं। आपने जो अद्भुत उदारता लम्बे समय तक मेरे लिए और मेरे लोगों के प्रति दिखाई है मैं उसे कभी भूल नहीं पाऊँगा। यह एक तथ्य है कि भारत ने हमें एक घर दिया, एक आधार दिया, जिसके कारण ही अन्य किसी वस्तु की अपेक्षा हम निर्वासन में पुनः अपनी सभ्यता को स्थापित कर पाए और इतने दशकों तक तिब्बत के लिए न्याय की मशाल को जलाए रख सके। हम, तिब्बत के लोग भारत को सदा, विवेक, ज्ञान और आध्यात्मिकता, जो कि बौद्ध परम्पराओं के माध्यम से सदियों से हमारे यहाँ पहुँची है, उसका स्रोत और अपना गुरु मानते हैं। तिब्बत के लम्बे, धार्मिक, सांस्कृतिक इतिहास में भारत (आर्य भूमि, “सज्जन लोगों का देश”) हमारा गुरु रहा है और हम तिब्बती उसके चेले (शिष्य) रहे हैं। मैं आप द्वारा, मुझे और मेरे लोगों को अविरत दिए गए सहयोग और सहायता के लिए धन्यवाद करता हूँ और प्रार्थना करता हूँ कि जब तक हमें इसकी आवश्यकता है, आप इसे जारी रखें।

चीनी भाई-बहनों के लिए:

मैं आपसे प्रार्थना करता हूँ कि आप तिब्बत के लोगों की वर्तमान दशा के प्रति उदार मन से सोचें। चीन और तिब्बत के लोग महायानी बौद्ध धर्म की साझी आध्यात्मिक विरासत को लिए हुए हैं और सभी जीवों के प्रति करुणा का भाव संजोए हैं। मैं आपको विश्वास दिलाता हूँ कि तिब्बत की आजादी के लिए किए अपने लम्बे संघर्ष के दौरान मैंने कभी भी चीनी लोगों के प्रति मन में शत्रुता का भाव नहीं रखा है। मैंने तिब्बतियों को सदा इस बात के लिए प्रेरित किया है कि क्रूर सरकार द्वारा, चीन के लोगों के नाम पर किए गए अन्यायों के कारण तुम चीनी लोगों के प्रति किसी प्रकार की घृणा का भाव मत पालो। मैं आपसे निवेदन करता हूँ कि तिब्बतियों के विरुद्ध जातीय घृणा फैलाने के किसी भी प्रकार के प्रयासों से सावधान रहें, जो कि सरकारी प्रचार माध्यमों से तिब्बती और चीनी लोगों के बीच ऐतिहासिक सद्भाव, अच्छे पड़ोसीपन और मैत्री संबंधों के बीच खाई पैदा करने के लिए किया जा सकता है। मैं आपसे प्रार्थना करता

हूँ कि आप यह समझने का प्रयास करें कि तिब्बत का स्वतंत्रता के लिए संघर्ष न केवल न्यायपूर्ण है बल्कि वह चीन विरोधी भी नहीं है। आप इस समस्या का शान्तिपूर्ण, स्थाई समाधान खोजने में हमारी सहायता करें, जो कि पारस्परिक बातचीत, सूझबूझ और आदान-प्रदान पर आधारित हो। गत अनेक वर्षों में कई चीनी बुद्धिजीवियों और विद्वानों ने अपनी बात कही है। मुझे विश्वास है कि अनेक चीनी, जो तिब्बत की सच्चाई से अवगत हैं, इसकी संस्कृति और इसके लोगों को जानते हैं, वे अपने मन की सच्ची भावनाएँ उस समय व्यक्त करेंगे जब प्रतिशोध का भय नहीं रहेगा। तिब्बत की रक्षा का मुद्दा, चीन के लोगों के दिल में भी महत्त्वपूर्ण है। मैं आपसे यह बात साझा करना चाहता हूँ कि मेरी तरह विश्व के अन्य भागों के लोग भी इसे दुःखद मानते हैं कि चीन में अद्भुत आर्थिक उदारीकरण के समरूप मानवाधिकार और प्रजातांत्रिक स्वतंत्रता आप लोगों को नहीं मिल पाई है।

विश्व के देशों और लोगों के लिए, विशेषकर जो तिब्बतियों के साथ एकजुटता दिखाते आए हैं:

आपने हमारे प्रति जो चिन्ता और समर्थन दिखाया और अन्तरराष्ट्रीय प्रचार माध्यमों ने जिस तरह तिब्बत पर ध्यान दिया, उससे हमें प्रोत्साहन और आनन्द मिलता है। मैं आपका धन्यवाद करता हूँ और आग्रह करता हूँ कि हमारे संघर्ष के लम्बे इतिहास के महत्त्वपूर्ण और चुनौतीपूर्ण दौर में आप हमें भुलाएँ नहीं।

तिब्बत और उसके लोगों को बचाने के प्रयत्नों के लम्बे संघर्ष के दौरान बहुत पहले मैं यह महसूस करने लगा था कि तिब्बत को उसकी सभ्यता, विशिष्ट भाषा और बौद्ध परम्परा सहित- बचाया जाना हम तिब्बतियों के लिए ही आवश्यक नहीं है। स्वाभाविक रूप से हमारी सांस्कृतिक विरासत, जो कि प्रकृति के साथ समरसता पर जोर देती है, यदि हम तिब्बतियों को सशक्त किया जाएगा तो तिब्बती पठार की भी पारिस्थितिकी के अबाध शोषण से रक्षा हो सकेगी। इससे भी बढ़कर तिब्बत की रक्षा का अर्थ है एक ऐसी संस्कृति को जीवित रखना और पनपने देना, जिसकी जड़ें करुणा में हैं और जिसमें मानव कल्याण की संभावनाएँ निहित हैं। तिब्बती परम्परा ही एकमात्र ऐसी है, जिसमें नालन्दा स्कूल की भारतीय बौद्ध परंपरा अपने विशद विस्तार और समृद्ध

विरासत के साथ संरक्षित है। जिसमें दर्शन से तर्कशास्त्र और भाषाविज्ञान तक और मनोविज्ञान से विभिन्न आध्यामिक प्रक्रियाओं तक जीवित हैं। हमारी परम्परा के केन्द्र में सभी की पारस्परिक निर्भरता का सिद्धांत है और यह विवेक है कि करुणा, जो कि हम सब की साझी मानवता की स्वीकृति पर आधारित है, यही सुखमय जीवन का नैतिक मार्ग है। ज्यों-ज्यों हमारी दुनिया अधिकाधिक एक दूसरे से जुड़ती जा रही है, हमें सभी मनुष्यों और अपने नाज़ुक ग्रह(पृथ्वी) के लिए, एक-दूसरे के लिए अपने संकीर्ण स्वार्थों से ऊपर उठना होगा।

विश्व में पाँच दशक से भी अधिक समय तक यात्राएँ करते हुए, अपनी संस्कृति से जो मुख्य सन्देश मैंने मानवता तक पहुँचाया वह है मानव प्रकृति के अधिकतम करूण अंशों को आत्मसात करना और ऐसा करने से किस प्रकार हमें व्यक्तिगत और सामाजिक स्तर पर शांति और सुख प्राप्त होगा। मेरी अत्यन्त दृढ़ धारणाओं में से एक धारणा यह रही है कि हम सबको "मानवमात्र की एकता" को अपनाना चाहिए। यह हमारी मानवीय स्तर पर साझी स्थिति की स्वीकृति है, जो यह मानती है कि 'हम सब सुख चाहते हैं, कोई दुःख नहीं चाहता'। यह मान लेने पर यह संसार हम हम सबके लिए बेहतर और दयालुतापूर्ण जगह बन जाएगा। सामाजिक प्राणी होने के कारण हम सबने माँ के गर्भ से जन्म लिया है और किसी की, विशेषकर माता-पिता की, देखरेख के कारण जीवित रहे हैं, जो कि हमारे शैशव का सबसे नाज़ुक समय था। दूसरों द्वारा की जाने वाली देखरेख पर यह पूर्ण निर्भरता तथा दूसरों द्वारा की गई सेवा की प्रशंसा करने की जन्मजात प्रवृत्ति, जो एक कारण पैदा होती है, उससे दूसरों की सेवा करने की प्राकृतिक क्षमता, यहाँ तक कि अज्ञात लोगों की सेवा का भाव भी मन में अंकित रहता है। मैं कभी कभी इसे मनुष्य की गर्मजोशी का गुण कहता हूँ। यही हमारी मूल प्रकृति है। मैं सचमुच यह मानता हूँ कि विश्व चाहे कितना ही जटिल क्यों न हो जाए, अपने सम्मुख खड़ी चुनौतियों के समाधान के लिए हम, वैयक्तिक अथवा सामाजिक स्तर पर कैसे भी समाधान क्यों न लाएँ, हमें अपनी इस मूलभूत प्रकृति पर ध्यान केन्द्रित रखना चाहिए। मैं गहराई से यह विश्वास करता हूँ कि तिब्बत की, ज्ञान और करुणा की संस्कृति में सभी की सुख शान्ति को विकसित करने के लिए समृद्ध स्रोत प्रदान करने

की क्षमता है। इस प्रकार तिब्बत और तिब्बत के लोगों का बने रहना, स्वयं मानवता के हित में है।

इस पुस्तक का समापन मैं आठवीं सदी के प्रसिद्ध बौद्ध गुरु शान्तिदेव की कविता से करना चाहूँगा, जिनकी रचनाएँ मेरे लिए सतत प्रेरणा का स्रोत रही हैं-

जिन संतों ने सदियों तक की है सतत साधना,
इसी (परोपकार) को पाया है सर्वाधिक लाभदायक।

इसी से असंख्य लोग पा सकते हैं,
सरलता से आनंद का उच्चतम सोपान।

जो चाहते हैं जीवन के सैकड़ों दुःखों का शमन
और जो चाहते हैं जीव मात्र को दुख से मुक्त करना,
और वे भी जो भोगना चाहते हैं सैंकड़ों खुशियाँ
उन्हें कभी भी नहीं त्यागना चाहिए परोपकारी मन।

मैं अरक्षितों का बनूँ रक्षक
राहगीरों का बनूँ मैं मार्गदर्शक,
मैं बन सकूँ एक नौका, एक तटबन्ध, एक पुल,
जिनके लिए तट हैं बहुत दूर।

ठीक जैसे है धरती जैसा महान तत्त्व
और है सदा-सर्वदा रहने वाला आकाश
मैं भी उसी तरह पोषक बनूँ
असंख्य जीवों का।

वैसे ही जिन जीवों का विस्तार
अंतरिक्ष के अंतिम कोने तक है।

जब तक वे सदा के लिए नहीं पा लेते निर्वाण
मैं बन सकूँ सब के लिए पोषण का भण्डार
जब तक अस्तित्व में है आकाश
जब तक है भाव सम्पन्न जीव,
तब तक बना रहूँ मैं भी
मिटाता रहूँ जग के दुःख द्वंद्व।

('बोधिसत्वकार्यवार्ता' में संकलित)

परिशिष्ट - क

तिब्बत : एक सिंहावलोकन

चीन के साथ हमारी विभिन्न दौर की वार्ताओं में जो विषय हमारे समकक्षों द्वारा बार-बार उठाया गया, मैं उसकी चर्चा करना चाहता हूँ: वह विषय था तिब्बत की ऐतिहासिक स्थिति को बीजिंग के दावे के अनुरूप मान लेना। उदाहरण के लिए, कभी-कभी उनकी ओर से माँग आयी कि मैं एक औपचारिक वक्तव्य जारी करके यह स्वीकार करूँ कि "प्राचीन काल से ही तिब्बत चीन का अभिन्न अंग रहा है।" यह स्पष्ट नहीं है कि गंभीर वार्ता जारी रखने की यह किस सीमा तक पूर्व-शर्त थी अथवा चीनी प्रतिनिधियों को उनके उच्च अधिकारियों द्वारा निरन्तर यह निर्देश केवल इसलिए दिया जाता रहा ताकि वे महत्त्वपूर्ण मुद्दों पर गहरी चर्चा करने से बच सकें।

अतीत के इतिहास को लेकर मेरा दृष्टिकोण सरल और सुसंगत रहा है। मैंने कहा कि एक बौद्ध होने के कारण यह कहते हुए झूठ बोलना कि 'प्राचीन काल से तिब्बत, चीन का अभिन्न अंग रहा है', मेरी प्रतिज्ञा के विरुद्ध है, जबकि मैं जानता हूँ कि यह सत्य नहीं है। अपने दूतों के माध्यम से हमने यह अनेक बार कहलवाया कि जिस तरह बीजिंग का इस इतिहास को लेकर एक दृष्टिकोण है वैसे ही हमारा भी एक दृष्टिकोण है। इसी प्रकार तिब्बत और चीन के लम्बे ऐतिहासिक संबंधों का अध्ययन करने वाले समसामयिक इतिहासकारों की

हम दो देशों के लम्बे और जटिल इतिहास को लेकर अपनी समझ होगी। यदि बीजिंग वार्ताओं की पूर्व-शर्त के रूप में यह कहता है कि हम इतिहास के उसके संस्करण को पहले मान्यता दें तो यह पूर्ण समर्पण की माँग है, और इसमें तिब्बतियों की अपनी इतिहास दृष्टि का समर्पण भी शामिल है।

मैं अपनी समझ के अनुसार इतिहास का सिंहावलोकन प्रस्तुत कर रहा हूँ। सातवीं शताब्दी से नौवीं शताब्दी तक, पुरग्याल साम्राज्य के समय तिब्बत एक शक्तिशाली देश था जिसकी सेनाओं ने एक समय तांग की राजधानी छंगन (वर्तमान शिकयांग) पर आक्रमण किया था और तांग सम्राट को भागने को विवश किया था। दोनों देशों के स्वतंत्र और बराबरी के राष्ट्र होने का प्रमाण 821-822 की वह सन्धि है, जो कि ल्हासा में एक स्तम्भ पर तिब्बती और चीनी भाषा में खुदी है तथा ऐसा ही स्तम्भ तांग की राजधानी छंगन में और दोनों देशों की स्वीकृत सीमा पर है। यह संधि तिब्बती सम्राट त्रि रलपाचेन और तांग बादशाह मुजोंग के बीच हुई थी। इसमें निम्न लिखित पाठ है:

> तिब्बत और चीन उन्हीं सीमाओं में रहेंगे जहाँ वे आज हैं। इसके पूर्व का सम्पूर्ण क्षेत्र चीन है और पश्चिम में स्थित पूरा क्षेत्र महान तिब्बत का है। दोनों ओर सीमापार से कोई युद्ध नहीं होगा, कोई शत्रुतापूर्ण आक्रमण नहीं होगा, कोई लड़ाई नहीं होगी और एक-दूसरे की भूमि नहीं छीनी जाएगी।

दोनों देशों के बीच कोई धूल-धुआँ नहीं उठेगा। अचानक खतरे की चेतावनी अथवा शत्रुता का एक शब्द भी नहीं बोला जाएगा। जो सीमाओं के ऊपरी भाग की रक्षा कर रहे हैं, वे सभी, बिना किसी भय और संदेह के सुख का जीवन जिएँगे, उनकी भूमि उनकी ही होगी, उनके बिस्तर उनके ही रहेंगे। वे शान्तिपूर्वक जीवन व्यतीत करते हुए दस हजार पीढ़ियों तक सुख का आशीर्वाद अर्जित करेंगे। जहाँ तक चाँद और सूरज की पहुँच है वहाँ तक उनका गौरव गान होगा। इस संधि से ऐसे महान युग का सूत्रपात होने जा रहा है जब तिब्बती अपने तिब्बत में और चीनी अपने चीन में प्रसन्नता पूर्वक रहेंगे और यह कभी समाप्त न हो इसलिए त्रि-रत्न, महात्माओं के समूह, सूर्य, चन्द्रमा, ग्रहों और सितारों को साक्षी बनाया गया है।

नवीं शताब्दी के मध्य में तिब्बती साम्राज्य अनेक छोटे-छोटे राज्यों में बँट गया। इसके तुरन्त पश्चात तांग वंश भी समाप्त हो गया और चीन अनेक राज्यों और वंशों में बँट गया। अंततः दसवीं शताब्दी के उतरार्द्ध में चीन में सोंग वंश का राज्य स्थापित हुआ, जिसकी सीमाएँ तांग साम्राज्य से कहीं कम थीं। इस काल में, तिब्बत के शाही युग के समाप्त होने और चीन में तांग राजवंश समाप्त होने के पश्चात् चीन और तिब्बत के बीच संबंध नहीं रहा। इसके पश्चात् तेरहवीं शताब्दी के प्रारम्भ में मध्य, आन्तरिक और पूर्वी एशिया के बहुत बड़े भाग पर चंगेज़ ख़ान के नेतृत्व में मंगोल सेनाओं का आधिपत्य हो गया। 1260 में चंगेज़ ख़ान के पोतों में से एक कुबलई ख़ान, मंगोल का महान ख़ान बनकर उभरा। इसके पश्चात कुबलई ख़ान ने ड्रोगोन चोगयाल फागपा (जिसे फागपा लामा भी कहा जाता है जो कि महान तिब्बती गुरु शास्य पंडित का भतीजा था) को राष्ट्रीय गुरु (कोशिब) नियुक्त कर दिया, जो वास्तव में उसके साम्राज्य में रहने वाले सभी बौद्धों का मुखिया कहलाया। इस प्रकार 'पुजारी-संरक्षक' (छायोन) संबंध स्थापित हुआ जिसके द्वारा मंगोल ख़ानों ने वरिष्ठ तिब्बती लामाओं को संरक्षण दिया। 1271 में जब कुबलई ख़ान[1] ने मुआन वंश को, चीन का शासक घोषित किया, तब उसने फागपा लामा को शाही गुरु नियुक्त किया, जिससे उसका धार्मिक वर्चस्व सम्पूर्ण चीन पर भी हो गया। 1271 में युआन वंश की स्थापना से और दक्षिणी चीन में सोंग वंश की अन्तिम पराजय के पश्चात, कुबलई खान का नियंत्रण पूरे चीन पर भी हो गया। फागपा लामा की शाक्य शाखा के माध्यम से तिब्बत पर मंगोलों का आधिपत्य उस समय समाप्त हुआ जब 1354 में फगमो द्रुपा के वंश ने तिब्बत में अपना शासन स्थापित कर लिया। चीन में मंगोल युआन शासन 1368 में समाप्त हो गया, जब वहाँ स्थानीय मिंग वंश उभर आया। मिंग साम्राज्य (1368-1644) के

---

1 युआन वंश पर विशेषज्ञता के लिए मान्यता प्राप्त विद्वान हर्बर्ट फ्रैंक ने सावधानीपूर्वक अध्ययन करने के पश्चात निष्कर्ष निकाला कि "तिब्बत का अधिकांश मुख्य भाग चीनी-मंगोल नौकरशाही के नियन्त्रण से बाहर रहा और यहाँ तक कि तिब्बत के सीमांत क्षेत्रों में युआन वंश के पूरे शासनकाल में अराजकता की स्थिति रही('युआन राज के चीन में तिब्बती' पृष्ठ 301)।" फ्रैंक जैसे इतिहासकारों के अनुसार चीन की स्थिति के विपरीत तिब्बत कभी भी सीधे मंगोल साम्राज्य में या उनके नियन्त्रण में नहीं रहा।

शासन में तिब्बत और चीन के संबंध अधिकतर आध्यात्मिक और औपचारिक[2] थे। चीन का स्थानीय राजवंश होने के कारण मिंग यह मानते थे कि उन्होंने चीन को विदेशी मंगोलों के आधिपत्य से आजादी दिलाई है। ठीक वैसे ही एक दशक पूर्व तिब्बत मंगोलों से स्वतंत्र हुआ था।

सत्रहवीं शताब्दी के पूर्वार्द्ध में उभरती हुई सैन्य शक्ति मंचूरिया ने क्विंग वंश की घोषणा की और मिंग वंश से बीजिंग जीत कर चीन पर भी राज करना प्रारम्भ कर दिया। मांचू क्विंग सम्राट शुंझी के समय, पाँचवें दलाई लामा ने क्विंग दरबार से राजनयिक संबंध स्थापित किए और 1653 में दलाई लामा बीजिंग यात्रा पर गए और वहाँ पर उनका स्वागत सम्राट के समकक्ष के रूप में किया गया। दलाई लामा की इस यात्रा से मांचू सम्राट और तिब्बत के बीच आदान-प्रदान का सुनहरा युग प्रारम्भ हुआ और महत्त्वपूर्ण तिब्बती लामाओं और क्विंग सम्राटों और विशेषकर दलाई लामा के साथ पुजारी-जजमान संबंध बना। मांचू क्विंग शासक तिब्बती बौद्ध धर्म के कट्टर अनुयायी थे और उन्होंने अपनी संरक्षक की भूमिका गंभीरता से निभाई। मांचू सम्राट ने संरक्षक जजमान की तरह, तिब्बतियों की प्रार्थना पर क्विंग से 1770 में कई हजार दूंगार सिपाहियों को, जो मध्य तिब्बत में घुस आए थे, पीछे धकेलने के लिए सेना भेजी थी, 1720 में सातवें दलाई लामा को पुनः गद्दी पर बिठाने में सहायता की थी और 'अम्बान' की परम्परा प्रारम्भ की। अर्थात तिब्बती दरबार में मांचू दरबार का स्थायी प्रतिनिधि नियुक्त किया जाने लगा। बाद में, अठारहवीं शताब्दी के अंत

2 रोचक बात यह है कि नये मिंग राजवंश ने भी महत्त्वपूर्ण तिब्बती नागरिकों, जिनमें उच्च पदासीन लामा भी थे, उन्हें औपचारिक उपाधियों और सम्मानों से सुशोभित करने की परम्परा बनाए रखी। मिंग सम्राट का तिब्बत पर कोई नियन्त्रण नहीं था, यह इस बात से सिद्ध होता है कि तिब्बती धर्मगुरु सोंगफ़ा ने कम-से-कम दो बार बीजिंग के निमन्त्रण को अस्वीकार किया (थुपटेन जिनपा, सोंगफ़ा: 'ए बुद्धा इन द लैंड ऑफ स्नोस' बोलडर, शाम्भला पब्लिकेशंस, 2019, 226-30) और बाद में तीसरे और चौथे दलाई लामाओं ने भी मिंग सम्राट के निमन्त्रण ऐसे ही ठुकराए थे।

में, तिब्बतियों की प्रार्थना पर मांचू सम्राट ने नेपाली आक्रान्ताओं[3] को रोकने के लिए सेना भेजी थी। वास्तव में क्विंग एक मांचू साम्राज्य था, जिसका शाही परिवार कट्टर तिब्बती बौद्ध था, और जिसके साम्राज्य में चीन, तिब्बत तथा कई अन्य राज्य भी थे।[4] क्विंग की मूलभूत माँचू पहचान इस तथ्य से स्पष्ट हो जाती है कि ल्हासा में क्विंग का वरिष्ठ प्रतिनिधि सामान्यतः जातीय रूप से मांचू या मंगोल होता था। बीसवीं शताब्दी के प्रथम दशक में मांचू क्विंग वंश के साम्राज्य के पतन के साथ ही चीन और तिब्बत के बीच 'पुजारी-जजमान' सम्बन्ध समाप्त हो गए।

संक्षेप में जब साम्यवादी चीन ने तिब्बत पर आक्रमण किया, उस समय तिब्बत की अपनी राष्ट्रीय सरकार थी, मुद्रा, पासपोर्ट, डाक सेवाएँ, सेना, विदेश संबंध थे- उदाहरण के लिए तिब्बत ने मित्र राष्ट्रों को तिब्बत मार्ग से द्वितीय विश्व युद्ध में, चीन को जापान के विरुद्ध प्रयोग करने के लिए शस्त्रास्त्र भेजने की अनुमति नहीं दी थी। दूसरे शब्दों में तिब्बत में वे सारी शक्तियाँ थीं जो एक स्वतंत्र राष्ट्र में होती हैं। तिब्बत की यह स्वतन्त्र स्थिति 1950 में चीन के आक्रमण तक बनी रही।

---

3 ऐतिहासिक दस्तावेजों के आधार पर कहा जा सकता है कि क्विंग सम्राटों ने कभी भी भौतिक रूप से तिब्बत और तिब्बतियों पर नियन्त्रण नहीं पाया और कम से कम मध्य तिब्बत ने क्विंग अम्बानों को, जो चीन के राजप्रतिनिधि थे, कभी कर नहीं दिया। एक समय में जो पन्द्रह सौ सैनिक मध्य तिब्बत में तैनात किए गए थे, उनकी भूमिका मुख्य रूप से नियन्त्रित करने की थी न कि शासक औपनिवेशिक शक्ति की। सेना की सुरक्षात्मक भूमिका की पुष्टि आठवें दलाई लामा को लिखे एक पत्र से होती है जो कि मांचू सम्राट ने क्विंग सैनिकों की तिब्बत में तैनात अपने अम्बानों के विषय में लिखा था। तिब्बत में स्थित क्विंग सैन्य टुकड़ी का सेनापति वहाँ लिखता है "इससे स्पष्ट होता है कि सम्राट चाहता है कि तिब्बतियों को किसी प्रकार की हानि न पहुँचे और उनका कल्याण सदा के लिए सुनिश्चित किया जाए, सम्राट अपने सैनिकों और अम्बानों को वापिस बुला लेगा-और इससे भी बढ़कर यह बात है कि यदि ऐसी ही परिस्थितियां भविष्य में बनीं तो सम्राट को उससे कोई सरोकार नहीं होगा। इसलिए तिब्बती स्वयं निर्णय लें कि क्या उनके हित में है, क्या नहीं है, क्या भारी है, क्या हलका है।" (इस उद्धरण का अंग्रेजी अनुवाद स्मिथ, Tibetan Nation, 136)

4 क्विंग शासकों और तिब्बत के बीच सम्बन्ध की बिलकुल वास्तविक स्थिति क्या थी इसपर तिब्बती विषयों के विद्वान ग्रे टुट्टल अपनी पुस्तक 'तिब्बतन बुद्धिस्ट इन द मेकिंग ऑफ मॉडर्न चाइना' (न्यूयार्क, कोलम्बिया यूनिवर्सिटी प्रेस 2007, 63) 'क्विंग शासकों के तिब्बत से संबंध सदा मांचू राजवंश के हाथ में ही रहे। (इसमें मध्यस्थता शाही परिवार विभाग और सीमा प्रान्तों का व्यस्थापक कोर्ट करता था) थोड़े से मंगोल, मोंगूर, तिब्बती बौद्ध नेता और तिब्बती कुलीन वर्ग के साथ मिलकर यह होता था।"इसी प्रकार अन्तरराष्ट्रीय संबंधों के विद्वान वारेन स्मिथ इस निष्कर्ष पर पहुँचते हैं कि "तिब्बत के साथ चिंग संबंध दो राज्यों के मध्य का सम्बन्ध रहा, या साम्राज्य और अर्द्ध स्वायत्तशासी राज्य का रहा न कि केन्द्रीय सत्ता और उस राज्य के सीमावर्ती राज्य का।" (Tibetan Nation, 137)

संक्षेप में ऊपर दिया इतिहास ही मेरे विश्वासानुसार मेरे देश का इतिहास है। वास्तव में एक अन्य चीनी विद्वान प्रोफेसर होन-शियांग लाओ, जिन्हें मैं 2016 में ब्रूसेल्स में मिला था, उन्होंने बताया था कि उन्होंने सावधानीपूर्वक शोध करने पर पाया कि किसी चीनी प्राचीन ग्रंथ में भी तिब्बत के चीन का हिस्सा होने का प्रमाण नहीं मिला है। उन्होंने बताया कि वह अपने अनेक वर्ष के शोधकार्य पर एक पुस्तक लिखने जा रहे हैं।

तिब्बत समस्या के समाधान को इस बात से नहीं जोड़ा जाना चाहिए कि इतिहास पर दोनों देशों का समान मत हो। मैंने सदा यह बात कही है कि किसी विशेष काल खण्ड में तिब्बत की वास्तविक स्थिति क्या रही, इस पर निर्णय लेना इतिहासकारों का काम है, जिन्होंने निरपेक्ष होकर प्राप्त प्रमाणों के आधार पर इतिहास का अध्ययन किया है। अतीत के इतिहास को कोई बदल नहीं सकता, कम-से-कम मैं तो यह नहीं कर सकता। इतिहास कोई राजनीतिक निर्णय नहीं जिसे वर्तमान में लिया जा सके। जहाँ तक भविष्य का प्रश्न है वह आज लिए गए राजनीतिक निर्णय के प्रभाव में रह सकता है। मैं सचमुच यह मानता हूँ कि यदि दोनों पक्ष पारस्परिक हितों की रक्षा के आधार पर संबंध स्थापित करने के लिए प्रतिबद्ध हैं तो इस बात पर जोर देने की कोई आवश्यकता नहीं कि वे इतिहास के एक ही स्वरूप को मान्यता दें।

परिशिष्ट - ख

तिब्बत और चीन के मध्य सन्धि (821-822)

तिब्बती पाठ से अनुवाद[1]

तिब्बत के महान शासक, चमत्कारी दैवी अधिपति और चीन के महान शासक, चीनी राजा हुआंगड़ी के मध्य भतीजे और चाचा का संबंध है, इसलिए उन्होंने परस्पर विचार-विमर्श करके दोनों राज्यों में संबंध स्थापित करने का निर्णय लिया है। उन्होंने एक महान सन्धि पत्र तैयार किया है और उसकी पुष्टि की है। ईश्वर और सभी लोग इसे जानते हैं, इसके साक्षी हैं, ताकि इसे कभी बदला न जा सके। और इसका वृत्तान्त इस प्रस्तर स्तम्भ पर अंकित कर दिया गया है ताकि आने वाली पीढ़ियों को इसका पता चले। चमत्कारी दैवी अधिपति त्रिसोंग डेटसेन और चीनी सम्राट वैन-बू-हिसियाओ-ते वांग-ती, भतीजा और चाचा ने अपनी दूरदृष्टि भरे विवेक से अपने देशों के कल्याण को वर्तमान में और भविष्य में भी, किसी को भी हानि न पहुँचने देने के उद्देश्य से सभी पर निष्पक्ष रूप से, अपनी कृपा की वर्षा की है। शांति स्थापना की एकमात्र इच्छा से

1 इस सन्धि का जो अंग्रेजी प्रारूप यहाँ प्रस्तुत किया गया है वह http//www.claudearpi.net/wp -content/uploads/2016/11/821822, चीन और तिब्बत के बीच सन्धि-1-pdf; जिसे claude Arpi से स्वीकृति लेकर यहाँ प्रस्तुत किया गया है। एच. ई. रिचर्डसन द्वारा पहले किए गए इसके अनुवाद के लिए, देखिए "दी साइनो-टिबेटन-ट्रीटी इन्सक्रिप्शन ऑफ 821-823 ऐट ल्हासा", रॉयल एशियाटिक सोसायटी-2(1978), 153-54.

और अपनी संपूर्ण प्रजा के हित के लिए उन्होंने उनका स्थाई कल्याण सुनिश्चित करने के उच्च उद्देश्य से इस सन्धि को तैयार किया है ताकि वे पूर्व के पारस्परिक मैत्री और सम्मान के संबंधों को तथा पुराने पड़ोसियों के मैत्रीपूर्ण संबंधों को पुनः स्थापित कर सकें।

तिब्बत और चीन इन सीमाओं को स्वीकार करेंगे जहाँ उनका नियन्त्रण है। पूर्व का सारा प्रदेश महान चीन-प्रदेश है और पश्चिम की ओर का सारा प्रदेश, निस्संदेह महान तिब्बत देश है। आज के बाद दोनों में से कोई भी युद्ध प्रारम्भ नहीं करेगा और न ही एक दूसरे की भूमि छीनेगा। यदि किसी व्यक्ति पर संदेह होगा तो उसे पकड़ लिया जाएगा, उससे पूछा जाएगा कि वह वहाँ क्या कर रहा था और उसे पुनः, वापस उस पार पहुँचा दिया जाएगा।

क्योंकि अब इस महान सन्धि के माध्यम से दोनों देशों में संबंध स्थापित हो चुका है इसलिए आवश्यक है कि इसी रास्ते से संदेश प्रेषण की व्यवस्था बनी रहे ताकि चाचा और भतीजा के मध्य सामंजस्यपूर्ण संबंधों के संदेशों का आदान-प्रदान होता रहे।

प्राचीन परम्परा के अनुसार, चियांग चुन दर्रे की तलहटी में घोड़ों की अदला-बदली की जाएगी, जो कि दोनों देशों की सीमा है। सुईयुंग नाके पर चीनी, तिब्बत के राजदूतों से मिलेंगे और उन्हें आगे की यात्रा के लिए सारी सुविधाएँ प्रदान करेंगे। चियांग शुई पर, तिब्बती, चीनी राजदूतों से मिलेंगे और सारी सुविधाएँ प्रदान करेंगे। दोनों ओर से पारम्परिक सम्मान और श्रद्धा का व्यवहार चाचा और भतीजा के मैत्री संबंधों के अनुरूप किया जाएगा।

दोनों देशों के बीच किसी प्रकार का न धुआँ और न ही धूल उड़ेगी। किसी प्रकार की एकाएक चेतावनी नहीं दी जाएगी और 'शत्रु' शब्द का उच्चारण नहीं होगा। यहाँ तक कि पहरेदारों को भी किसी प्रकार की चिन्ता नहीं होगी और वे अपनी धरती और अपने बिस्तर का आनन्द ले सकेंगे। सभी शान्तिपूर्वक रहेंगे और दस हजार वर्ष तक शान्ति के वरदान का आनन्द लेंगे। जहाँ तक सूर्य और चन्द्रमा की पहुँच है, वहाँ तक इसकी प्रसिद्धि होगी। इस पवित्र सन्धि ने एक महान युग का सूत्रपात किया है, जिसमें, तिब्बती अपने तिब्बत में और चीनी

अपने चीन के प्रदेश में सुख से रहेंगे। इस सन्धि को कभी बदला न जा सके इसलिए इसे धर्म के मूल्यवान रत्नों, संतों, सूर्य और चन्द्रमा, ग्रहों और सितारों की साक्षी में लिखा गया है। पवित्र शब्दों और पशु बली के साथ शपथ ली गई है तथा समझौता दस्तावेजों पर हस्ताक्षर कर दिए गए हैं।

यदि दोनों पक्ष इसे नहीं मानते अथवा इसका उल्लंघन करते हैं, ऐसा तिब्बत करे अथवा चीन, यदि दूसरा पक्ष बदले की कार्यवाही करता है तो उसे सन्धि तोड़ने का दोषी नहीं माना जाएगा। तिब्बत और चीन के राजाओं ने निर्धारित शपथ ग्रहण कर ली है और इस विषय में समझौता विस्तार से लिख दिया गया है। दोनों शासकों ने इस पर अपनी मुहर भी लगा दी है। इस समझौते को करने के लिए अधिकृत मंत्रियों ने इस पर अपने हस्ताक्षर कर दिए हैं और इसकी छाया प्रतियाँ इनके शाही अभिलेखागारों में रखवा दी गई हैं।

ल्हासा में बड़े मंदिर के निकट जो-खांग में, एक प्रस्तर स्तम्भ के एक ओर इस संधि को चीनी और तिब्बती भाषा में उत्कीर्ण किया गया है। दूसरी ओर केवल तिब्बती भाषा में इसकी ऐतिहासिक पृष्ठभूमि दी गई है। अन्य दोनों ओर चीनी और तिब्बती भाषाओं में इस पर उन मंत्रियों के नाम खुदे हैं जो इसके साक्षी रहे हैं।

यह पाठ प्राईज पब्लिकेशन से प्रकाशित, एच. ई. रिचर्डसन की पुस्तक "एनशियेंट हिस्टोरिकल एडिक्ट्स ऑफ ल्हासा, खण्ड-19, रॉयल एशियाटिक सोसायटी से लिया गया है।

परिशिष्ट - ग

चीनी नेताओं डेंग जियाओपिंग और जियांग जेमिन के नाम पत्र

डेंग जियाओपिंग के नाम पत्र, मार्च 23, 1981,

महामहिम,
मैं साम्यवादी विचारधारा से सहमत हूँ और उसमें विश्वास रखता हूँ जो मानव मात्र के कल्याण में सामान्य रूप से और सर्वहारा वर्ग का विशेष रूप से कल्याण चाहती है, और लेनिन की राष्ट्रीयताओं की समानता की नीति को मानता हूँ। इसी प्रकार चीन के चेयरमैन माओ के साथ राष्ट्रीयताओं विषयक विचारधारा और नीतियों पर हुई चर्चा से भी मैं प्रसन्न हुआ था।

यदि उसी विचारधारा और नीति को क्रियान्वित किया गया होता तो बहुत प्रशंसा और प्रसन्नता होती। परन्तु यदि गत दो दशकों की गतिविधियों पर सामान्य टिप्पणी करनी हो तो कहना पड़ेगा कि आर्थिक और शैक्षिक क्षेत्रों में गिरावट आई है जो कि मानवीय सुख का आधार हैं। इससे भी बड़ी बात यह है कि असहनीय व्यवधानों के कारण पार्टी और जनता के बीच, अधिकारियों और जनता के बीच, स्वयं अधिकारियों के बीच, स्वयं जनता के बीच विश्वास की हानि हुई है।

गलत धारणाओं और तथ्यों को तोड़-मरोड़ कर प्रस्तुत करके एक दूसरे को धोखा देने के कारण, वास्तव में लक्ष्यों की प्राप्ति में बहुत देरी हुई है। अब असन्तोष के चिन्ह सभी दिशाओं में उभर रहे हैं जो इस बात के द्योतक हैं कि लक्ष्यों की प्राप्ति में हम असफल रहे हैं।

यदि तिब्बत का ही उदाहरण लें, यह दुख की बात है कि कुछ तिब्बती अधिकारी जिनके पास मूलभूत मानवीय प्रसन्नता को विकसित करने की न तो योग्यता है और न ही विवेक, वे अपने लोगों के अल्पकालीन और दीर्घकालीन हितों को नहीं जानते वे चीनी अधिकारियों की चापलूसी में लगे रहते हैं और उन चीनी अधिकारियों के साथ सहयोग करते हैं जो तिब्बत के विषय में कुछ भी नहीं जानते और अपनी क्षणिक प्रसिद्धि के लिए जाली रिपोर्ट तैयार करने में जुटे रहते हैं। सच्चाई तो यह है कि तिब्बती लोगों ने न केवल असीम कष्ट सहे हैं बल्कि बड़ी संख्या में लोग अकारण मारे गए है। इसके अतिरिक्त, सांस्कृतिक क्रांति के दौरान तिब्बत की सांस्कृतिक विरासत का अत्यधिक विनाश हुआ है। यह सारी दुःखदायी घटनाएँ अतीत विषयक धारणाओं का संक्षिप्त परिचय देती है।

अतीत की गलतियों के अनुभव को दृष्टिगत रखते हुए अब तथ्यों से सत्य तक पहुँचने और आधुनिकीकरण की नई नीति आई है। तिब्बत समस्या के सन्दर्भ में साथी हू याओबांग के प्रयत्नों से प्रसन्न हूँ और उनकी प्रशंसा करता हूँ क्योंकि उन्होंने अपनी ल्हासा यात्रा के पश्चात अतीत की गलतियों को स्पष्ट रूप से स्वीकार करने और उन्हें सुधारने का हर संभव प्रयास किया।

जैसा कि आप जानते हैं कि गत 20 वर्षों से तिब्बत से बाहर रह रहे हम लोग अपनी राष्ट्रीय पहचान और परम्परागत मूल्यों की रक्षा के लिए अपने युवाओं को ऐसी शिक्षा दे रहे हैं जिससे वे उचित व्यवहार, न्याय, और प्रजातांत्रिक मूल्यों का ज्ञान प्राप्त कर भविष्य में एक बेहतर तिब्बती समाज बना सकें।

संक्षेप में यह सच है कि हम अपने देश से पराए देशों में रह रहे हैं परन्तु हम विश्व में शरणार्थियों के इतिहास में अपनी उपलब्धियों पर गर्व कर सकते हैं। राजनीतिक मोर्चे पर हम तिब्बतियों ने अपने वैध अधिकारों को पाने

के लिए सदा सत्य और न्याय का मार्ग चुना है। हमने कभी भी विरूपण, अतिरंजना अधवा चीन के लोगों की आलोचना नहीं की है। न ही हमारे मन में उनके लिए किसी प्रकार की दुर्भावना रही है। इससे भी बढ़कर हम सदा अपने सत्य और न्याय के साथ खड़े रहे हैं और किसी भी अन्तरराष्ट्रीय शक्ति-खेमे से नहीं जुड़े हैं।

1979 के प्रारम्भ में, आपके निमंत्रण पर ग्यालो थोंडुप, चीन यात्रा पर गए थे। उनके माध्यम से आपने सन्देश भिजवाया था कि हम एक दूसरे के सम्पर्क में रहेंगे। आपने हमें तिब्बत में तथ्य-अन्वेषक दल भेजने के लिए भी कहा था। इसके पश्चात तीन तथ्य-अन्वेषक दल वहाँ गए थे और उन्होंने तिब्बत की स्थिति के सकारात्मक और नकारत्मक पक्षों को रेखांकित किया था। यदि तिब्बती पहचान सुरक्षित है और तिब्बत के लोग प्रसन्न हैं तो हमारे लिए शिकायत का कोई कारण नहीं रहता। परन्तु सच्चाई यह है कि 90 प्रतिशत तिब्बती शारीरिक और मानसिक कष्ट सह रहे हैं और अत्यधिक दुखी जीवन व्यतीत कर रहे है। यह दुखद स्थितियाँ किसी प्राकृतिक आपदा से पैदा नहीं हुई बल्कि मानव निर्मित है। इसलिए विद्यमान सच्चाई को देखते हुए, समस्याओं के समाधान के लिए, सुसंगत रूप से प्रयत्न करने की आवश्यकता है।

यह सब करने के लिए हमारे लिए आवश्यक है कि हम चीन और तिब्बत के बीच संबंध सुधारें और साथ ही तिब्बत के भीतर रह रहे और बाहर रह रहे तिब्बतियों के आपसी संबंध सुधारें। हमें सच्चाई और समानता के आधार पर चीनी और तिब्बती समुदायों में भविष्य में बेहतर समझदारी विकसित करनी चाहिए। समय आ गया है कि हम अपनी साझी बुद्धिमत्ता का प्रयोग तिब्बतियों के वास्तविक सुख के लिए अति आवश्यक समझ कर करें। जहाँ तक मेरा प्रश्न है मैं मानव मात्र की सेवा के लिए प्रतिबद्ध हूँ विशेष रूप से, निर्धन और निर्बलों के लिए और मैं यह कार्य राष्ट्र की सीमाओं से ऊपर उठकर अपनी क्षमता के अनुरूप करने को तैयार हूँ। क्योंकि तिब्बत के लोग मुझ पर बहुत विश्वास करते हैं और उन्हें मुझ से आशाएँ है इसलिए मैं उनकी इच्छाओं और अकांक्षाओं को जो कि तात्कालिक और भविष्य के कल्याण के विषय में हैं पहुँचाना चाहूँगा।

मुझे विश्वास है कि आप उल्लिखत बिन्दुओं के विषय में अपने विचार मुझे बताएँगे।

उच्चतम विश्वास और सम्मान सहित,
दलाई लामा

23 मार्च 1981 को, डेंग जियाओपिंग को लिखे पत्र के साथ संप्रेषित टिप्पणी

बीजिंग द्वारा, ग्यालो थोंडुप के माध्यम से स्थापित सम्पर्क के परिणाम स्वरूप हाल ही में तीन तथ्य अन्वेषक दल तिब्बत का दौरा कर चुके हैं। चौथा, इस वर्ष अप्रेल में जाने वाला है। यद्यपि बीजिंग की ओर से तिब्बत में भारत से पचास अध्यापक दो वर्ष के लिए तिब्बती विद्यालयों के लिए प्रतिनियुक्ति पर भेजने, और ल्हासा में सम्पर्क अधिकारी का कार्यालय खोलने की सहमती दी जा चुकी थी ताकि पारस्परिक संबन्ध विकसित हो सकें, परन्तु ग्यालो थोंडुप को हाल ही में हांगकांग की न्यूज एजेंसी के माध्यम से यह संदेश दिया गया है-

"जहाँ तक चौथे तथ्य-अन्वेषक दल को भेजने का प्रश्न है, अभी कुछ भी निश्चित नहीं है। बाद में इस विषय में हांगकांग अथवा दिल्ली स्थित चीनी दूतावास के माध्यम से आपको सूचित किया जाएगा।

- यद्यपि हमने सैद्धान्तिक रूप से यह तय किया था कि तिब्बत में सम्पर्क अधिकारी का कार्यालय खोला जाएगा और अध्यापक प्रतिनियुक्ति पर जाएँगे सम्पर्क अधिकारी कार्यालय खोलने को स्थगित करना ठीक रहेगा और इसके स्थान पर हांगकांग और दिल्ली स्थित चीनी दूतावास के माध्यम से अधिक सम्पर्क बनाया जाए।

- भारत में सभी प्रकार की सुविधाओं के साथ पले-बढ़े अध्यापकों के लिए तिब्बत में कठिनाई होगी क्योंकि अभी वहाँ ऐसी सुविधाएँ उपलब्ध नहीं है। इससे उनका नैतिक बल गिर सकता है। इसलिए यह तय किया गया है कि तिब्बत में अध्यापक भेजने को भी स्थगित किया जाए। वर्तमान में कुछ अध्यापकों को चीन में स्थित राष्ट्रीयताओं वाले विद्यालयों में प्रतिनियुक्ति पर भेजा जा सकता है और जहाँ से उन्हें क्रमशः तिब्बत भेजा जा सकता है।"

(तदनन्तर, बीजिंग की ओर से दिल्ली स्थित चीनी दूतावास के माध्यम से सन्देश प्राप्त हुआ कि इस वर्ष के लिए चौथे दल को भेजना स्थगित कर दिया जाए।)

ऊपर दिए विषयों पर हमारी प्रतिक्रिया निम्न प्रकार से है:

- हम इस वर्ष प्रतिनिधि मण्डल को स्थगित करने और ल्हासा में सम्पर्क अधिकारी कार्यालय भी फिलहाल न खोलने पर सहमत हैं।
- जहाँ तक अध्यापकों को तिब्बत भेजने का प्रश्न है, अध्यापक, तिब्बत की कठिन परिस्थितियों से भली भाँति परिचित हैं और इससे न उनका नैतिक बल गिरेगा और न ही कार्य कुशलता में कोई कमी आएगी। सबसे बढ़कर बात यह है कि अध्यापकों को भेजने का कारण भी यही है कि कठिन परिस्थितियों में रह रहे छात्रों के शैक्षिक स्तर को ऊपर उठाया जाए। हमें विश्वास है कि आप इस विषय पर पुनः विचार करेंगे। अध्यापक केवल शिक्षा सम्बन्धी विषयों तक सीमित रहेंगे और किसी प्रकार की राजनीतिक गतिविधियाँ नहीं करेंगे। इसलिए इस विषय में चिन्ता करने की कोई आवश्यकता नहीं है।

11 सितम्बर, 1992, डेंग जियाओपिंग के नाम पत्र

प्रिय श्रीमान, डेंग जियाओपिंग,
मुझे इस बात की प्रसन्नता है कि पुनः हम लोगों में सीधा सम्पर्क स्थापित हुआ है। मुझे विश्वास है कि इससे संबंधों में सुधार होगा और पारस्परिक समझ और विश्वास बढ़ेगा।

22 जून, 1992 को श्री डिंग गुआंगेन की ग्यालो थोंडुप के साथ जो चर्चा हुई मुझे उसके विषय में बताया गया जिससे तिब्बत समस्या के समाधान हेतु चीन की सरकार का वार्ता को लेकर को क्या पक्ष है उससे अवगत हुआ। श्री डिंग गुआंगेन द्वारा कठोर एवं अनमनीय पक्ष को सुनकर मुझे निराशा हुई विशेष रूप से वार्ता के लिए पूर्व शर्तों पर जोर दिया जाना। परन्तु फिर भी मेरा यह दृढ़ विश्वास है कि हमारी समस्या का समाधान खुलेपन और गंभीरता से

चीनी और तिब्बती लोगों के हित में वार्ता से ही निकलेगा। इसे संभव बनाने के लिए किसी भी पक्ष को इसमें व्यवधान नहीं डालना चाहिए और न ही वार्ता के लिए पूर्व शर्तें लगानी चाहिए।

सार्थक बातचीत हो सके इसके लिए दोनों पक्षों में आपसी विश्वास होना बहुत जरूरी है। इसलिए विश्वास स्थापना के लिए मुझे लगता है कि यह महत्त्वपूर्ण है कि चीन के नेताओं और लोगों तक यह बात पहुँचे कि मैंने इस दिशा में गत वर्षों में क्या प्रयास किए है। मेरे तीन प्रतिनिधि अपने साथ मेरे द्वारा लिखा एक पत्र और उसके साथ एक विस्तृत टिप्पणी लेकर आ रहे हैं जिसमें वार्ताओं को तिब्बती और चीनी लोगों के हित में आगे बढ़ाने के लिए मेरे विचारों और प्रयासों का वर्णन है। ये लोग आपके साथ चर्चा करेंगे और आप जो प्रश्न उठाना चाहेंगे उनके उत्तर भी देंगे। मुझे आशा है कि पुनः प्रारम्भ हुई इन चर्चाओं से हम अगामी वार्ताओं के लिए कोई मार्ग खोज पाएँगे।

मैंने अपनी ओर से समस्या के समाधान के लिए अनेक विचार प्रस्तुत किए हैं। यदि आप चाहते हैं कि तिब्बत और चीन शान्तिपूर्वक मिलकर रहें तो मेरा मानना है कि अब चीन की सरकार को गम्भीर और सार्थक प्रस्ताव रखने चाहिए। इसलिए मैं हार्दिक आशा करता हूँ कि आप भी खुलेपन और मैत्री के भाव से इसका उत्तर देंगे।

भवदीय

दलाई लामा

इसी पत्र की प्रतिलिपि जियांग जेमिन को भी भेजी गई।

11 सितम्बर 1992 जियांग जेमिन को पत्र

प्रिय श्री जेमिन,

मुझे इस बात की प्रसन्नता है कि पुनः हम लोगों में सीधा सम्पर्क स्थापित हुआ है। मुझे विश्वास है कि इससे संबंधों में सुधार होगा और पारस्परिक समझ और विश्वास बढ़ेगा।

22 जून, 1992 को श्री डिंग गुआंगेन की ग्यालो थोंडुप के साथ जो चर्चा हुई मुझे उसके विषय में बताया गया जिससे तिब्बत समस्या के समाधान हेतु चीन की सरकार का वार्ता को लेकर को क्या पक्ष है उससे अवगत हुआ। श्री डिंग गुआंगेन द्वारा कठोर एवं अनमनीय पक्ष को सुनकर मुझे निराशा हुई विशेष रूप से वार्ता के लिए पूर्व शर्तों पर जोर दिया जाना। परन्तु फिर भी मेरा यह दृढ़ विश्वास है कि हमारी समस्या का समाधान खुलेपन और गंभीरता से चीनी और तिब्बती लोगों के हित में वार्ता से ही निकलेगा। इसे संभव बनाने के लिए किसी भी पक्ष को इसमें व्यवधान नहीं डालना चाहिए और न ही वार्ता के लिए पूर्व शर्तें लगानी चाहिए।

सार्थक बातचीत हो सके इसके लिए दोनों पक्षों में आपसी विश्वास होना बहुत जरूरी है। इसलिए विश्वास स्थापना के लिए मुझे लगता है कि यह महत्त्वपूर्ण है कि चीन के नेताओं और लोगों तक यह बात पहुँचे कि मैंने इस दिशा में गत वर्षों में क्या प्रयास किए है। मेरे तीन प्रतिनिधि अपने साथ मेरे द्वारा लिखा एक पत्र और उसके साथ एक विस्तृत टिप्पणी लेकर आ रहे हैं जिसमें वार्ताओं को तिब्बती और चीनी लोगों के हित में आगे बढ़ाने के लिए मेरे विचारों और प्रयासों का वर्णन है। ये लोग आपके साथ चर्चा करेंगे और आप जो प्रश्न उठाना चाहेंगे उनके उत्तर भी देंगे। मुझे आशा है कि पुनः प्रारम्भ हुई इन चर्चाओं से हम अगामी वार्ताओं के लिए कोई मार्ग खोज पाएँगे।

मैंने अपनी ओर से समस्या के समाधान के लिए अनेक विचार प्रस्तुत किए हैं। यदि आप चाहते हैं कि तिब्बत और चीन शान्तिपूर्वक मिलकर रहें तो मेरा मानना है कि अब चीन की सरकार को गम्भीर और सार्थक प्रस्ताव रखने चाहिए। इसलिए मैं हार्दिक आशा करता हूँ कि आप भी खुलेपन और मैत्री के भाव से इसका उत्तर देंगे।

भवदीय

दलाई लामा

11 नवम्बर, 1992 को डेंग जियाओपिंग और जियांग जेमिन को लिखे पत्र के साथ संलग्न टिप्पणी

22 जून, 1922 को श्री डिंग गुआंगेन जो कि सी. सी. पी. की केन्द्रीय समिति में 'युनाइटेड फ्रंट वर्कर्स डिपार्टमेंट' के प्रधान हैं श्री ग्यालो थोंडुप से बीजिंग में मिले थे और उन्होंने 1979 में श्री डेंग जियाओपिंग द्वारा उन्हें दिए गए इस आश्वासन को दुहराया कि चीन की सरकार, तिब्बत की आजादी के सिवा किसी भी विषय पर चर्चा करके उसका समाधान खोजने की इच्छुक है। श्री डिंग गुआंगेन ने यह भी कहा कि चीन की सरकार का मत है कि "दलाई लामा, अपनी आजादी विषयक गतिविधियों में संलिप्त है।" परन्तु चीन की सरकार तुरन्त वार्ता प्रारम्भ कर सकती है यदि मैं तिब्बत की आजादी की माँग छोड़ दूँ। चीन की सरकार द्वारा इस बात को बार-बार दुहराया जाना यह सिद्ध करता है कि चीनी अधिकारी, मेरे चीनी-तिब्बती संबंधों विषयक विचारों को नहीं समझते। इस टिप्पणी द्वारा मैं अपने विचारों को स्पष्ट करना चाहता हूँ।

1. यह एक स्थापित सत्य है कि अतीत में तिब्बत और चीन दो अलग-अलग देश रहे हैं। परन्तु तिब्बत के मंगोल और माँचू शासकों के साथ अनूठे संबंधों को तोड़-मरोड़ कर पेश करने के कारण कुओमिनटांग और चीन की वर्तमान सरकार तथा तिब्बत के बीच विवाद उत्पन्न हुआ। यह तथ्य कि 1951 में चीनी सरकार को तिब्बत के साथ सत्रह सूत्रीय समझौता करना पड़ा, स्पष्ट रूप से दर्शाता है कि चीन की सरकार भी तिब्बत की इस अनूठी स्थिति को स्वीकार करती है।

2. जब मैंने 1954 में बीजिंग की यात्रा की तो मुझे यह लगा कि जिन पार्टी नेताओं से मैं मिला उनमें से अधिकांश ईमानदार और स्पष्ट वक्ता थे। चेयरमैन माओ-त्से-तुंग ने मुझे विशेष रूप से बताया कि चीनी, तिब्बत में वहाँ के प्राकृतिक संसाधनों का विकास कर उन्हें देश-हित में प्रयुक्त करने के लिए हैं, सेनाध्यक्ष झांग जिंगनू और सेनाध्यक्ष फेंग मिंग मेरी और तिब्बतियों की सहायता के लिए वहाँ हैं न कि तिब्बत पर शासन के लिए तथा तिब्बत में सभी चीनी अधिकारी भी हमारी सहायता के लिए हैं। और जब तिब्बत उन्नत हो जाएगा तो इन सब को वापिस बुला लिया जाएगा। यदि कोई भी चीनी अधिकारी इस बात के अनुरूप कार्य नहीं

करता है, उसे वापिस भेज दिया जाएगा। चेयरमैन माओ ने आगे कहा था कि 'तिब्बत को एक स्वायत्तशासी क्षेत्र बनाने के लिए एक प्रारम्भिक तैयारी समिति का गठन किया जाए न कि तिब्बत को 'सैन्य राजनीतिक कमीशन' के अधीन सीधे चीन की सरकार द्वारा शासित किया जाएगा।"

मेरे बीजिंग छोड़ने से पूर्व चेयरमैन माओ ने मुझे प्रजातंत्र के विषय में विस्तार से समझाया। उन्होंने कहा कि मुझे नेतृत्व संभालना चाहिए और यह भी सलाह दी कि कैसे लोगों के विचारों से अवगत रहा जा सकता है। उन्होंने सौम्य और दयालु भाव से बातचीत की जो कि मार्मिक और उत्साहवर्धक थी।

बीजिंग में रहते हुए मैंने प्रधान मंत्री झाऊ एनलाई से कहा था कि हम तिब्बती यह जानते हैं कि हमें राजनीतिक, सामाजिक और आर्थिक दृष्टि से विकास करना है और वास्तव में मैंने इस दिशा में कुछ कदम उठाए भी हैं।

तिब्बत वापिस जाते समय रास्ते में मैंने सेनाध्यक्ष झांग-गू-हुआ से कहा था कि-चीन जाते समय मैं अपने देश के भविष्य को लेकर संदेह और चिंता में डूबा था परन्तु अब मैं तिब्बती नेताओं को लेकर सकारात्मक प्रभावों के साथ बहुत विश्वास और आशावादिता के साथ लौटा हूँ। लोगों की सेवा करने की मेरी आन्तरिक इच्छा, विशेषकर निर्धन और असहायों की तथा तिब्बत और चीन के बीच सहयोग और पारस्परिक मैत्री ने मुझे विश्वास दिलाया और आशान्वित किया है कि भविष्य में तिब्बत का विकास होगा। उस समय चीन तिब्बती संबंधों के विषय में मुझे ऐसा ही प्रतीत हुआ था ।

3. जब 1956 में 'स्वायत्तशासी क्षेत्रीय तैयारी समिति' का गठन किया गया तब दोनों पक्षों की भलाई के लिए ईमानदारी के साथ काम करने के सिवा, दूसरा कोई विकल्प नहीं था। परन्तु तब तक चीनी अधिकारी अविश्वसनीय क्रूरता के साथ तिब्बती लोगों पर साम्यवाद थोपने लगे थे विशेषकर खाम और अमदो क्षेत्रों और लियांग में। इसके परिणाम स्वरूप तिब्बतियों में चीनी नीतियों के विरुद्ध प्रतिरोध का भाव बढ़ने लगा जिसका परिणाम खुला विद्रोह हुआ।

मैं विश्वास नहीं कर सकता था कि चेयरमैन माओ ने मेरे चीन प्रवास में जिस प्रकार के वायदे मुझसे किए थे वह इस प्रकार की दमन परक नीतियों के आदेश दे सकते हैं। इसलिए मैंने तिब्बत की स्थितियों का वर्णन करते हुए उन्हें तीन पत्र लिखे और दमन रोकने की माँग की। दुख की बात है कि किसी का भी उत्तर नहीं आया।

1956 में मैं महात्मा बुद्ध के जन्म दिन 'बुद्ध जयन्ती' पर भारत यात्रा पर गया। उस समय अनेक तिब्बतियों ने मुझे परामर्श दिया कि तिब्बत न लौटूँ और भारत में रह कर ही चीन से वार्ता जारी रखूँ। मुझे भी लगा था कि कुछ समय तक मुझे भारत में ही रहना चाहिए। भारत प्रवास में मैं झाऊ एनलाई से मिला और मैंने उन्हें बताया कि खाम और अमदो में सुधारों के नाम पर हो रहे दमन को देखकर मैं कितना अधिक दुखी हूँ। प्रधान मन्त्री झाऊ एनलाई ने मुझे बताया कि यह सब उनके विचारानुसार कुछ अधिकारियों की गलतियों के कारण हुआ है तथा तिब्बत में "सुधार" तिब्बतियों की इच्छानुसार ही किए जाएँगे और तिब्बती सरकार ने सुधारों को छह वर्ष तक स्थगित रखने का निर्णय पहले ही ले लिया है। उन्होंने मुझे यथाशीघ्र तिब्बत लौट जाने की सलाह दी ताकि अशांति को और अधिक फैलने से रोका जा सके।

भारत के प्रधानमन्त्री पंडित जवाहर लाल नेहरू ने मुझसे कहा था कि झाऊ एनलाई ने उन्हें बताया था कि चीन की सरकार तिब्बत को अपना प्रांत नहीं मानती है। यहाँ के लोग मूल चीन निवासियों से भिन्न है। इसलिए वे (चीनी लोग) तिब्बत को स्वायत्तशासी क्षेत्र मानते हैं और वे ऐसे ही रह सकते है यह भी प्रधानमंत्री नेहरू ने मुझसे कहा था कि प्रधान मंत्री झाऊ एनलाई ने उन्हें आश्वस्त किया है कि तिब्बत की स्वायत्तता बनाए रखी जाएगी, इसलिए उन्होंने मुझे सलाह दी कि मैं इसे बनाए रखने का प्रयास करूँ और चीन द्वारा सुधार किए जाने की प्रक्रिया में सहयोग करूँ।

अब तक तिब्बत की स्थिति बहुत खतरनाक और निराशाजनक हो चुकी थी। मैंने तिब्बत वापिस जाने का निर्णय लिया ताकि चीनी

सरकार को अपने वायदे पूरे करने का अवसर दे सकूँ। द्रोमो, ग्याँसते और शिकासते के मार्ग से ल्हासा जाते समय, मेरी अनेक तिब्बती और चीनी अधिकारियों से मुलाकात हुई, मैंने उन्हें बताया कि चीनी, तिब्बत में तिब्बतियों पर शासन करने नहीं आए हैं और तिब्बती उनकी प्रजा नहीं हैं और यह कि चीनी अधिकारियों ने तिब्बत को पूरी आन्तरिक आजादी के साथ स्वायत्तशासी क्षेत्र बनाने का वायदा किया है, हम सबको मिलकर इसकी सफलता के लिए कार्य करना है। मैंने इस बात पर भी जोर दिया कि चीन के नेताओं ने मुझे आश्वस्त किया है कि चीन के अधिकारी यहाँ हमारी सहायता के लिए हैं और यदि वह इसके विपरीत व्यवहार करते हैं तो वे उनकी सरकार की आज्ञा का उल्लंघन कर रहे होंगे। मेरा मानना है कि मैं पुनः चीन और तिब्बत में सहयोग बढ़ाने के लिए प्रयास कर रहा था।

4. परन्तु, खाम और अमदो में जो पूर्वी तिब्बत का भाग है, कठोर सैन्य दमन के कारण, हजारों युवा और वृद्ध तिब्बती, उन स्थितियों में रहने में असमर्थ होकर शरणार्थी बनकर ल्हासा की ओर आने लगे। चीनियों के ऐसे क्रिया-कलापों ने तिब्बतियों की चिंता बढ़ा दी और उनका चीनी वायदों से विश्वास उठने लगा। इससे और अधिक आक्रोश बढ़ा और स्थितियाँ अधिक खराब हुई। फिर भी मैं अपने लोगों को संयम से रहने और शान्तिपूर्व समाधान खोजने के लिए प्रेरित करता रहा। अपने लोगों का विश्वास खो देने का खतरा उठा कर भी मैंने प्रयास किया कि बीजिंग से संवाद न टूटे। परन्तु स्थितियाँ लगातार बिगड़ती चली गईं जो कि अंततः1959 की दुखद, विस्फोटक घटनाओं के रूप में सामने आईं जिनके परिणाम-स्वरूप मुझे तिब्बत छोड़ना पड़ा।

निराशाजनक स्थिति का सामना करते हुए मेरे लिए संयुक्त राष्ट्र संघ से गुहार लगाने के सिवा कोई रास्ता न रहा। संयुक्त राष्ट्र संघ ने 1959, 1961 और 1965 में तीन प्रास्ताव पारित किए जिनमें कहा गया, "उन सब व्यवहारों पर लगाम लगाई जाए जिनसे तिब्बतियों के मानवाधिकार और स्वतन्त्रता बाधित होती हैं जिसमें आत्मनिर्णय का अधिकार भी शामिल है" तथा सदस्य राष्ट्रों को इस लक्ष्य की प्राप्ति के लिए हर सम्भव प्रयास करने को कहा।

चीन की सरकार ने संयुक्त राष्ट्र संघ के प्रस्तावों का पालन नहीं किया। उन्हीं दिनों, सांस्कृतिक क्रान्ति प्रारम्भ हो गई और उन दिनों तिब्बत-चीन समस्या के समाधान के लिए कोई अवसर नहीं था। उस समय तो ऐसे नेता को खोज पाना भी संभव नहीं था जिससे वार्ता प्रारम्भ की जा सके। चीन की सरकार के साथ वार्ताओं में अधूरी आशाओं और निराशाओं से जूझते हुए भी, इस तथ्य के चलते कि चीनी और तिब्बती सदा पड़ोसी रहेंगे, मै इस बात से पूरी तरह सहमत हूँ कि हमें शान्तिपूर्वक साथ-साथ रहने और एक दूसरे की सहायता करने का मार्ग खोजने का प्रयास करते रहना चाहिए।

5. मुझे विश्वास है कि यह संभव है और और इस दिशा में प्रयास करना उपयोगी है। इस विश्वास के साथ मैंने 10 मार्च,1971 को अपने लोगों से कहा था- इस तथ्य के होते हुए भी कि हम तिब्बतियों को साम्यवादी चीन का विरोध करना है, मैं वहाँ के लोगों के प्रति घृणा का भाव मन मैं नहीं ला सका। घृणा, शक्ति का नहीं, कमजोरी का लक्षण है। जब महात्मा बुद्ध ने कहा था कि घृणा को घृणा से नहीं जीता जा सकता तब वे आध्यात्मिक बात ही नहीं कह रहे थे बल्कि उनके शब्दों में जीवन का व्यावहारिक सत्य था। घृणा से प्राप्त किया कुछ भी अधिक दिन नहीं टिकता। दूसरी ओर घृणा और अधिक समस्याओं को जन्म देगी। और तिब्बतियों के लिए जो कि पहले ही ऐसी दुखद स्थितियों से घिरे हैं घृणा से और अधिक अवसाद पैदा होगा। इससे भी बढ़कर बात यह है कि हम ऐसे लोगों से घृणा कैसे कर सकते है जो नहीं जानते कि वे क्या कर रहे हैं। हम उन लाखों चीनियों से घृणा कैसे कर सकते हैं जो शक्तिहीन हैं और अपने नेताओं द्वारा हाँके जा रहे है? हम चीनी नेताओं से भी घृणा नहीं कर सकते क्योंकि उन्होंने इस देश के लिए और उस लक्ष्य के लिए जिसे वे उचित मानते हैं असीम कष्ट सहे हैं। मुझे घृणा में विश्वास नहीं है परन्तु मैं यह अवश्य मानता हूँ, "जैसा कि सदा मेरा विश्वास रहा है कि सत्य और न्याय की ही अन्ततः विजय होती है।"

10 मार्च 1973 को चीन के इस दावे के संदर्भ में कि तिब्बत को तीन सामन्ती स्वामियों से मुक्त करके उन्हें 'अपनी भूमि का स्वामी' बनाया जा

रहा है और वे 'असाधारण विकास और सुख प्राप्त कर रहे हैं।' मैंने कहा था तिब्बत से बाहर के तिब्बतियों के संघर्ष का लक्ष्य तिब्बत के लोगों के लिए सुख प्राप्त करना है। यदि तिब्बत के लोग, चीनी शासन में सुखी हैं तो हम निर्वासित तिब्बतियों के लिए शिकायत करने का कोई कारण ही नहीं है।"

पुनः 10 मार्च 1979 के अपने वक्तव्य में मैंने डेंग जियाओपिंग के उस वक्तव्य की प्रशंसा की थी जिसमें उन्होंने "तथ्यों से सत्य तक पहुँचने" की बात कही थी, चीन के लोगों को उनके चिर संचित अधिकारों को देने की बात कही थी और अपनी गलतियों और कमियों को मानने की बात की थी। ईमानदारी, विकास और खुलेपन के इन संकेतों की प्रशंसा करते हुए मैंने कहा था- वर्तमान चीनी नेतृत्व को अतीत की संकीर्ण हठधर्मिता और बदनामी का भय त्याग कर वर्तमान संसार की स्थिति को समझना चाहिए। उन्हें अपनी गलतियों, वास्तविकताओं और मानव जाति से संबद्ध सभी लोगों के समानता और सुख प्राप्ति के अधिकार को मान्यता देनी चाहिए। यह स्वीकृति केवल कागजी न होकर, व्यवहार में भी उतरनी चाहिए। यदि यह बातें मान ली जाती हैं तो ईमानदारी और न्यायपूर्ण ढंग से सारी समस्याओं का समाधान संभव है। अपनी इस दृढ़ धारणा के कारण ही मैंने चीन और तिब्बत के बीच सुलह और मैत्री के प्रयास पुनः प्रारम्भ किए।

6. 1979 में डेंग जियाओपिंग ने श्री ग्यालो थोंडुप को बीजिंग बुलाया और उन्हें बताया कि तिब्बत की आजादी के मुद्दे को छोड़कर, किसी भी अन्य मुद्दे पर चर्चा हो सकती है और उसे सुलझाया जा सकता है। श्री डेंग ने थोंडुप से यह भी कहा कि हम एक दूसने के सम्पर्क में बने रहेंगे और तिब्बत में तथ्य अन्वेषी प्रतिनिधि-मण्डल भेज सकते हैं। स्वाभाविक है कि हमें इससे समस्या के समाधान की आशा बंधी और हमने तिब्बत में तथ्यान्वेषक दल भेजने प्रारम्भ किए।

23 मार्च 1981 को मैंने डेंग जियाओपिंग को एक पत्र में लिखा, "तीन तथ्यान्वेषक दल तिब्बत की स्थिति के नकारात्मक और सकारात्मक पहलुओं को जान चुके हैं। यदि तिब्बत के लोगों की पहचान का संरक्षण

हो रहा है और तिब्बती प्रसन्न हैं तो हमारे लिए शिकायत का कोई अवसर ही नहीं है। परन्तु 90 % से भी अधिक तिब्बती, मानसिक और शारीरिक रूप से अस्वस्थ हैं और बहुत दुखी जीवन जी रहे हैं। यह दुखद स्थितियाँ किन्ही प्राकृतिक आपदाओं का परिणाम न होकर, मानव निर्मित हैं। इसलिए वर्तमान वस्तुस्थितियों पर सुसंगत रूप से विचार करते हुए सच्चे मन से समस्या के समाधान के लिए प्रयास किए जाने चाहिए।

इस कार्य को करने के लिए चीन और तिब्बत में तथा तिब्बत के भीतर और बाहर रह रहे तिब्बतियों के बीच संबंध सुधारने होंगे। भविष्य में बेहतर समझदारी विकसित करते हुए सत्य और समानता की नींव पर हमें चीनी और तिब्बतियों में मैत्री स्थापित करनी चाहिए। समय आ गया है कि हम तिब्बत के लोगों के लिए तत्परता के साथ अपने सांझे विवेक सहिष्णुता और उदारता का प्रयोग करते हुए तिब्बतियों के वास्तविक सुख के लिए प्रयास करें।

जहाँ तक मेरा प्रश्न है मैं मानव मात्र के कल्याण के लिए, विशेषकर निर्धन और निर्मल लोगों के लिए प्रतिबद्ध हूँ जितनी मेरी सामर्थ्य है और इसमें देशों की सीमाओं के आधार पर भेदभाव नहीं होगा।

"उक्त बिन्दुओं पर, मुझे आशा है कि आप मुझे अपने विचारों से अवगत कराएँगे।"

मेरे पत्र का काई उत्तर नहीं आया। इसके स्थान पर 28 जुलाई 1981 को महासचिव हू-याओबांग ने थोंडुप को एक दस्तावेज थमा दिया जिसका शीर्षक था, "दलाई लामा के प्रति पाँच सूत्रीय नीति।"

यह घोर निराशा और आश्चर्य का विषय था। चीन सरकार से निरंतर वार्ता करने का कारण यह था कि हम चाहते थे कि साठ लाख तिब्बती जिन्हें पीढ़ी दर पीढ़ी चीन के पड़ोस में रहना था वे स्थायी और वास्तविक सुख से रह सकें परन्तु चीन ने इस विषय की अनदेखी करने का निर्णय लिया और इस सारी समस्या को मेरे पद और चीन लौटने की शर्तों से जोड़ दिया और मूलभूत समस्याओं को सुलझाने में कोई रुचि नहीं दिखाई।

फिर भी मैं डेंग जियाओपिंग के उस वक्तव्य से आशा लगाए रहा जिसमें "तथ्यों से सत्य खोजने" तथा "उदारीकरण" की नीति थी। इसीलिए मैं तिब्बत और चीन में अनेक प्रतिनिधि मण्डल भेजता रहा ताकि जहाँ भी चर्चा और संवाद के माध्यम से समझदारी विकसित करने का अवसर मिले कर सकें। जैसे कि पहले पहल डेंग ने सुझाव दिया था कि मैं तिब्बत में शिक्षा का स्तर सुधारने के लिए अध्यापक भेजूँ, मैंने उसे स्वीकार किया। परन्तु किसी न किसी कारण से चीन की सरकार ने इसे अस्वीकार कर दिया। इन संपर्कों से तिब्बत में चार तथ्य खोजी दल भेजे गए, दो प्रतिनिधि मण्डल बीजिंग गए, तथा प्रवासी और स्थानीय तिब्बती परिवारों का पारस्परिक आवागमन हुआ। परन्तु इन कदमों से समस्या के समाधान की दिशा में विशेष प्रगति नहीं हुई और ऐसा चीनी नेताओं के कठोर रुख के कारण हुआ जो कि डेग जियाओपिंग की नीतियों को समझने में असमर्थ रहे।

7. फिर भी मैंने आशा नहीं छोड़ी। यह बात मेरे हर वर्ष 10 मार्च को दिए जाने वाले (1981, 1983, 1984 और 1985) के वार्षिक वक्तव्यों में झलकती है जिनमें मैंने यह कहा था:

अतीत का इतिहास, अतीत हो गया है। अधिक प्रासंगिक तो अब यह है कि भविष्य में चीनी और तिब्बती समुदायों में सार्थक और मैत्रीपूर्ण संबंध स्थापित करके वास्तविक सुख और शान्ति का वास हो।
इस लक्ष्य की प्राप्ति के लिए दोनों पक्षों के लिए यह महत्त्वपूर्ण है कि कठिन परिश्रम करें और सहिष्णुता, समझदारी तथा उदारता से काम लें (1981)।

"अपने विचारों की अभिव्यक्ति और उनको क्रियान्वित करने का अधिकार देने से सर्वत्र लोग सृजनात्मक और प्रगतिशील बने हैं। इससे मानव समाज को तेजी से प्रगति करने और वास्तविक समरसता अनुभव करने की क्षमता प्राप्त होती है... विचारों की अभिव्यक्ति से वंचित करना पूरी तरह काल विरुद्ध और क्रूर दमन का ही एक रूप है- संसार के लोग न केवल इसका विरोध करेंगे बल्कि इसकी भर्त्सना भी करेंगे। इसलिए

साठ लाख तिब्बतियों को अपनी सांस्कृतिक पहचान विकसित करने और धार्मिक स्वतंत्रता का, अपने भाग्य का स्वयं निर्माण करने का, अपने मामलों का स्वयं प्रबन्ध करने का तथा किसी भी तरह की बाधा के बिना आत्म अभिव्यक्ति का आनन्द लेने का अधिकार है। यह तर्कसंगत और न्यायपूर्ण है (1983)

विभिन्न स्तरों के आर्थिक विकास और वैषम्य के रहते हुए भी, महाद्वीप, राष्ट्र, समुदाय, परिवार, वास्तव में सभी व्यक्ति अपने अस्तित्व और कल्याण के लिए एक दूसरे पर निर्भर है। हर मनुष्य सुख चाहता है और कोई दुख नहीं चाहता। इस बात को ठीक से समझ लेने के पश्चात हमें पारस्परिक संवेदना, प्रेम और न्याय की मूलभूत भावना को विकसित करना चाहिए। ऐसे वातावरण में यह आशा की जा सकती है कि धीरे-धीरे परिवारों की और राष्ट्रों की समस्याओं पर नियन्त्रण पाया जा सकता है और लोग शान्ति और समरसता के साथ रह सकते हैं। इसके स्थान पर यदि लोग स्वार्थपरता, आधिपत्य जमाने और ईर्ष्या के भाव को विकसित करेंगे तो समग्र रूप से पूरी दुनिया में तथा व्यक्तिगत रूप से भी कोई समरसता और शान्ति का आनन्द नहीं ले सकेगा। इसलिए मेरा यह विश्वास है कि पारस्परिक संवेदना और प्रेम पर आधारित संबंध ही मूलभूत रूप से मानव सुख के लिए महत्त्वपूर्ण हैं।" (1984)

किसी भी मानवीय समाज में वास्तविक सुख प्राप्ति के लिए, अभिव्यक्ति की स्वतंत्रता अत्यधिक आवश्यक है। यह विचारों की आजादी केवल पारस्परिक विश्वास, पारस्परिक समझदारी और भय से मुक्ति द्वारा ही संभव है... तिब्बत और चीन के सम्बन्ध में भी यह सत्य है कि जब तक हम आपसी भय और अविश्वास को समाप्त नहीं करते, जब तक हम वास्तविक मैत्री और सद्भावना का भाव पैदा नहीं करते, जिस समस्या से आज हम जूझ रहे हैं यह समस्या बनी रहेगी।

हमारे लिए आवश्यक है कि हम दोनों देश एक दूसरे के विषय में जानें...अब यह चीन पर निर्भर करता है कि वह आधुनिक समय के प्रबुद्ध आदर्शों और सिद्धान्तों के अनुसार कार्य करते हुए तिब्बतियों के दृष्टिकोण

और उनकी भावनाओं एवं आकांक्षाओं को जानने और समझने का प्रयास करे... जो विचार आपकी विचारधारा के विरुद्ध पड़ते हैं उन्हें संदेहात्मक और दोष मानना अनुचित है। यह आवश्यक है कि मतभेदों का खुलकर परीक्षण और चर्चा की जाए। जब भिन्न विचारों को खुलकर व्यक्त किया जाता है और समानता के स्तर पर समझदारी से चर्चा में लाया जाता है तो इसके परिणामस्वरूप जो निर्णय या समझौता होता है वह वास्तविक होगा और दोनों पक्षों के लिए लाभदायक होगा। परन्तु जब तक विचार और क्रिया में विरोध रहेगा तब तक कोई भी सार्थक समझौता संभव नहीं। इसलिए इस समय हमारे लिए सर्वाधिक महत्त्वपूर्ण बात यह है कि हम एक दूसरे से निकट संबंध स्थापित करें, अपने विचार स्पष्टता से व्यक्त करें और एक दूसरे को समझने का गम्भीर प्रयास करें। इसके परिणाम स्वरूप मानवीय संबन्धों में सुधार से, मुझे पूरा विश्वास है कि हमारी समस्या का समाधान, हम दोनों की संतुष्टि के अनुरूप हो सकेगा।

उपर्युक्त और अन्य तरीकों से भी मैंने अपने विचार स्पष्टता से व्यक्त किए। परन्तु मेरे समझौतावादी दृष्टिकोण का कोई प्रत्युत्तर नहीं आया।

8. क्योंकि चीन और तिब्बत के मध्य हुए सभी विचार विमर्शों का कोई परिणाम नहीं निकला था इसलिए मूलभूत समस्याओं को स्वीकृत समझौते द्वारा सुलझाने के लिए जो कदम उठाए जाने अपेक्षित थे, इस विषय में मुझे अपने विचारों को सार्वजनिक करना पड़ा। 21 सितम्बर, 1987 को मैंने संयुक्त राज्य अमरीका में 'पाँच सूत्रीय शांति योजना' की घोषणा की। इसकी प्रस्तावना में मैंने कहा वास्तविक समझौते की आशा और समस्या का स्थायी समाधान खोजने के लिए मेरी यह इच्छा है कि हम पहला कदम इस उपक्रम से करें। मैं आशा कर रहा था कि यह योजना भविष्य में सभी पड़ोसी देशों में मैत्री और सहयोग बढ़ाएगी, इसमें चीन के लोगों का कल्याण और लाभ भी शामिल होगा।

इसके मूलभूत तत्त्व थे :

1. पूरे तिब्बत का अहिंसक परिक्षेत्र में बदलाव (शांति और अहिंसा)
2. चीन की जनसंख्या स्थानान्तरण की नीति को निरस्त करना जिससे तिब्बतियों के अस्तित्व पर ही संकट है
3. तिब्बतियों के मूलभूत मानवाधिकारों तथा प्रजातांत्रिक स्वतन्त्रताओं का सम्मान
4. तिब्बत के प्राकृतिक परिवेश का पुनरुद्धार तथा सुरक्षा और तिब्बत में चीन द्वारा परमाणु शस्त्रास्त्रों के निर्माण और उसके कचरे को यहाँ जमा करने पर रोक
5. तिब्बत की भविष्य में स्थिति विषयक गम्भीर वार्ता प्रारम्भ करना और तिब्बती और चीनी लोगों के संबंधों पर चर्चा।

मेरी इस पहल के उत्तर में श्री यान मिंगफू, ग्यालो थोंडुप से 17 अक्तूबर, 1987 को मिले और एक पाँच सूत्रीय सन्देश उन्हें दिया जिसमें मेरे शान्ति प्रस्तावों के लिए मेरी निन्दा की गई थी और मुझपर आरोप लगाया गया था कि 27 सितम्बर, 1987 को ल्हासा में हुए प्रदर्शनों को मैंने हवा दी थी और यह कि मैं तिब्बतियों के हितों के विरुद्ध काम कर रहा हूँ।

मेरे समझौते के गम्भीर प्रस्तावों पर, गम्भीरता से विचार करना तो दूर, यह प्रतिक्रिया निराशाजनक और अपमानजनक थी।

इतना होने पर भी मैंने 17 दिसम्बर, 1987 को लिखे 14 सूत्रीय प्रत्युत्तर में अपने विचारों का स्पष्टीकरण दिया।

9. 15 जून 1988 को यूरोपीय संसद में, स्ट्रासबर्ग में मैंने पुनः अपनी पाँच सूत्रीय शांति योजना को प्रस्तुत किया। समझौता वार्ता में प्रारूप के रूप में मैंने प्रस्तावित किया कि तिब्बतियों के मूलभूत अधिकारों की सुरक्षा हो, चीन को तिब्बत की विदेश नीति निर्धारण का दायित्व दिया जा सकता है साथ ही वह सीमित सैन्यबल भी सुरक्षा के लिए तिब्बत में रखे जब तक कि क्षेत्रीय शान्ति समिति की बैठक नहीं बुलाई जाती

और तिब्बत को एक तटस्थ शान्ति अभयारण्य में परिवर्तित नहीं किया जाता। अनेक तिब्बतियों ने इन प्रस्तावों के लिए मेरी आलोचना की। मेरा विचार तिब्बतियों और चीनियों के साथ आने को संभव बनाना था ताकि वे स्थायी मैत्री के साथ एकसाथ रह सकें तथा साथ ही तिब्बत के लोगों को अपने देश पर शासन करने का अधिकार प्राप्त हो जाए। मेरी यह सुनिश्चित धारणा है कि असैन्यीकृत तिब्बत, एक अहिंसा क्षेत्र के रूप में, न केवल तिब्बती और चीनी लोगों के बीच बल्कि इस क्षेत्र के सभी पड़ोसी देशों के मध्य समरसता और शान्ति को जन्म देगा।

10. 23 सितम्बर, 1988 को चीन की ओर से एक वक्तव्य आया कि वह हमारे साथ वार्ता के लिए तैयार है। इस घोषणा में कहा गया कि समय और स्थान का निर्धारण दलाई लामा कर सकते हैं। हमने इस घोषणा का स्वागत किया और बीजिंग को बता दिया कि वार्ता 25 अक्टूबर, 1988 को जेनेवा में हो सकती है जो कि अन्तरराष्ट्रीय रूप से तटस्थ स्थल है और हमारी पसन्द है। हमने घोषणा की कि हमारा वार्ता-दल तैयार है और हमने अपने दल के लोगों के नाम भी सूचित किए।

    18 नवम्बर, 1988 को चीन ने प्रत्युत्तर में जेनेवा का प्रस्ताव ठुकरा दिया और उसके स्थान पर बीजिंग अथवा हांगकांग में वार्ता की बात कही। उन्होंने आगे कहा कि हमारे वार्ता प्रतिनिधि दल में कोई विदेशी नहीं होना चाहिए और इसमें केवल युवा हैं ग्यालो थोंडुप के साथ उन जैसे अन्य वृद्ध नेता भी सलाहकार के रूप में दल के साथ होने चाहिए।

    नर्म और उदार दृष्टिकोण के साथ हमने चीन सरकार की माँगों को माना और प्रारम्भिक वार्ता के लिए दल को हांगकांग में चीनी प्रतिनिधियों से मिलने के लिए भेजा। दुर्भाग्य से जब हांगकांग को प्रारम्भिक बातचीत के लिए अंततः चुन लिया गया था तो चीन की सरकार ने आगे किसी तरह की सूचना नहीं दी और वे अपने ही सुझाव का पालन करने में असमर्थ रहे।

11. यद्यपि मैं दो वर्ष तक इस प्रस्ताव का आग्रह करता रहा परन्तु चीन की सरकार की ओर से इस पर विचार करने अथवा इसकी स्वीकृति का भी कोई संकेत नहीं मिला।

इसलिए 10 मार्च, 1991 को मुझे यह कहने को विवश होना पड़ा कि यदि निकट भविष्य में चीन की सरकार की ओर से प्रत्युत्तर नहीं आता तो मैंने फ्रांस में जो प्रस्ताव दिए थे उन्हें निभाने के दायित्व से अपने को मुक्त मानूँगा। क्योंकि तिब्बत और चीन के विषय में दिए मेरे अनेक सुझावों से कोई लाभ नहीं हो रहा था इसलिए मुझे नया रास्ता खोजना पड़ा। इसलिए, येल विश्वविद्यालय में एक भाषण में मैंने कहा :

"मैं यथाशीघ्र तिब्बत जाने की संभावना पर विचार कर रहा हूँ। इस यात्रा के मेरे मन में दो उद्देश्य हैं।

पहला यह कि मैं व्यक्तिगत रूप से तिब्बत की स्थिति को समझना चाहता हूँ और अपने लोगों के साथ संवाद करना चाहता हूँ। यह करते हुए मैं चीनी नेतृत्व को भी तिब्बतियों की वास्तविक भावनाओं को समझने में सहायता कर सकता हूँ इसके लिए यह महत्त्वपूर्ण होगा कि चीन के उच्च अधिकार तथा बाहरी पर्यवेक्षक और प्रेस मेरी यात्रा में साथ रहें ताकि वे तिब्बतियों की भावनाओं को देखें और सम्प्रेषित करें।

दूसरे, मेरी यह इच्छा है कि मैं अपने लोगों को सलाह दूँ और समझाऊँ कि वे अहिंसा का मार्ग न छोड़ें क्योकि हमारे संघर्ष के लिए सर्वाधिक उपयुक्त मार्ग यही है अपने लोगों से बात करने की मेरी क्षमता इसके शान्तिपूर्व समाधान में महत्त्वपूर्ण भूमिका निभाएगी। मेरी यात्रा एक नया अवसर प्रदान कर सकती है जिससे समझदारी बढ़ाने और वार्ताओं के द्वारा समाधान पाने का आधार तैयार हो सकता है।"

दुर्भाग्य से मेरी इस पहल का चीन ने तुरन्त विरोध किया। उन दिनों अनेक बार प्रेस के लोगों ने मुझसे पूछा कि मैं स्ट्रासबर्ग प्रस्ताव वापिस ले चुका हूँ तो क्या तिब्बत की आजादी की माँग पुनः उठाऊँगा। इस प्रश्नों के उत्तर में मैंने कहा था कि मुझे कोई टिप्पणी नहीं करनी है।

12. चीन की सरकार ने अत्यधिक संदेह और शंका के साथ हमारे संघर्ष के विषय में कहा कि "प्राचीन समाज" को पुनः स्थापित करने का आन्दोलन है जो तिब्बतियों के हित में नहीं है बल्कि दलाई लामा के व्यक्तिगत हित और दर्जे को लेकर है। अपनी युवावस्था से ही मैं तिब्बती व्यवस्था में

व्याप्त अनेक कमियों से परिचित रहा और उसमें सुधार करना चाहता था। उस समय मैंने तिब्बत में सुधार प्रारम्भ भी किए थे। भारत में भाग कर आने के तुरन्त पश्चात मैंने धीरे-धीरे निर्वासित समुदाय में प्रजातन्त्र आरंभ किया। मैंने बार-बार अपने लोगों ने कहा कि वे इस मार्ग को अपनाएँ। इसके परिणाम स्वरूप हमारे निर्वासित समुदाय में सार्वभौमिक प्रजातांत्रिक नियमों के अनुरूप प्रजातांत्रिक प्रणाली लागू है। अब तिब्बत को पुरानी शासन प्रणाली की ओर ले जाना असंभव है। क्या मेरे तिब्बतियों के लिए किए गए प्रयास अपने लाभ या पद के लिए हैं यह बार-बार कही इस बात से स्पष्ट है कि मैंने घोषणा की है कि भविष्य में तिब्बती सरकार में मैं कोई जिम्मेदारी ग्रहण नहीं करूँगा और न ही राजनीतिक पद लूँगा। इससे भी बढ़कर 26 फरवरी, 1992 को मैंने जो निर्वासित तिब्बती सरकार का चार्टर भविष्य की तिब्बती राजनीतिक व्यवस्था और संविधान की मूल अवधारणा शीर्षक से घोषित किया था, उसमें भी यह बात स्पष्ट रूप से परिलक्षित होती है।

इन दिशा निर्देशों के अन्त में मैंने सुझाव दिया था कि तिब्बत अन्य देशों की नीतियों और विचारधाराओं के न तो प्रभाव में आएगा और न ही उनके प्रवाह में बहेगा वह सच्चे अर्थों में तटस्थ रहेगा। वह अपने पड़ोसी देशों के साथ समानता के आधार पर समरस संबंध स्थापित करेगा जो पारस्परिक हित साधक होंगे। वह सभी के साथ मधुर एवं भ्रातृत्व के सम्बन्ध बनाएगा किसी से किसी तरह के विरोध या शत्रुता का संबन्ध नहीं होगा।”

इसी प्रकार 10 मार्च, 1992 को दिए अपने वक्तव्य में, मैंने कहा था: “जब तिब्बत और चीन के बीच सच्चे मधुर संबन्ध स्थापित हो जाएँगे तो इससे न केवल हमारे दोनों देशों के बीच के विवाद सुलझाने में सहायता मिलेगी बल्कि तिब्बतियों को इसके लिए सक्षम बनाएगी कि वे अपनी समृद्ध सांस्कृतिक परम्पराओं से लाखों युवा चीनियों को मानसिक शान्ति प्रदान करने में योगदान कर सकें।”

चीनी नेतृत्व के साथ मेरे व्यक्तिगत संबंध स्थापित करने के प्रयत्नों में आपके दिल्ली स्थित दूतावास के माध्यम से प्रेषित वह प्रस्ताव है जिसमें मैंने महासचिव हू-याओबांग से उनकी किसी विदेश यात्रा में, सुविधाजनक स्थान पर मिलने की बात कही थी। पुनः 1991 में जब प्रधान मंत्री लि-पेंग नई दिल्ली पधारे थे मैंने उनसे मिलने का प्रस्ताव किया था। इन प्रस्तावों का कोई लाभ नहीं हुआ।

13. ऊपर दिए बिन्दुओं की निष्पक्ष समीक्षा से यह स्पष्ट हो जाएगा कि अपने द्वारा किए गए प्रयत्नों से मैंने निरन्तर ऐसे समाधान खोजने का प्रयास किया है जिनसे चीन और तिब्बत मिलकर, शान्तिपूर्वक रह सकें। इन तथ्यों के प्रकाश में चीन सरकार की स्थिति को समझना कठिन है कि 1979 में डेंग जियाओपिंग का प्रस्ताव क्या अभी भी है और जितना शीघ्र दलाई लामा अपनी अलगाववादी गतिविधियों को त्याग देंगे वार्ता प्रारम्भ हो जाएगी। यह पक्ष बार-बार दुहराया गया है परन्तु मेरे द्वारा की गई कई पहलों पर कोई प्रतिक्रिया नहीं आई।

यदि चीन चाहता है कि तिब्बत उसके साथ बना रहे तो उसे इसके लिए परिस्थितियाँ बनानी होंगी। समय आ गया है कि अब चीन, तिब्बत और चीन को मैत्रीपूर्ण ढंग से मिलकर रहने का मार्ग दिखाए। तिब्बत की मूलभूत रूपरेखा को क्रम से, विस्तारपूर्वक स्पष्ट किया जाए। यदि ऐसी कोई रूपरेखा दी जाती है तो समझौता होने की संभावना बने अथवा न बने, हम तिब्बती तब यह निर्णय ले सकेंगे कि हमें चीन के साथ रहना है अथवा नहीं। यदि हम तिब्बतियों को संतोषजनक ढंग से हमारे मूलभूत अधिकार दे दिए जाते हैं तो हम तिब्बती इतने भी अक्षम नहीं है कि यह न जान सकें कि चीन के साथ रहने में कितने लाभ है।

मुझे चीनी नेतृत्व की बुद्धिमता और दुरदर्शिता पर भरोसा है और और आशा करता हूँ कि वे समसामयिक वैश्विक राजनितिक परिवर्तनों पर और तिब्बत की समस्या के शान्तिपूर्ण समाधान पर ध्यान देंगे तथा दो पड़ोसी लोगों में वास्तविक, स्थायी मैत्री को बढ़ावा देंगे।

जियांग जेमिन को 1997 में शोक-पत्र

महामहिम,
श्री डेंग जियाओपिंग के देहावसान पर मैं उनके परिवार के सदस्यों के लिए और जनवादी गणतंत्रीय चीन की सरकार के लिए शोक व्यक्त करता हूँ। डेंग जियाओपिंग का चले जाना, चीन की बहुत बड़ी क्षति है।

1954 में जब मैं चीन आया था तब श्री डेंग जियाओपिंग से मिला था। वह चीन के महान क्रांतिकारी नेता थे, अद्वितीय साहस, दृढ़ता, क्षमता और नेतृत्व की योग्यता से युक्त थे।

तिब्बत के विषय में कहें तो 1979 में श्री डेंग जियाओपिंग ने मेरे बड़े भाई ग्यालो थोंडुप को बीजिंग में आमन्त्रित किया था और उनसे कहा था कि तिब्बत की पूर्ण आजादी के विषय को छोड़कर, अन्य सभी विषयों पर वार्ता हो सकती है और समाधान खोजा जा सकता है। चीन में हो रहे समग्र परिवर्तनो से प्रोत्साहित होकर और तिब्बत समस्या विषयक व्यावहारिक दृष्टिकोण को पाकर, तब से आज तक मैंने निरन्तर, गम्भीरता से चीन सरकार से तिब्बत के भविष्य को लेकर गम्भीर वार्ताओं के प्रयास किए है। दुख की बात यह है कि चीन की सरकार ने श्री डेंग जियाओपिंग की दी हुई रूपरेखा के अन्तर्गत 18 वर्ष से मैंने जो प्रस्ताव दिए और प्रयास किए ताकि वार्ताओं से समस्या का समाधान हो सके, पर सकारात्मक प्रतिक्रिया नहीं दी।

यह दुखद है कि श्री डेंग के जीवन काल में तिब्बत पर समझौता वार्ता प्रारम्भ न हो सकी। परन्तु मेरा मानना है कि श्री डेग की अनुपस्थिति तिब्बतियों और चीनियों के लिए नये अवसर और नई चुनौतियाँ लेकर आई है। मुझे पूर्ण विश्वास है कि आपके नेतृत्व में चीन की सरकार, तिब्बत समस्या को समझौता वार्ताओं के माध्यम से सुलह और आदान-प्रदान की भावना से सुलझाने की बुद्धिमत्ता को समझेगी। जहां तक मेरा प्रश्न है, मेरा सदा से यह दृढ़ मत रहा है कि हमारी समस्या का समाधान ईमानदारी और स्पष्टवादिता से हुई समझौता वार्ताओं से ही निकलेगा

प्रार्थना और शुभ कामनाओं सहित
भवदीय
दलाई लामा

जियांग जेमिन के नाम पत्र- 1997[1]

महामहिम,
जब आप और चीनी नेतृत्व के अन्य नेता आने वाली महत्त्वपूर्ण पार्टी कांग्रेस की तैयारियों में लगे हुए हैं, मैं तिब्बत समस्या के समाधान हेतु एक और प्रयत्न करना चाहता हूँ। लगभग पाँच दशकों से तिब्बत की समस्या से तिब्बत के लोगों को अत्याधिक शारीरिक और मानसिक कष्टों का सामना करना पड़ा है इससे भी बढ़कर तिब्बत समस्या का समाधान न कर पाने पर महान देश चीन की प्रतिष्ठा पर भी धब्बा लग रहा है।

मैं व्यक्तिगत रूप से चीन का बड़ा प्रशंसक हूँ और इसका सम्मान करता हूँ और दिल से चाहता हूँ कि विश्व के देशों में यह अग्रणी भूमिका निभाए। जितना जल्दी हम तिब्बत की समस्या का समाधान खोज पाएँगे, तिब्बत और चीन के निवासियों के लिए यह उतना ही अच्छा होगा। मेरा अभी भी विश्वास बना हुआ है कि ईमानदारी से दोनों ओर से प्रयास करने पर, हम कोई ऐसा समाधान खोज सकते हैं। जहाँ तक मेरा प्रश्न है मेरे पद को लेकर चीन के नेतृत्व में जो कुछ गलतफहमियाँ हैं मैंने निरंतर उनका स्पष्टीकरण देने का प्रयास किया है।

मेरा यह विश्वास है कि अतीत पर सोचने की अपेक्षा भविष्य की ओर देखना अधिक महत्त्वपूर्ण है। सबसे महत्त्वपूर्ण संबंधित समुदायों का लाभ है। इस विश्वास के कारण मैं तिब्बत समस्या का ऐसा समाधान प्रस्तावित करता रहा हूँ जिसमें तिब्बत को चीन से अलग होने की आवश्यकता न पड़े। यदि आप मेरे प्रस्ताव पर ध्यान देंगे, जिसकी रूपरेखा मैंने 1998 में दी है, आप देखेंगे कि यह चीन द्वारा हांगकांग और ताइवान के लिए अपनाई गई नीति के अनुरूप है। मेरा प्रस्ताव "एक देश, दो व्यवस्थाएँ" की राजनीतिक परिकल्पना और श्री डेंग जियाओपिंग द्वारा तिब्बत समस्या पर सुझाए गए ढाँचे के अन्तर्गत ही है।

पिछले कुछ वर्षों से हमारे दोनों पक्षों के मध्य सीधा सम्पर्क न रहने के कारण गलतफहमियाँ और अविश्वास बढ़ा है जिसके परिणाम स्वरूप एक दूसरे

---

1 *यह पत्र व्यक्तिगत रूप से अमरीकी सेनेटर डिएन फिमेस्टीन और उनके पति रिचर्ड बल्म के द्वारा अध्यक्ष जियांग जेमिन को अपनी भेंट के दौरान 8 सितम्बर, 1997 को सौंपा गया।*

से अलगाव का भाव गहराया है। यह दुर्भाग्य पूर्ण है है और इसमें न तो तिब्बत का भला है और न ही आपकी सरकार का। सदियों से चीन और तिब्बत साथ-साथ रहे हैं। भविष्य में भी हम ऐसे ही रहेंगे। अन्तरराष्ट्रीय क्षेत्र में तिब्बत के लिए बढ़ते समर्थन के होते हुए भी अन्ततः चीनी और तिब्बतियों को ही पारस्परिक रूप से स्वीकृत-समाधान खोजना होगा।

इसलिए आज हम सबके लिए अवसर है कि हम साहस, दूरदृष्टि और विवेक के साथ काम करें। मैं अपने शेष जीवन भर तिब्बती और चीनी लोगों के मध्य सुलह सम्मान और मैत्री बनाए रखने के लिए प्रतिबद्ध हूँ। मैं आपको विश्वास दिलाना चाहता हूँ कि आप तिब्बती समस्या के परस्पर स्वीकार्य और लाभदायक समाधान में मुझे प्रतिबद्ध साथी पाएँगे।

इसलिए मैं अपने प्रतिनिधियों और चीनी अधिकारियों के बीच यथाशीघ्र बैठक का प्रस्ताव कर रह हूँ जिससे एक दूसरे के विचारों को समझने का अवसर मिलेगा। आत्म विश्वास और परस्पर विश्वास उत्पन्न करने में सक्षम नये प्रयासों की आवश्यकता है। मुझे यह आशा है कि आपके नेतृत्व में सरकार बुद्धिमत्तापूर्वक और व्यावहारिक रूप से कार्य करेगी और हमें यथाशीघ्र सकारात्मक प्रत्युत्तर देगी।

मेरी प्रार्थनाओं और शुभकामनाओं सहित,

भवदीय,

दलाई लामा

परिशिष्ट-घ

तिब्बत के लिए वास्तविक स्वायत्तता का ज्ञापन

1. प्रस्तावना

2002 में जनवादी गणतांत्रिक चीनी सरकार(पीआरसी) की केन्द्र सरकार से सीधे पुनः सम्पर्क स्थापित होने के पश्चात, परम पवित्र दलाई लामा के प्रतिनिधि राजदूतों एवं केन्द्र सरकार के प्रतिनिधियों के मध्य व्यापक चर्चाएँ हुई हैं। इन चर्चाओं में हम ने स्पष्ट रूप से तिब्बतियों की आकांक्षाओं को प्रस्तुत किया है। मध्यमार्गी कार्य प्रणाली का सार है पीआरसी के संविधान के अन्तर्गत, तिब्बतियों के लिए वास्तविक स्वायत्त शासन की स्थापना। यह दोनों देशों के नागरिकों के पारस्परिक लाभ और दूरगामी हितों पर आधारित है। हम अलग न होने तथा आजादी की माँग न करने के लिए प्रतिबद्ध हैं। हम तिब्बत समस्या का समाधान वास्तविक स्वायत्तता के आधार पर करना चाहते हैं जो कि जनवादी गणतान्त्रिक चीन (पीआरसी) के सिद्धान्तों के अनुरूप है। अद्वितीय तिब्बती पहचान की रक्षा और विकास उसके सारे अवयवों सहित करना समग्र रूप से मानवता के लिए और विशेष रूप से तिब्बतियों और चीनियों के लिए महत्त्वपूर्ण है।

2 जुलाई, 2008 को चीन के राजनीतिक परामर्श सम्मेलन के उपाध्यक्ष तथा 'सेन्ट्रल यूनाइटेड फ्रंट वर्क डिपार्टमेंट' के मंत्री श्री डू-क्विंगलिन ने स्पष्ट रूप से तिब्बत की स्थिरता और विकास के लिए परम पवित्र दलाई लामा से

सुझाव माँगे थे। सेन्ट्रल यूनाइटेड फ्रंट वर्क डिपार्टमेंट के कार्यकारी उप मन्त्री श्री झू वाईकुन ने आगे कहा कि वे क्षेत्रीय स्वायत्तता की मात्रा और स्वरूप के विषय में जानना चाहते हैं जिसकी हम माँग कर रहे हैं और और जो पीआरसी के संविधान के अंतर्गत संभव है। इसी के अनुरूप स्वायत्तता विषयक हमारे पक्ष को इस ज्ञापन में दर्शाया गया है और यह भी बताया गया है कि तिब्बतियों की राष्ट्रीयता, स्वायत्तता और स्वशासन की माँग को, जनवादी गणतांत्रिक चीन के संविधान के अंतर्गत स्वीकार किया जा सकता है, जैसी कि हमारी मान्यता है। पीआरसी एक बहुराष्ट्रीय राज्य है, विश्व के अनेक भागों में अल्पसंख्यक राष्ट्रीयताओं का प्रश्न, स्वायत्तता और स्वशासन के माध्यम से सुलझाने का प्रयास किया गया है। पीआरसी के संविधान में स्वायत्तता और स्वशासन के वह सिद्धान्त निहित हैं जिसके लक्ष्य तिब्बतियों की क्षेत्रीय स्वायत्ता के अनुरूप हैं। क्षेत्रीय राष्ट्रीय स्वायत्तता का लक्ष्य दमन और राष्ट्रीयताओं के अलगाववाद का विरोध करना है और यह हान अंधराष्ट्रवाद और स्थानीय राष्ट्रवाद को ठुकराकर किया गया है। इसका लक्ष्य अल्पसंख्यक राष्ट्रीयताओं की पहचान और संस्कृति को सुरक्षित करना है ताकि वे सशक्त होकर अपने कार्य स्वयं करने में सक्षम हो सकें। जैसा कि हमारा मानना है, तिब्बतियों की आवश्यकताओं की पूर्ति बड़ी मात्रा में संवैधानिक सिद्धान्त के अंतर्गत संभव है। अनेक बिन्दुओं पर संविधान, राज्य के अंगों को महत्त्वपूर्ण विवेकाधीन शक्तियाँ, निर्णय लेने और स्वयत्तता प्रणाली लागू करने के लिए प्रदान करता है। इन विवेकाधीन शक्तियों का प्रयोग तिब्बत की विशिष्ट स्थितियों के दृष्टिगत तिब्बतियों को वास्तविक स्वायत्तता देने के लिए किया जा सकता है। इन सिद्धान्तों के क्रियान्वयन के समय, स्वायत्तता विषयक कानूनों का पुनरीक्षण और संशोधन तिब्बती राष्ट्रीयता की विशिष्टताओं और आवश्यकताओं के अनुरूप किया जा सकता है। दोनों ओर सद्भावना के रहते, शेष समस्याओं का समाधान संवैधानिक स्वायत्तता के सिद्धान्त के अधीन किया जा सकता है। इस प्रकार से राष्ट्रीय एकता और स्थिरता तथा तिब्बतियों और अन्य राष्ट्रीयताओं में सामंजस्यपूर्ण संबध स्थापित हो सकेंगे।

2. तिब्बती राष्ट्रीयता के प्रति सम्मान

वर्तमान प्रशासनिक विभागों के होते हुए भी तिब्बती एक अल्पसंख्यक राष्ट्रीयता है। तिब्बती राष्ट्रीयता की अखंडता का सम्मान किया जाना चाहिए। संवैधानिक

राष्ट्रीय, क्षेत्रीय स्वायत्तता की परिकल्पना एवं राष्ट्रीयताओं की समानता के सिद्धान्त की यही भावना और इच्छा है। इस तथ्य को लेकर कोई विवाद नहीं है कि तिब्बतियों की भाषा, संस्कृति, आध्यात्मिक परम्पराएँ मूलभूत जीवन मूल्य और रीति-रिवाज एक जैसे हैं और वे एक ही जातीय समूह से संबन्ध रखते हैं और यह भी कि उनमें साझी पहचान का उत्कट भाव है। तिब्बतियों का साझा इतिहास है, राजनीतिक और प्रशासनिक विभाजन होते हुए भी तिब्बती समाज अपने धर्म, संस्कृति, शिक्षा, भाषा, जीवन शैली और अपने उच्च पठारीय पर्यावरण के कारण एकता के सूत्र में बंधे रहे। तिब्बती जाति के लोग तिब्बती पठार में सन्निहित क्षेत्र में रहते आए हैं जो उन्हें सदियों से विरासत में मिला है इसलिए वे यहाँ के आदिवासी है। राष्ट्रीय क्षेत्रीय स्वायत्तता के सिद्धान्त की दृष्टि से पीआरसी में रहने वाले तिब्बती पूरे पठार में एक ही राष्ट्रीयता के रूप में रहते हैं। इन्हीं कारणों से पीआरसी ने 55 अल्पसंख्यक राष्ट्रीयताओं में तिब्बतियों की गणना की है।

3. तिब्बती अकांक्षाएँ

तिब्बतियों का एक समृद्ध इतिहास, संस्कृति और आध्यात्मिक परम्परा है जो कि मानव मात्र की विरासत का अमूल्य हिस्सा है। न केवल तिब्बती अपनी विरासत की रक्षा करना चाहते हैं जिसका वे सम्मान करते हैं, परन्तु साथ ही वे इस 21वीं सदी में मानवता की आवश्यकताओं और स्थितियों के अनुरूप अपने सांस्कृतिक जीवन और ज्ञान को विकसित करना चाहते हैं।

बहुराष्ट्रीय राज्य पीआरसी का सदस्य होने के नाते तिब्बती देश में तेजी से विकसित हो रही अर्थ-व्यवस्था और वैज्ञानिक प्रगति का लाभ उठा सकते हैं। इस प्रगति में सक्रिय भागीदारी निभाते हुए और योगदान देते हुए भी हम चाहते है कि यह सब हम अपनी तिब्बती पहचान, संस्कृति और मूल मूल्यों और तिब्बती पठार के विशिष्ट और नाजुक पर्यावरण को खतरे में डाले बिना करें क्योंकि तिब्बती यहाँ के मूल निवासी हैं। पीआरसी में तिब्बती स्थिति की विशिष्टता को स्वीकार किया गया है और इसे 17 सूत्रीय समझौते में भी दर्शाया गया है और बाद में आने वाले पीआरसी के नेताओ ने भी इसे माना है, इसे ही तिब्बती राष्ट्रीयता को पीआरसी के अंतर्गत प्रदान की जाने वाली

वाली स्वायत्तता का कार्यक्षेत्र और दायरा माना जाना चाहिए जिसका उपभोग तिब्बती करेंगे। संविधान में लचीलेपन के मूलभूत सिद्धान्त को स्वीकृति दी गई है जिसके अनुसार विशेष परिस्थितियों को समेटा जा सकता है जिसमें अल्पसंख्यक राष्ट्रीयताओं की विशिष्टताएँ और आवश्यकताएँ भी आती है।

परम पवित्र दलाई लामा की तिब्बती लोगों की समस्या का समाधान पीआरसी के अन्तर्गत खोजने की प्रतिबद्धता स्पष्ट और असंदिग्ध है। यह प्रस्ताव सर्वोच्च नेता डेंग शियाओ पिंग के वक्तव्य के अनुपालन और अनुरूपता को पूरा करता है जिसमें जोर देकर कहा गया था कि, स्वतंत्रता की माँग को छोड़कर अन्य सभी विषयों का समाधान वार्ता द्वारा किया जा सकता है। एक ओर जहाँ हम पीआरसी की क्षेत्रीय अखण्डता का पूरा सम्मान करते हैं, तो हम केन्द्रीय सरकार से यह आशा भी करते हैं कि वह तिब्बत की राष्ट्रीयता को पूरी तरह मान्यता दे और उसका सम्मान करे और पीआरसी के अन्तर्गत उसे वास्तविक स्वायत्तता के अधिकार का उपभोग करने दे। हमारा विश्वास है कि हम लोगों में मतभेदों को सुलझाने तथा राष्ट्रीयताओं में स्थिरता और सामंजस्य बिठाने का यही एक मार्ग है।

तिब्बती एक विशिष्ट राष्ट्रीयता के रूप में पीआरसी के अन्तर्गत आगे बढ़ें इसके लिए आवश्यक है कि वे आर्थिक, सामाजिक और राजनीतिक तौर पर उस तरह उन्नति करें जो पीआरसी की नीतियों के अनुरूप हो और समग्र विश्व के भी अनुरूप हो, इसके साथ ही ऐसा विकास हो जो तिब्बती विशेषताओं को भी पुष्ट करे। इसके लिए आवश्यक है कि पीआरसी में जहाँ कहीं भी तिब्बती समाज सुगठित समूह में रहता है वहाँ उनके स्वशासन के अधिकार को मान्यता दी जाए, जहाँ वे तिब्बतियों की आवश्यकताओं, वरीयताओं और विशिष्टताओं के आधार पर प्रशासन चलाएँ।

तिब्बती लोगों की संस्कृति, और पहचान केवल तिब्बतियों द्वारा ही संरक्षित की जा सकती हैं, अन्य किसी के द्वारा नहीं। इसलिए तिब्बती अपने स्व-सहायता, स्व-विकास और स्व-शासन में समर्थ बनें और इसके तथा केन्द्रीय सरकार तथा पीआरसी के अन्य प्रान्तों से जो स्वागत योग्य दिशा निर्देश तथा सहायता प्राप्त हो उसमें सर्वोत्तम संतुलन स्थापित किया जाए।

4. तिब्बतियों की मूलभूत आवश्यकताएँ: स्वशासन एव शासन का विषय

1) भाषा

तिब्बती लोगों की पहचान की सर्वाधिक महत्त्वपूर्ण विशेषता भाषा है। संप्रेषण का मुख्य साधन तिब्बती भाषा है जिसमें उनका साहित्य, उनके धर्म-ग्रंथ तथा ऐतिहासिक और वैज्ञानिक ग्रन्थ लिखे गए हैं। तिब्बती भाषा का स्तर, संस्कृत के समकक्ष तो नहीं है परन्तु यही एकमात्र ऐसी भाषा है जिसमे रत्तीभर त्रुटि के बिना संस्कृत से अनुवाद संभव है। इसलिए तिब्बती भाषा में न केवल सबसे समृद्ध और श्रेष्ठतम अनुदित साहित्य है बल्कि कुछ विद्वानों का मानना हैं कि इसमें सबसे समृद्ध और संख्या में सर्वाधिक साहित्यिक रचनाएँ प्राप्य हैं। पीआरसी के संविधान की धारा 41 सभी राष्ट्रीयताओं को इस बात का आश्वासन देता है कि, "वे अपनी लिखित और मौखिक भाषा का विकास कर सकते हैं।"

तिब्बती भाषा प्रयोग में आए और विकसित हो इसके लिए तिब्बती भाषा को मुख्यतः लिखित और मौखिक भाषा के रूप में मान्यता मिलनी चाहिए। इसी प्रकार तिब्बती स्वायत्तशासी क्षेत्रों की भाषा भी तिब्बती होनी चाहिए।

संविधान की धारा 121 में यह सिद्धान्त सामान्यतः स्वीकृत है जिसमें कहा गया है। "स्वशासन के विभिन्न अंग राष्ट्रीय स्वायत्त क्षेत्रों में, स्थानीय स्तर पर बोली और लिखी जाने वाली भाषा का प्रयोग करते हैं।" क्षेत्रीय राष्ट्रीय स्वायत्तता (एलआरएनए) की धारा 10 में इन अंगों के लिए प्रावधान है "इसका आश्वासन दिया जाता है कि इन क्षेत्रों की राष्ट्रीयताओं को अपनी लिखित और मौखिक भाषा के विकास की आजादी रहेगी।"

तिब्बती क्षेत्रों में तिब्बती भाषा को मुख्य भाषा मानने के सिद्धान्त के अनुरूप ही, एलआरएनए (धारा 36) भी स्वायत्तशासी क्षेत्रों को अधिकार देता है कि वे "शिक्षा और पंजीकरण विधियों हेतु किस भाषा का प्रयोग करेंगे, इसका निर्णय शिक्षा के क्षेत्र में ले सकते हैं।

2) संस्कृति

राष्ट्रीय क्षेत्रीय स्वायत्तशासी क्षेत्रों की परिकल्पना मूल रूप से अल्पसंख्यक राष्ट्रीयताओं के संरक्षण के लिए ही की गई है। इसी के परिणाम स्वरूप पीआरसी के संविधान में सांस्कृतिक संरक्षण का संदर्भ धारा 22, 47 और 19 में और एलआरएनए की धारा 38 में दिया गया है। तिब्बतियों के लिए तिब्बती संस्कृति उनके धर्म परम्परा और पहचान, जिन्हें विभिन्न स्तरों पर चुनौतियों का सामना करना पड़ रहा है उससे गहराई से जुड़ी है। क्योंकि तिब्बती, पीआरसी के बहुराष्ट्रीय राज्य में रहते हैं, इस विशिष्ट तिब्बती सांस्कृतिक विरासत को उपयुक्त संवैधानिक प्रावधानों के अनुसार सुरक्षा की आवश्यकता है।

3) धर्म

तिब्बतियों के लिए धर्म मूलभूत है और बौद्ध धर्म उनकी पहचान से गहराई से जुड़ा हुआ है। हम राज्य और धर्म के अलगाव के महत्त्व को समझते हैं परन्तु यह आस्थावानों की स्वतंत्रता और क्रिया कलापों को प्रभावित करने वाला नहीं होना चाहिए। तिब्बतियों के लिए व्यक्तिगत अथवा सामुदायिक स्वतंत्रता की ऐसी परिकल्पना भी असंभव है जिसमें आस्था, आत्मा और धर्म की स्वतंत्रता निहित न हो। संविधान, धर्म के महत्त्व को मान्यता देता है और इसे मानने के अधिकार का रक्षक है। धारा 36 में सभी नागरिकों को धर्म और विश्वास की आजादी प्रदान की गई है। कोई भी किसी को, किसी धर्म में आस्था रखने या न रखने के लिए विवश नहीं कर सकता। धर्म के आधार पर भेदभाव पर रोक लगाई गई है।

अन्तरराष्ट्रीय मानकों के आधार पर संवैधानिक सिद्धान्त की व्याख्या करने पर पाएँगे कि इसमें आस्था की विधि और पूजा-पद्धति की विधि भी शामिल है। इस धार्मिक स्वतंत्रता में मठों को बौद्ध संन्यासी परम्परा के अनुसार गठित करने, अध्यापन और उपदेश करने, और नियमों के अनुसार कितने भी और किसी भी आयु वर्ग के छात्रों को पंजीकृत करने की आजादी शामिल है। सार्वजनिक उपदेश सभाएँ करने तथा बड़ी

जन सभाएँ आयोजित करने का अधिकार इस स्वतंत्रता में शामिल है और राज्य को धार्मिक क्रिया-कलापों परम्पराओं में हस्तक्षेप नहीं करना चाहिए जैसे कि गुरु-शिष्य सम्बंधों में, मठों के प्रबन्धन में और पुनर्जन्म की पहचान में।

4) शिक्षा

केन्द्र सरकार के शिक्षा मंत्रालय के सहयोग और समन्वय से, तिब्बतियों द्वारा अपनी स्वतंत्र शिक्षा पद्धति विकसित करने की इच्छा संविधान में दिए शिक्षा संबंधी प्रावधानों के अनुरूप है। विज्ञान और तकनीक में योगदान देने के विषय में भी ऐसा ही प्रावधान है। आधुनिक विज्ञान में हमने यह पाया है कि अन्तरराष्ट्रीय वैज्ञानिक विकास में बौद्ध-मनोविज्ञान, अध्यात्म विज्ञान, ब्रह्माण्ड विज्ञान और मन की समझ को उत्तरोत्तर मान्यता मिल रही है।

यद्यपि संविधान की धारा 19 के अंतर्गत अपने नागरिकों को शिक्षित करने का दायित्व सरकार ने लिया हुआ है परन्तु संविधान की धारा 119 इस सिद्धान्त को मान्यता देती है कि "स्वशासी सरकार के अंग जो राष्ट्रीय स्वायत्तशासी क्षेत्र में हैं और स्वतंत्र रूप से शिक्षा प्रबन्धन करते हैं... अपने-अपने क्षेत्रों के मामलों में...." यही सिद्धान्त एलआरएनए की धारा 36 में भी दिया है।

निर्णय लेने में किस मात्रा में आजादी है, यह अस्पष्ट है इसलिए इस बात पर बल देना आवश्यक है कि अपनी राष्ट्रीयता के शिक्षा के मामले में तिब्बती वास्तविक स्वायत्तता का उपभोग करें और यह बात संविधान में स्वायत्तशासन के सिद्धांत द्वारा समर्पित है।

जहाँ तक वैज्ञानिक ज्ञान और तकनीक में कार्य करने और योगदान देने का प्रश्न है संविधान (धारा 119) और एलआरएनए (धारा 39) स्पष्ट रूप से स्वायत्तशासी क्षेत्रों के इस अधिकार को मान्यता देते हैं कि वे स्वतंत्रता पूर्वक वैज्ञानिक ज्ञान और तकनीक का विकास कर सकते हैं।

5) पर्यावरण संरक्षण

एशिया की नदियों का मूल स्रोत तिब्बत है यहाँ पर पृथ्वी के सबसे ऊँचे पर्वत हैं और साथ ही विश्व का सबसे विस्तृत पठार है जो खनिज स्रोतों से भरपूर है और यहाँ मानवीय हस्तक्षेपरहित गहरी घाटियाँ हैं।

पर्यावरण रक्षा की यह आदत, तिब्बतियों की सभी प्रकार के प्राणियों के प्रति सम्मान का भाव रखने की प्राचीन परम्परा आई है जिसमें पशु हो या मनुष्य सभी जीवित प्राणियों को मारने का निषेध है। तिब्बत अछूता अभयारण्य था जिसका अद्भुत प्राकृतिक पर्यावरण था।

आज तिब्बत के पर्यावरण को अपूरणीय क्षति पहुँच रही है। इसका प्रभाव विशेष रूप से घासनियों उपजाऊ खेतों, वनों और जल स्रोतों तथा जंगली पशु-पक्षियों पर दिखाई पड़ रहा है।

इस बात को देखते हुए एलआरएनए की धारा 45 और 66 के अनुसार तिब्बतियों को यहाँ के पर्यावरण पर पूर्ण अधिकार देना चाहिए और उन्हें परम्परागत संरक्षण विधियों को अपनाने का अधिकार मिले।

6) प्राकृतिक संसाधनों का उपयोग

जहाँ तक प्राकृतिक पर्यावरण की रक्षा का प्रश्न है और प्राकृतिक संसाधनों के प्रयोग का विषय है, संविधान और एलआरएनए स्वायत्तशासी क्षेत्र की सरकार के अंगों को बहुत सीमित अधिकार देते हैं (देखिए एलआरएनए की धारा 27, 28, 45, 66 और संविधान की धारा 118 जो यह तय करती है कि "राज्य 'राष्ट्रीय स्वायत्तशासी' क्षेत्र के हितों का भी उपयुक्त ध्यान रखेगा।" एलआरएनए स्वायत्तशासी क्षेत्रों में वनों और घासनियों को विकसित करने के महत्त्व मान्यता देता है। (धारा 21) तथा "जिन प्राकृतिक संसाधनों को स्थानीय लोगों को विकसित करने का अधिकार दिया गया है उन्हें वरीयता के आधार पर दोहन करने और उपयोग करने का अधिकार है।" परन्तु यह सब राज्य की योजनाओं और कानूनी प्रावधानों के अनुसार ही संभव है। वास्तव में इन विषयों में राज्य की केन्द्रीय भूमिका संविधान की धारा 9 में परिलक्षित होती है।

स्वायत्तता के जो सिद्धान्त संविधान में लिए गए है हमारे विचार से उनसे तिब्बती सचमुच अपने भाग्य-निर्माता नहीं बन सकते जब तक उन्हें प्राकृतिक संसाधनों के उपयोग में जैसे कि पानी, वन, पर्वत और घास के मैदानों का निर्णय लेने में सम्मिलित नहीं किया जाता।

'भूमि का स्वामित्व ही वह आधार है जिस पर किसी अर्थव्यवस्था में प्राकृतिक संसाधनों के विकास, कर संचय और राजस्व निर्भर करते हैं। इसलिए यह आवश्यक है कि स्वायत्तशासी क्षेत्र की राष्ट्रीयता को ही भूमि के हस्तान्तरण और पट्टे देने का अधिकार मिले, इसमें राज्य के अधीन भूमि को मुक्त रखा जा सकता है। इसी प्रकार स्वायत्तशासी क्षेत्र में विकास योजनाओं को बनाने और लागू करने के लिए स्वतंत्र सत्ता होनी चाहिए जो राज्य की योजनाओं के अनुरूप यह कार्य करे।

7) अर्थिक विकास और व्यापार

तिब्बत में आर्थिक विकास का स्वागत है और इसकी बहुत आवश्यकता भी है। पीआरसी में तिब्बती क्षेत्र, सर्वाधिक पिछड़े क्षेत्रों में से एक है।

संविधान इस सिद्धान्त को मान्यता देता है कि स्वायत्तशासी प्रशासन अधिकारियों की अपने क्षेत्र के आर्थिक विकास में महत्त्वपूर्ण भूमिका है जिसे वे स्थानीय विशिष्टताओं और आवश्यकताओं के अनुसार करेंगे। (संविधान की धारा 118 जो कि एलआरएनए की धारा 25 में परिलक्षित है।) संविधान प्रशासन और वित्तीय प्रबन्धन भी स्वायत्तता के सिद्धान्त को मान्यता देता है। (धारा 117, और एलआरएनए धारा 32) इसके साथ ही संविधान में इसका महत्त्व भी माना गया है कि सरकार स्वायत्तशासी क्षेत्रों में विकास को गति देने के लिए राजकीय आर्थिक सहायता और सहयोग दे (धारा 122, एलआरएनए, धारा 22)।

इसी प्रकार एलआरएनए की, धारा 317 स्वायत्तशासी क्षेत्र को विदेशों की सीमाओं से लगते क्षेत्रों की सीमाओं पर और सीमा पार विदेशों में व्यापार करने की क्षमता को मान्यता देती है जैसा कि तिब्बत के विषय में है। इन सिद्धान्तों को मान्यता दिया जाना, तिब्बतियों के लिए बहुत महत्त्वपूर्ण है क्योंकि यह क्षेत्र ऐसे देशों के निकट है जिनके साथ उसकी सांस्कृतिक, जातीय और आर्थिक समानताएँ हैं।

केन्द्रीय सरकार और अन्य प्रान्तों द्वारा दी गई सहायता से अस्थाई रूप से लाभ हो सकता है परन्तु यदि दीर्घकाल में तिब्बती आत्म-निर्भर नहीं बने और दूसरों पर आश्रित हो गए तो इससे बड़ी हानि होगी। इसलिए स्वायत्तता का एक बड़ा उद्देश्य यह भी है कि तिब्बती आर्थिक रूप से आत्मनिर्भर बनें।

8) जन स्वास्थ्य

संविधान में स्पष्ट रूप से कहा गया है कि जन- स्वास्थ्य और चिकित्सीय सुविधाएँ प्रदान करना राज्य का दायित्व है (धारा 21) धारा 119 यह मानती है कि स्वायत्तशासी क्षेत्रों की यह जिम्मेदारी है। एलआरएनए की धारा 40 भी स्वायत्तशासी सरकार के अंगों के इस अधिकार को मान्यता देती है कि, "वे स्थानीय स्वास्थ्य और चिकित्सीय सेवाओं के लिए योजनाएँ बना सकते हैं तथा अपने लोगों के लिए पराम्परागत और आधुनिक औषधियों को बढ़ावा देने के लिए कार्य कर सकती हैं।"

वर्तमान स्वास्थ्य सेवा प्रणाली, ग्रामीण तिब्बती क्षेत्रों में सेवाएँ प्रदान करने में असमर्थ है। ऊपर दिए गए कानूनों के सिद्धान्तों के अनुसार क्षेत्रीय स्वायत्तशासी अंगों के पास ऐसी दक्षताएँ और संसाधन होने आवश्यक हैं जिससे वे सम्पूर्ण तिब्बती जनसंख्या की स्वास्थ्य संबंधी आवश्यकताओं की पूर्ति कर सकें। उनमें परम्परागत तिब्बती चिकित्सा प्रणाली और खगोल तंत्र की पूरी तरह से परम्परागत कार्यप्रणाली को विकसित करने की कामना होनी चाहिए।

9) जन- सुरक्षा

जन सुरक्षा के क्षेत्र में महत्त्वपूर्ण है कि इससे जुड़े अधिकांश लोग स्थानीय राष्ट्रीयता के हों जो कि स्थानीय रीति रिवाजों और परम्पराओं को समझते हैं।

तिब्बती क्षेत्रों में जिस बात की कमी है वह है तिब्बतियों के हाथ में निर्णय लेने के अधिकार का न होना।

स्वायत्तता और स्वशासन का एक महत्त्वपूर्ण अंग है आन्तरिक कानून व्यवस्था की जिम्मेदारी तथा स्वायत्तशासी क्षेत्रों की सुरक्षा। संविधान (धारा 120) और एलआरएनए (धारा 24) स्वायत्तशासी क्षेत्रों में स्थानीय लोगों के योगदान है के महत्त्व को मान्यता देता है तथा स्वायत्तशासी क्षेत्रों को अपनी सुरक्षा व्यवस्था "राज्य की सैन्य प्रणाली और व्यावहारिक आवश्यकताओं के अनुरुप, राज्य समिति की स्वीकृति से" करने के अधिकार को मान्यता देता है।

10) जनसंख्या स्थानान्तरण अधिनियम

राष्ट्रीय क्षेत्रीय स्वायत्तशासन और स्वशासन का मूलभूत लक्ष्य अल्पसंख्यक राष्ट्रीयताओं की पहचान, संस्कृति, भाषा, इत्यादि का संरक्षण है और यह सुनिश्चित करना है कि वे अपने दायित्वों का स्वयं निर्वाह कर सकें।

जब इसे किसी ऐसे विशेष क्षेत्र पर लागू किया जाता है जिसमें एक या अधिक अल्पसंख्यक राष्ट्रीयताएँ सघन रूप से निवास करती हैं तो जब वहाँ पर बड़े पैमाने पर बहुसंख्यक हान राष्ट्रीयता अथवा अन्य किसी राष्ट्रीयता को आने और बसने के लिए प्रोत्साहन और स्वीकृति दी जाती है तब वहाँ पर राष्ट्रीय स्वायत्त क्षेत्र का सिद्धान्त और उद्देश्य, दोनों ही समाप्त हो जाते है। ऐसे प्रवसन से होने वाले बड़े जनसंख्यात्मक परिवर्तनों से परिणाम यह निकलता है कि तिब्बती समुदाय को हान समुदाय में समेटा जा रहा है न कि उन्हें तिब्बती समुदाय का अंग बनाया जा रहा है। इस प्रकार धीरे-धीरे विशिष्ट तिब्बती संस्कृति और पहचान समाप्त हो रही है। इसके साथ ही बड़ी संख्या में हान तथा अन्य राष्ट्रीयताओं के लोगों के तिब्बती क्षेत्र में बसने से, क्षेत्रीय स्वायत्तता को लागू करने में मूलभूत परिवर्तन होगा क्योंकि स्वायत्तता में संवैधानिक प्रावधान है कि अल्पसंख्यक समुदाय सघन बस्तियों में किसी स्थान विशेष में रहते हैं परन्तु इस प्रकार के जनसांख्यिक आवागमन और स्थानान्तरण से उस क्षेत्र का स्वरूप बदलता है, क्षरित होता है। यदि इस तरह का अबाधित जनसांख्यिक प्रवसन होता है तो तिब्बती सघन समुदाय के रूप में अथवा समुदायों के रूप में नहीं रह जाएँगे जिसके परिणाम स्वरूप वे संविधान के

अनुसार राष्ट्रीय स्वायत्तता के अधिकारी नहीं होंगे। ऐसा करना वास्तव में राष्ट्रीयताओं विषयक संविधान की दृष्टि और सिद्धान्त का उल्लंघन होगा।

पीआरसी में नागरिकों अथवा निवासियों के स्थानान्तरण पर रोक लगाने का उदाहरण भी है। स्वायत्तशासी क्षेत्रों में "चलायमान जनसंख्या" को नियन्त्रित करने के उपायों का बहुत सीमित अधिकार है। हमारे लिए यह महत्त्वपूर्ण होगा कि स्वायत्तशासी सरकार के अंगों को अधिकार मिले कि वे ऐसे लोगों के निवास, बस्ती बनाकर रहने नौकरी और अन्य आर्थिक गतिविधियों का नियमन कर सकें जो कि पीआरसी के अन्य भागों से आकर तिब्बती क्षेत्र में रहना चाहते हैं ताकि स्वायत्तता के सिद्धान्त और लक्ष्यों की पूर्ति हो सके और उसे सम्मान मिल सके।

हमारा इरादा ऐसे गैर तिब्बती लोगों को तिब्बत से निकालने का नहीं है जो स्थायी रूप से तिब्बत में बसे हैं और यहाँ पर पर्याप्त लम्बे समय से रहते आए हैं। पले बढ़े हैं। हमारे लिए मूल चिन्ता का विषय प्रलोभन देकर बसाए गए मुख्यतः हान तथा कुछ अन्य राष्ट्रीयताओं के लोग हैं जो तिब्बती क्षेत्रों में आए हैं जिससे वहाँ स्थित समुदाय परेशान हैं, तिब्बती जनसंख्या हाशिए पर चली गई है और नाजुक प्राकृतिक परिवेश को भी खतरा पैदा हो गया है।

11) अन्य देशों से सांस्कृतिक, शैक्षिक और धार्मिक संबंध

स्वायत्त क्षेत्रों के अधिकार क्षेत्र में तिब्बती राष्ट्रीयता एवं अन्य राष्ट्रीयताओं, प्रांतों और पीआरसी के धर्मों के बीच आदान-प्रदान और सहयोग के अतिरिक्त, स्वायत्तता के विषयों में संस्कृति, कला, शिक्षा, विज्ञान, जन-स्वास्थ्य, खेल-कूद, धर्म, पर्यावरण, अर्थव्यवस्था आदि हैं साथ ही ऐसा ही आदान-प्रदान विदेशों से भी एलआरएनए (धारा 42) द्वारा समर्पित है।

5 तिब्बती राष्ट्रीयता के लिए पीआरसी में एक सी प्रशासन व्यवस्था लागू करना

तिब्बती समुदाय अपनी विशिष्ट पहचान, संस्कृति और आध्यात्मिक परम्पराओं के साथ, ऊपर दी गई मूलभूत तिब्बती आवश्यकताओं को स्वशासन द्वारा

विकसित और पुष्पित पल्लवित कर सके इसके लिए आवश्यक है कि सम्पूर्ण तिब्बती समुदाय को उन सभी क्षेत्रों को मिलाकर जिन्हें पीआरसी का स्वायत्तशासी क्षेत्र कहा जाता है, एक ही प्रशासनिक इकाई में बांधना चाहिए। वर्तमान प्रशासनिक इकाई जिनके अधीन तिब्बती समुदायों को पीआरसी और विभिन्न प्रान्तों में शासित किया जाता है, उससे विखंडन को उकसावा मिलता है, असमान विकास को बढ़ावा मिलता है और तिब्बती समुदाय भी अपनी साझी संस्कृति, आध्यात्मिक और जातीय पहचान बचाने की क्षमता में क्षीण होती है। इस समुदाय की अखंडता को सम्मान देने के स्थान पर यह नीति इसके विखंडन को बढ़ावा देती है और स्वायत्तता के भाव की उपेक्षा करती है। जहाँ एक ओर अन्य अल्पसंख्यक समुदाय जैसे मंगोल और उइगर अपने अपने एकल स्वायत्त क्षेत्रों में पूरी तरह स्वशासन करते हैं वहीं पर तिब्बती ऐसे रहते हैं मानो अनेक अल्प-संख्यक राष्ट्रीयताओं के हों, एक राष्ट्रीयता न हों।

वर्तमान में निर्दिष्ट तिब्बती स्वायत्त क्षेत्रों में तिब्बतियों को एक ही स्वायत्त प्रशासनिक इकाई के अधीन लाना पूरी तरह संवैधानिक सिद्धान्तों जो धारा 4 में हैं और एलआरएनए (धारा-2) के अनुरूप है जिसके अनुसार क्षेत्रीय स्वायत्तता उन क्षेत्रों में लागू की गई है जहाँ अल्पसंख्यक राष्ट्रीयताओं के लोग सघन रूप में रहते हैं।" एलआरएनए क्षेत्रीय राष्ट्रीय स्वायत्तता की परिभाषा देते हुए कहता है- "यह चीन के साम्यवादी दल द्वारा वह स्वीकृत मूलभूत नीति है जिसके द्वारा चीन के राष्ट्रीय प्रश्न का समाधान खोजा गया है" और प्रस्तावना में इसका लक्ष्य और अर्थ स्पष्ट किया गया है।

> एकीकृत राज्य नेतृत्व के अधीन, अल्पसंख्यक समुदाय, क्षेत्रीय स्वायत्तता का प्रयोग उन क्षेत्रों में करते हैं जहाँ वे सघन समुदायों में रहते हैं तथा स्वशासन के विभिन्न अंगों का सृजन कर स्वयत्तता की सत्ता उपभोग करते हैं। क्षेत्रीय राष्ट्रीय स्वायत्तता में राज्य की ओर से अल्पसंख्यक समुदायों के अपने आन्तरिक मामलों के प्रशासन एवं समानता, एकता तथा सभी समुदायों की सांझी संपन्नता के सिद्धान्त के प्रति पूर्ण आदर और संरक्षण निहित है।

यह स्पष्ट है कि पीआरसी में तिब्बती समुदाय अपने स्वशासन के अधिकार का प्रयोग और अपने आन्तरिक मामलों को प्रभावी ढंग से शासित तभी कर

पाएगा जब उसे स्वशासन का ऐसा ढंग प्राप्त हो जिसके क्षेत्राधिकार में सम्पूर्ण तिब्बती समुदाय आता हो।

एलआरएनए इस सिद्धान्त को मानता है कि राष्ट्रीय स्वायत्त क्षेत्रों की सीमाएँ बदली जा सकती है। तिब्बती समुदाय की अखण्डता का सम्मान करते हुए संविधान के इन मूलभूत सिद्धान्तों का प्रयोग किया जाना न केवल पूरी तरह विधि सम्मत है बल्कि जो परिवर्तन ऐसा करते हुए किए जाने अपेक्षित होंगे वे भी किसी तरह संवैधानिक सिद्धान्तो का उल्लंघन नहीं करेंगे। ऐसे अनेक उदाहरण है जहाँ वास्तव में ही ऐसा किया गया है।

6. स्वायत्तता की प्रकृति और बनावट

ऊपर दिए विषयों पर जिस सीमा तक स्वशासन और उसका प्रयोग संभव होगा उसी मात्रा में वास्तविक स्वायत्तता का स्वरूप निर्धारित होगा। इसलिए सबसे पहले करने योग्य कार्य यह है कि हम देखें कि किस तरह स्वायत्तता का नियमन किया जा सकता है और उसका प्रयोग इस तरह किया जा सकता है कि वह तिब्बतियों की मूलभूत आवश्यकताओं और विशिष्ट स्थितियों का प्रभावी रूप से समाधान दे सके।

वास्तविक स्वायत्तता में यह भी शामिल है, कि तिब्बतियों को अपनी क्षेत्रीय सरकार बनाने और सरकारी संस्थाओं और प्रक्रियाओं का निर्माण करने का अधिकार हो जो कि तिब्बती राष्ट्रीयता की आवश्यकताओं और विशिष्टताओं के अनुरूप हो। स्वायत्तशासी क्षेत्र की 'पीपल्स कांग्रेस' के लिए यह आवश्यक होगा कि उसे स्वायत्त क्षेत्र के अन्तर्गत सभी विषयों पर कानून बनाने का अधिकार मिले जो उसके क्षेत्राधिकार में आते हैं अर्थात वे सभी विषय जिनकी चर्चा ऊपर की गई है) तथा स्वायत्तशासी सरकार के अन्य अंगों के पास उन कानूनों को स्वायत्त रूप से क्रियान्वित करने और प्रबन्धन करने का अधिकार हो। स्वायतत्ता का अपरिहार्य हिस्सा राष्ट्रीय स्तर पर प्रतिनिधित्व तथा सरकार के निर्णयों में सार्थक सहभागिता भी है। यदि स्वायत्तता को प्रभावी बनाना है तो प्रभावी विचारविमर्श, अंतरंग सहयोग अथवा केन्द्रीय सरकार और स्वायत्त क्षेत्रीय सरकारों में समान हितों के विषयों पर सामूहिक निर्णय का प्रावधान भी करना पड़ेगा तभी स्वायत्तता प्रभावी हो सकेगी।

वास्तविक स्वायत्तता का एक महत्त्वपूर्ण अंश यह है कि संविधान तथा अन्य कानूनों द्वारा यह सुनिश्चित किया जाए कि स्वायत्त क्षेत्रों को जो अधिकार और दायित्व दिए गए हैं उन्हें एकपक्षीय फैसले से न तो निरस्त किया जाएगा और न ही बदला जा सकेगा। इसका अर्थ यह है कि स्वायत्तता के मूलभूत तत्त्वों को न तो अकेले केन्द्रीय सरकार बदल सकेगी और न ही स्वायत्त क्षेत्र की सरकार।

ऐसी वास्तविक स्वायत्तता की सीमाएँ और विशिष्टताएँ तिब्बत की अनूठी आवश्यकताओं और स्थितियों के अनुरूप हों और उन नियमों में विस्तार से वर्णित हों जो कि स्वायत्तता के प्रयोग से संबंधित हैं जैसा कि संविधान की धारा 116 में भी प्रावधान है और (एलआरएनए की धारा 19 में अधिनियमित है) अथवा यदि यह अधिक उपयुक्त प्रतीत हो तो 'इस उद्देश्य से अलग नियमों और अधिनियमों को बनाकर स्वीकृति दी जाए।' संविधान की धारा 31 में यह लचीला प्रावधान है जिसके अनुसार विशिष्ट परिस्थितियों में जैसा कि तिब्बत में भी हैं, विशेष कानून बनाए जा सकते हैं जो उन परिस्थितियों के अनुरूप हों, साथ ही संपूर्ण राष्ट्र के लिए निर्धारित सामाजिक, आर्थिक और राजनीतिक प्रणालियों का भी समुचित सम्मान बना रहे।

संविधान के खण्ड छः में स्वशासन के अंगों का निर्धारण करते हुए राष्ट्रीय स्वायत्तशासी क्षेत्र के कानून बनाने के अधिकार को मान्यता दी गई है। धारा 116 (एलआरएनए की धारा 19 में अधिनियमित) में कानून बनाने की शक्ति को लेकर नियम है राष्ट्रीयता विशेष को अथवा राष्ट्रीयताओं की विशिष्ट राजनीतिक, आर्थिक और सांस्कृतिक विशिष्टताओं के क्षेत्र के अनुसार अलग कानून बनाने का अधिकार है। इसी प्रकार से संविधान भी स्वायत्तशासी प्रशासन की अनेक क्षेत्रों में कानून बनाने के अधिकार को मान्यता देता है (धारा 117-120) साथ ही स्वायत्त सरकारों को केन्द्र सरकार और सरकार के उच्चतर अंगों द्वारा बनाए गए कानूनों और नीतियों को, स्वायत्तशासी क्षेत्र की स्थितियों को देखते हुए लचीले ढंग से लागू करने का अधिकार देता है। (धारा 115)

ऊपर दिए गए कानूनी प्रावधानों से स्वायत्त सरकार के अंगों की निर्णय लेने की शक्ति को बहुत अधिक सीमित किया गया है। परन्तु फिर भी संविधान इस सिद्धान्त को मान्यता देता है कि स्व-सरकारें स्थानीय आवश्यकताओं के

अनुरूप कानून बना सकती हैं और नीतिपरक निर्णय ले सकती हैं जो कि अन्य स्थानों से भिन्न हो सकते हैं जिसमें केन्द्र सरकार द्वारा पारित कानून भी आते हैं।

यद्यपि तिब्बतियों की आवश्यकताएँ सामान्य रूप से संविधान सम्मत स्वायत्तता के सिद्धान्तों से मेल खाती हैं, जैसा कि हमने दिखाया है, उनकी पूर्ति में अनेक समस्याओं के कारण रुकावटें आती हैं जिसके परिणाम-स्वरूप आज उन सिद्धान्तों को लागू करना कठिन या निष्प्रभावी हो जाता है।

उदाहरण के लिए वास्तविक स्वायत्तता को कार्यरूप देने के लिए विभिन्न विषयों को लेकर कानून बनाने की शक्तियों और दायित्वों का बँटवारा, केन्द्र और स्वायत्तशासी सरकार के मध्य स्पष्ट रूप से किया जाना चाहिए।

वर्तमान में किसी तरह की स्पष्टता नहीं है तथा स्वायत्त क्षेत्र की शक्तियों का क्षेत्र अनिश्चित भी है और अत्यधिक सीमित भी। इस प्रकार जहाँ पर संविधान प्रभावित स्वायत्त क्षेत्रों की विशेष आवश्यकताओं के लिए जो उन्हें प्रभावित करती हैं, कानून बनाने को मान्यता देना चाहता है वहीं धारा 116 के अनुसार केन्द्र सरकार के उच्चतर स्तर से, नेशनल पीपल्स कांग्रेस (एनपीसी) की स्थायी समित से पूर्व अनुमति लेने की बाध्यता, स्वायत्तता के सिद्धान्त को कार्यरूप देने में बाधा बनती है। वास्तविकता तो यह है कि केवल स्वायत्त क्षेत्रीय कांग्रेस को ही स्पष्ट रूप से पूर्व स्वीकृति लेने का प्रावधान है जबकि सामान्यतः (स्वायत्तशासी नहीं) प्रान्त जो पीआरसी का हिस्सा है उन्हें अपने अधिनियम पारित करने के लिए स्थाई समिति की पूर्व अनुमति नहीं लेनी पड़ती वे केवल पारित अधिनियमों की सूचना एनपीसी की स्थाई समिति को देते हैं। (धारा 100)

स्वायत्तता का प्रयोग करने के लिए संविधान की धारा 115 में दिए अनेक अधिनियमों और कानूनों का पालन करना आवश्यक है। कुछ कानून प्रभावी ढंग से स्वायत्तशासी क्षेत्र की स्वायत्तता को प्रभावशाली रूप से सीमित करते हैं और कुछ परस्पर सुसंगत नहीं हैं। इसके परिणाम स्वरूप स्वायत्तता का अधिकार क्षेत्र अस्पष्ट है, सुनिश्चित नहीं है तो इसे कानून और नियम बनाकर एकपक्षीय ढंग से बदला जा सकता है और यह नीति परिवर्तन के समय भी होता है। आपसी विचार विमर्श अथवा केंद्र और स्वशासित क्षेत्रीय सरकारों और केन्द्रीय सरकार के बीच मतभेदों के निपटारे के लिए उपयुक्त निर्धारित

प्रक्रिया नहीं है जिससे स्वायत्तता के प्रयोग की सीमा निर्धारित हो सके। व्यावहारिक रूप से इससे उत्पन्न अनिश्चितता क्षेत्रीय अधिकारियों की पहल को सीमित करती है और तिब्बतियों द्वारा वास्तविक स्वायत्तता के प्रयोग की गति मंद होती है।

आज हम तिब्बतियों द्वारा वास्तविक स्वायत्तता के प्रयोग में आने वाली ऐसी ही तथा अन्य बाधाओं के विस्तार में नहीं जाना चाहते बल्कि हम उदाहरण स्वरूप इनका उल्लेख कर रहे हैं ताकि भविष्य में होने वाली हमारी वार्ताओं में इसपर ठीक से विचार हो सके। हम संविधान और अन्य प्रासंगिक विधि-सम्मत धाराओं का अध्ययन करते रहेंगे और जब कभी उपयुक्त होगा जैसे-जैसे हमारी समझ में आएगा वैसे वैसे और अधिक विश्लेषण हम प्रसन्नता पूर्वक आपके सम्मुख प्रस्तुत करते रहेंगे।

7. आगे का रास्ता

जैसा कि ज्ञापन के प्रारम्भ में ही स्पष्ट किया गया है कि हमारी इच्छा इस बात का पता लगाने की है कि पीआरसी के ढाँचे के अन्तर्गत, तिब्बतियों की आवश्यकताओं को पूरा करने का मार्ग खोजें क्योंकि हमारा मानना है कि यह आवश्यकताएँ संवैधानिक स्वायत्तता के सिद्धान्तों के अनुरूप हैं। जैसा कि परम पूज्य दलाई लामा जी ने अनेक अवसरों पर स्पष्ट किया है कि हमारा कोई छुपा हुआ कार्यक्रम नहीं है। वास्तविक स्वायत्तता के किसी समझौते को पीआरसी से अलगाव के लिए पहले कदम के रूप में प्रयोग करने की हमारी कोई नीयत नहीं है।

निर्वासित तिब्बती सरकार का लक्ष्य तिब्बतियों के हितों के लिए आवाज उठाना और उनके हितों का प्रतिनिधित्व करना है। इसलिए जैसे ही हमारे बीच समझौता हो जाएगा, तब इसकी कोई उपयोगिता नहीं रहेगी और इसे भंग कर दिया जाएगा। परम पवित्र दलाई लामा जी ने स्पष्ट कर दिया है कि भविष्य में वे चीन में किसी भी राजनीतिक पद को ग्रहण नहीं करेंगे। परन्तु फिर भी परम पवित्र दलाई लामा जी ऐसे वैध समझौते तक पहुँचने के लिए अपना सम्पूर्ण व्यक्तिगत प्रभाव प्रयुक्त करेंगे ताकि उस समझौते को तिब्बत की जनता द्वारा मान्यता मिल सके।

इन मजबूत प्रतिबद्धताओं के साथ, हमारा प्रस्ताव है कि अगले कदम के रूप में हम उन विषयों पर वार्ता प्रारम्भ करने पर सहमत हों जो ज्ञापन में उल्लिखित हैं। इसके लिए हमारा सुझाव है कि हम परस्पर स्वीकार्य कार्यप्रणाली अथवा कार्यप्रणालियों, और समय सारणी पर सहमत हों ताकि प्रभावी ढंग से काम हो सके।

परिशिष्ट - ङ

‘तिब्बतियों के लिए वास्तविक स्वायत्तता का ज्ञापन’ पर टिप्पणी

प्रस्तावना

यह टिप्पणी चीन की केन्द्रीय सरकार द्वारा “तिब्बतियों के लिए वास्तविक स्वायत्तता के ज्ञापन” (जिसे आगे ज्ञापन कहा गया है) की मूलभत विषय वस्तु को लेकर उठाई गई आपत्तियों और व्यक्त चिंताओं के विषय में हैं। इस ज्ञापन को जनवादी गणतंत्रीय चीन सरकार के सम्मुख 31 अक्तूबर, 2008 को, बीजिंग में हुई आठवें दौर की वार्ता के पश्चात प्रस्तुत किया गया था।

सावधानी पूर्वक अध्ययन के पश्चात् तथा मंत्री दू क्विंगलिन तथा कार्यकारी उपमंत्री झू वेईकुन के प्रत्युत्तर और प्रतिक्रियाएँ जो कि वार्ता के दौरान सामने आईं को जानने के पश्चात तथा चीन की केन्द्र सरकार द्वारा, वार्ता के पश्चात दिए गए वक्तव्यों और लिखित टिप्पणी को साथ लेते हुए ऐसा प्रतीत होता है कि ज्ञापन में उठाए गए विषयों पर केंद्र की चीन सरकार को गलतफहमी हुई है और कुछ बातों को समझा ही नहीं गया है।

चीन की केन्द्र सरकार का दावा है कि ज्ञापन पीआरसी के संविधान के विरुद्ध है तथा “तीन निष्ठाओं का भी निषेध करता है”। तिब्बती पक्ष का यह मानना है कि ज्ञापन में वर्णित तिब्बतियों की आवश्यकताएँ संविधान के ढाँचे

और भावना के अन्तर्गत पूरी की जा सकती हैं तथा इन प्रस्तावों का तीन निष्ठाओं[1] से भी न तो टकराव है न यह उनके विरोध में है। हमारा विश्वास है कि प्रस्तुत टिप्पणी यह बातें स्पष्ट करने में सहायता करेगी।

परम पवित्र दलाई लामा जी ने बहुत पहले 1974 में ही तिब्बत के भविष्य की स्थित पर आन्तरिक चर्चाएँ प्रारंभ कर दी थीं और उसकी स्थिति स्पष्ट करने के लिए स्वायत्तता पर आधारित समझौते के लिए मार्ग खोजने पर विचार हुआ था, न कि तिब्बत के लिए स्वतंत्रता की माँग करने का। 1979 में चीन के नेता डेंग जियाओपिंग ने तिब्बत की स्वतंत्रता के मुद्दे को छोड़कर अन्य सभी मुद्दों पर चर्चा के द्वारा समाधान की सहमति व्यक्त की थी। तब से लेकर आज तक परम पूज्य दलाई लामा जी ने समझौते के द्वारा तिब्बत समस्या के समाधान हेतु अनेक प्रयास किए हैं। यह कार्य करते समय परम पवित्र दलाई लामा जी ने सदा ही मध्य मार्ग का अनुसरण किया है, जिसका अर्थ है परस्पर स्वीकार्य और लाभदायक वार्ताओं के माध्यम से समाधान की खोज करना जो कि सुलह सफाई और समझौते की भावना द्वारा ही संभव है। पंच सूत्रीय योजना तथा स्ट्रासबर्ग प्रस्तावों को इसी भावना से प्रस्तुत किया गया था। इन प्रयासों का चीन की केन्द्रीय सरकार की ओर से कोई सकारात्मक प्रत्युत्तर न पाकर और साथ ही 1984 में मार्शल लॉ लगने से तिब्बत में स्थितियों के बिगड़ने के कारण, परम पवित्र दलाई लामा को विवश होकर 1991 में कहना पड़ा कि स्ट्रासबर्ग प्रस्ताव निष्प्रभावी हो चुके हैं। फिर भी परम पूज्य दलाई लामा ने अपनी मध्यमार्गी सोच की प्रतिबद्धता को बनाए रखा है।

चीन की केन्द्र सरकार और परम पवित्र दलाई लामा के मध्य 2002 में वार्ताओं का दौर पुनः प्रारम्भ होने पर, अवसर प्राप्त हुआ कि दोनों पक्ष अपनी स्थिति को स्पष्ट करें तथा एक दूसरे की चिन्ताओं, आवश्यकताओं और हितों को जानें। इससे भी बढ़कर, वर्तमान स्थितियों की वास्तविकताओं को ध्यान में रखते हुए परम पवित्र दलाई लामा जी ने वस्तुस्थिति पर गहन विचार किया है। इससे परम पवित्र दलाई लामा जी का लचीलापन, खुलापन और व्यावहारिकता और इससे भी बढ़कर परस्पर लाभकारी समाधान खोजने में उनकी ईमानदारी और दृढ़ निश्चय का पता चलता है।

---

1 केन्द्र सरकार द्वारा निर्धारित तीन निष्ठाएँ हैं- (1) चीन के साम्यवादी दल का नेतृत्व (2) चीनी विशिष्ट तत्वों के साथ समाजवाद (3) क्षेत्रीय राष्ट्रीय स्वायत्तता प्रणाली।

"तिब्बत के लोगों के लिए वास्तविक स्वायत्तता का ज्ञापन" 2008 में सम्पन्न वार्ताओं के सातवें दौर के उपरान्त चीन की केन्द्र सरकार के सुझावों के प्रत्युत्तर में तैयार किया गया था। परन्तु चीन की केन्द्र सरकार की प्रतिक्रियाएँ अधिकारिक रूप से उन्हें सौंपे गए ज्ञापन में व्यक्त सुझावों के गुणदोष पर न होकर, पुराने प्रस्तावों पर हैं जो सार्वजनिक रूप से दिए गए थे तथा उन वक्तव्यों पर हैं जो विभिन्न समयों पर, विभिन्न सन्दर्भों में दिए गए थे।

यह ज्ञापन और इसपर यह टिप्पणी पूरा जोर देकर यह स्पष्ट करती है परम पवित्र दलाई लामा चीन से न तो आजादी की माँग कर रहे हैं और न ही अलग होने की, वह तो संविधान के दायरे के अंतर्गत और इसके स्वायत्तता विषयक सिद्धांतों के अनुरूप समाधान चाहते हैं और यह बात वे अनेक बार दुहरा चुके हैं।

नवम्बर 2008 में प्रवासी तिब्बतियों के धर्मशाला में आयोजित 'विशेष साधारण सम्मेलन' में भी 'इस समय पीआरसी के साथ, मध्य मार्ग का अनुसरण करते हुए वार्ता चलाने' के निर्णय की पुनः पुष्टि की गई। अन्तरराष्ट्रीय समुदाय के लोगों ने अपनी ओर से दोनों पक्षों को समझौते की मेज पर बैठने का आग्रह किया। उनमें से एक सदस्य ने विचार व्यक्त किया कि यह ज्ञापन वार्ता के लिए एक अच्छा आधार बन सकता है।

1. पीआरसी की भौगोलिक अखण्डता और संप्रभुता का सम्मान

परम पवित्र दलाई लामा ने बार बार यह घोषणा की है कि उनकी माँग पीपल्स रिपब्लिक ऑफ चाईना से अलग होने की नहीं है और न ही वह चीन से तिब्बत की आजादी की माँग करते हैं, वह पीआरसी के अन्तर्गत स्थाई समाधान चाहते हैं। यही पक्ष ज्ञापन में निर्भ्रांत रूप से प्रस्तुत किया गया है।

ज्ञापन में वास्तविक स्वायत्तता की वकालत की गई है न कि आजादी की, "अर्ध-आजादी" अथवा "छद्म आजादी" की। ज्ञापन का मूल विषय जिसमें वास्तविक स्वायत्तता को समझाया गया है इस बात को निर्भ्रांत रूप से स्पष्ट कर देता है। स्वायत्ता का वर्णित स्वरूप और मात्रा जो ज्ञापन में दर्शायी गयी है वह पीआरसी के संविधान में प्रदत्त स्वायत्तता के सिद्धान्त के अनुरूप है। विश्व के विभिन्न भागों में स्वायत्तशासी क्षेत्र जिस प्रकार का स्वशासन चलाते हैं वैसा ही

प्रस्ताव ज्ञापन में रखा गया है और इससे किसी भी तरह उस राज्य, जिसका वह अंग है की प्रभुसत्ता और एकता को किसी तरह की चुनौती या खतरा पैदा नहीं होता। यह बात एकात्म राज्यों में भी सत्य है और संघात्मक विशिष्टताओं वाले राज्यों में भी। इन स्थितियों पर नजर रखने वाले पर्यवेक्षकों जिनमें तटस्थ राजनीतिज्ञ, तथा अन्तरराष्ट्रीय समुदाय के विद्वान भी शामिल है, ने भी यह माना है कि यह ज्ञापन, पीआरसी के अन्तर्गत स्वायत्तता की माँग करता है न कि पीआरसी से तिब्बत की आजादी अथवा उसके पीआरसी से अलगाव की।

चीन का, तिब्बत के इतिहास के विषय में दृष्टिकोण, तिब्बतियों के दृष्टिकोण से बिल्कुल भिन्न है और परम पवित्र दलाई लामा इस बात को पूरी तरह जानते हैं कि तिब्बती उससे कभी सहमत नहीं हो सकते। इतिहास, हमारा अतीत है जिसे बदला नहीं जा सकता। परन्तु फिर भी दलाई लामा की दृष्टि अग्रगामी है न कि पश्चगामी। वे पीआरसी के भीतर इतिहास विषयक इस भिन्न दृष्टि को, पारस्परिक लाभ-दायक भविष्य की खोज में बाधक नहीं बनने देना चाहते।

इस ज्ञापन के विषय में चीन की ही केन्द्र सरकार की प्रतिक्रिया यह बताती है कि उन्हें परम पवित्र दलाई लामा के प्रस्तावों को लेकर यह सन्देह बना हुआ है कि यह उनके लिए, तिब्बत की आजादी हेतु एक रणनीति का पहला कदम मात्र है। परम पवित्र दलाई लामा पीआरसी की तिब्बत में वर्तमान स्थिति को लेकर वैधता विषयक चिंता और संवेदनशीलता से परिचित हैं। यही कारण है कि दलाई लामा ने अपने प्रतिनिधियों के माध्यम से स्पष्ट किया है और सार्वजनिक रूप से कहा है कि जब कभी यह संपन्न होता है, वे स्वायत्तता समझौते को अपना नैतिक समर्थन देंगे ताकि लोगों द्वारा उसको समर्थन मिले तथा उसे ठीक से लागू किया जा सके।

2. पीआरसी के संविधान का सम्मान

ज्ञापन में स्पष्ट रूप से यह कहा गया है कि परम पूज्य दलाई लामा जी तिब्बतियों के लिए जिस वास्तविक स्वायत्तता की माँग कर रहे हैं उसे संवैधानिक ढाँचे के अंतर्गत संविधान में वर्णित स्वायत्तता के अन्तर्गत समेटा जा सकता है, वह इससे बाहर नहीं है।

राष्ट्रीय क्षेत्रीय सम्प्रभुता की मूलभूत परिकल्पना बहुराष्ट्रीय राज्य के अन्तर्गत अल्पसंख्यक राष्ट्रीयताओं की पहचान, भाषा, रीति-रिवाज, परम्पराओं और संस्कृति का संरक्षण और सुरक्षा, समता और सहयोग के साथ बनाए रखना है। संविधान में प्रावधान है कि जहाँ कहीं अल्पसंख्यक राष्ट्रीयता के लोग सघन रूप से निवास करते हैं वहाँ स्वशासन के अंग स्थापित किए जा सकते हैं और वहाँ स्वायत्तता की सत्ता का प्रयोग हो सकता है। स्वायत्तता के सिद्धान्त का अनुसरण करते हुए मई 2004 में 'तिब्बत की क्षेत्रीय जातीय स्वायत्तता पर श्वेत-पत्र' में कहा गया "राष्ट्रीय अल्पसंख्यक अपने भाग्य के निर्माता आप हैं और अपने मामलों में संप्रभु हैं।"

अपने स्वीकृत सिद्धान्तों की सीमाओं के अंतर्गत एक संविधान को अपने समय की आवश्यकताओं के प्रति संवेदनशील होने तथा बदली हुई परिस्थितियों के अनुसार अपने को ढालने में समर्थ होना चाहिए। पीआरसी के संविधान के लचीलेपन को, पीआरसी के नेताओं ने इसकी व्याख्याओं और व्यावहारिक अनुपालन में बदल रही परिस्थितियों के अनुसार सुधार और संशोधित करके सिद्ध कर दिया है। यदि इसी को तिब्बतियों की स्थिति पर, जैसा कि ज्ञापन में बताया गया है, लागू किया जाए तो यह लचीलापन, वास्तव में तिब्बतियों की आवश्यकताओं को संवैधानिक ढाँचे और स्वायत्तता के सिद्धांतों के अन्तर्गत समेटने की अनुमति देता है।

3. 'तीन निष्ठाओं' का सम्मान

ज्ञापन में परम पूज्य दलाई लामा का जो पक्ष रखा गया है वह किसी भी प्रकार से पीआरसी के साम्यवादी दल को चुनौती नहीं देता और न ही उस पर कोई प्रश्न चिन्ह लगाता है। इसके साथ ही यह आशा करना भी तर्कसंगत है कि एकता, स्थिरता और समरस समाज की स्थापना के लिए, पार्टी तिब्बतियों के प्रति अपना दृष्टिकोण बदले और उनकी संस्कृति, धर्म और पहचान को अपने लिए खतरा मानना छोड़ दे।

ज्ञापन में पीआरसी की समाजवादी प्रणाली को भी चुनौती नहीं दी गई है। इसमें कोई ऐसी बात नहीं जिससे संकेत मिले कि तिब्बती क्षेत्रों से इसे निकाल बाहर करके परिवर्तन लाया जाए। जैसा कि समाजवाद पर परम पूज्य दलाई

लामा के विचार सर्वविदित हैं कि वे समाजवादी अर्थव्यवस्था और विचारधारा जो कि समानता को बढ़ावा देती है और समाज के कमजोर वर्गों के लाभ और उत्थान की बात करती है, के समर्थक रहे है।

परम पूज्य दलाई लामा की, स्वायत्तता की माँग पीआरसी के संविधान में घोषित स्वायत्तता के सिद्धान्तों के अनुसार पीआरसी के अन्तर्गत अल्पसंख्यक राष्ट्रीयताओं के लिए मान्य सिद्धान्त के अनुसार है। जैसाकि ज्ञापन में बताया गया है कि वर्तमान में स्वायत्त शासन के प्रावधानों का क्रियान्वयन इस तरह से हो रहा है कि वह यथार्थ में तिब्बतियों के लिए वास्तविक स्वायत्तता का निषेध है और तिब्बतियों को स्वशासन का अधिकार देने में असफल है और वे 'अपने विषयों में भी संप्रभु नहीं हैं'। आज तिब्बतियों के कल्याण से सम्बद्ध निर्णय भी तिब्बती नहीं ले रहे। जैसा कि ज्ञापन में वर्णित है प्रस्तावित वास्तविक स्वायत्तता को लागू करने से तिब्बतियों को सच्ची स्वायत्तता मिल पाएगी जिसके कारण वे अपने मामलों में संप्रभु हो जाएँगे जो कि स्वायत्तता के संवैधानिक सिद्धान्तों के अनुरूप है।

इस प्रकार वास्तविक स्वायत्तता का ज्ञापन 'तीन निष्ठाओं' का विरोधी नहीं है।

4. चीन की केन्द्रीय सरकार के पदानुक्रम और सत्ता का सम्मान

ज्ञापन में दिए गए प्रस्तावों से कहीं भी यह अर्थ नहीं लगाया जा सकता कि वह किसी भी तरह 'नेशनल पीपल्स कांग्रेस' (एनपीसी) अथवा चीन की केन्द्रीय सरकार के अंगों की सत्ता का निषेध करते हैं। जैसा कि ज्ञापन में स्पष्ट कहा गया है कि केन्द्र सरकार और उसके अंगों, जिसमें तिब्बती स्वायत्त सरकार भी शामिल है, के बीच पदानुक्रम के जो विभेद हैं, प्रस्ताव उन्हें मान्यता देते हैं।

किसी भी वास्तविक स्वायत्तता में केन्द्र और स्थानीय स्वायत्त सरकार में शक्तियों और दायित्वों का विभाजन और आबंटन अपरिहार्य रूप से जुड़ा रहता है जिसमें कानूनों और नियमों का निर्माण भी शामिल है। स्वाभाविक रूप से उन नियमों और कानूनों को स्वायत्त क्षेत्र के अधीन सीमाओं में ही लागू किया जा सकता है। यह बात एकात्मक और संघात्मक 'दोनों' प्रकार की शासन प्रणालियों पर लागू होती है।

यह सिद्धान्त भी संविधान द्वारा मान्य है। संवैधानिक प्रावधानों की भावना, स्वायत्तशासी क्षेत्रों को अपनी सीमाओं के निर्धारण की शक्ति भी देती है जो कि सामान्य प्रान्तों को प्राप्त शक्तियों से बढ़कर है। परन्तु आज स्वायत्त सरकार के सभी नियमों और कानूनों को नेशनल स्टैंडिंग कमेटी (एनपीसी) की पूर्व स्वीकृति लेना आवश्यक है (धारा 116, संविधान) इसका प्रयोग इस प्रकार से किया जाता है कि स्वायत्त क्षेत्र के पास स्थानीय आवश्यकताओं के अनुरूप कानून बनाने का अधिकार अन्य चीनी प्रांतों की अपेक्षा बहुत कम रह जाता है।

जब कभी भी निर्णय लेने की शक्तियों का विभाजन सरकार के विभिन्न स्तरों के बीच होता है (केन्द्र सरकार और स्वायत्त सरकार के बीच), यह आवश्यक है कि उनके बीच विचार विमर्श और सहयोग की प्रक्रिया तय हो। इससे पारस्परिक समझ बढ़ाने में सहायता मिलती है और नीतियों तथा कानूनों और नियमों में होने वाली संभावित विसंगतियों और विरोधाभासों को न्यूनतम करने में सहायता मिलती है। इससे सरकार के विभिन्न अंगों को आबंटित शक्तियों के प्रयोग में होने वाले विवादों के अवसर में भी कमी आती है। इस प्रकार की प्रक्रियाएँ और व्यवस्थाएँ केन्द्र और स्वायत्त सरकार को समान स्तर पर नहीं लातीं न ही यह केन्द्र सरकार के नेतृत्व का निषेध करती हैं।

स्वायत्तशासी व्यवस्थाओं को संविधान में अथवा अन्य उपयुक्त तरीकों द्वारा दृढ़ता से आरोपित करने का अर्थ न तो केन्द्र और स्थानीय सरकार को एक स्तर पर रखना है और न ही यह किसी भी तरह पूर्ववर्ती की शक्तियों को सीमित करता है। यह कदम केन्द्रीय और स्वायत्त सरकार को (विधिक) सुरक्षा प्रदान करता है ताकि दोनों में से कोई भी एकपक्षीय ढंग से इसके मूलभूत तत्त्वों को बदल न सके जिसे उन्होंने स्थापित किया है और यह कि कम से कम मूलभूत परिवर्तन करने से पूर्व विचार विमर्श की प्रक्रिया की व्यवस्था होनी चाहिए।

5. ज्ञापन में विशिष्ट क्षमताओं को लेकर चीन की केन्द्रीय सरकार द्वारा व्यक्त चिन्ताएँ

(क) जन सुरक्षा

ऐसा प्रतीत होता है कि ज्ञापन में जन-सुरक्षा विषयक क्षमताओं को स्वायत्त क्षेत्र के लिए निर्धारित करने को सरकार ने, रक्षा मामलों से संबंधित समझ

लिया है। राष्ट्रीय सुरक्षा और जन सुरक्षा दो अलग विषय हैं। परम पवित्र दलाई लामा इस विषय में बिल्कुल स्पष्ट हैं कि राष्ट्रीय सुरक्षा का विषय पीआरसी के अधीन है और वैसा ही रहना चाहिए। यह ऐसी क्षमता नहीं जिसका प्रयोग स्वायत्त क्षेत्र करें। अधिकांश स्वायत्त व्यवस्थाओं में ऐसा ही प्रावधान है। ज्ञापन वास्तव में विशेष रूप से आन्तरिक जन व्यवस्था और सुरक्षा की बात करता है और इस महत्त्वपूर्ण बिन्दु पर जोर देता है कि इसमें नियुक्त अधिकांश तिब्बती होने चाहिए क्योंकि वे स्थानीय रीति रिवाजों और परम्पराओं को समझते हैं। इससे स्थानीय स्तर पर घटने वाली सामाजिक वैमनस्य की घटनाओं को दबाने में सहायता मिलेगी। इस विषय में ज्ञापन संविधान के सिद्धान्त के अनुरूप है जिसे धारा 120 में संपादित किया गया है जिसमें कहा गया है कि:

"स्वायत्तशासी क्षेत्र में स्वायत्त सरकार के अंग, राज्य की सैनिक प्रणाली के अनुसार तथा व्यावहारिक स्थानीय आवश्यकताओं को ध्यान में रखते हुए, राज्य समिति की स्वीकृति से, स्थानीय जन सुरक्षा बलों का गठन कर सकते हैं।"

इस सन्दर्भ में इस बात पर बल दिया जाना चाहिए कि ज्ञापन कहीं भी तिब्बती क्षेत्रों से जनमुक्ति सेना (पीएलए) को हटाने का प्रस्ताव नहीं करता है।

(ख) भाषा

तिब्बतियों के लिए वास्तविक स्वायत्तता के प्रयोग से संबद्ध महत्त्वपूर्ण विषय तिब्बती भाषा के प्रयोग और विकास का है। तिब्बती क्षेत्रों में तिब्बती भाषा को मुख्य अथवा महत्त्वपूर्ण भाषा के रूप में मान्यता दिया जाना विवाद रहित है क्योंकि चीन की केन्द्रीय सरकार द्वारा जारी श्वेत पत्र- 'तिब्बत में क्षेत्रीय जातीय स्वायत्तता' में लिखा गया है कि तिब्बती क्षेत्रीय सरकार द्वारा निर्धारित प्रावधानों में "तिब्बती और हान-चीनी भाषा की ओर समान ध्यान दिया जाएगा जिसमें तिब्बती भाषा, मुख्य भाषा के रूप में रहेगी ..."(रेखांकन जोड़ा गया है) ज्ञापन में अन्य भाषाओं का प्रयोग भी परोक्ष रूप से दिया गया है।

ज्ञापन में चीनी भाषा के भी प्रयोग और पढ़ाने की माँग के न होने से यह अर्थ नहीं लगाया जाना चाहिए कि इस भाषा को 'हटा' दिया जाएगा, यह समूचे पीआरसी की मुख्य भाषा है। इस सन्दर्भ में इस बात पर भी ध्यान दिया जाना चाहिए कि निर्वासित तिब्बती सरकार ने निर्वासित तिब्बतियों को चीनी भाषा सीखने के लिए प्रोत्साहित किया है।

इसलिए तिब्बती भाषा के अध्ययन पर जोर देने के प्रस्ताव को तिब्बतियों को अपनी भाषा सिखाने के प्रयास से जोड़ना चाहिए न कि 'अलगाववादी दृष्टि' के रूप में।

(ग) जनसंख्या प्रवसन का व्यवस्थापन

ज्ञापन में यह प्रस्तावित है कि स्थानीय सरकार जो स्वायत्त क्षेत्र में है उसे अन्य स्थानों से चीन में आकर रहने, बसने, नौकरी करने अथवा किसी आर्थिक गतिविधि में भाग लेने के इच्छुक नागरिकों के व्यवस्थापन का अधिकार होना चाहिए। यह स्वायत्तता का सामान्य तत्व है और पीआरसी में इसके उदाहरण भी हैं।

अनेक देशों ने ऐसी प्रणालियाँ विकसित की हैं या कानून बनाए हैं जिनसे असुरक्षित क्षेत्रों अथवा मूल निवासियों और अल्पसंख्यको को, देश के अन्य भागों से बड़ी मात्रा में होने वाले जन अप्रवासन से बचाया जा सके। ज्ञापन में स्पष्ट रूप से कहा गया है कि तिब्बत में बसे गैर तिब्बतियों को जो वर्षों से यहाँ रह रहे हैं निकालने का कोई प्रस्ताव नहीं है। परम पवित्र दलाई लामा और काशाग ने अपने पहले के वक्तव्यों में और हमारे प्रतिनिधियों ने अपने समकक्षों से वार्ताओं में यह बात स्पष्ट रूप से बताई है। 4 दिसम्बर 2008 को परम पवित्र दलाई लामा ने दुहराया कि हमारा इरादा गैर तिब्बतियों को निकाल बाहर करने का नहीं है। हमारे लिए चिन्ता का विषय प्रलोभन देकर किया जा रहा हान तथा कुछ अन्य समुदायों का तिब्बती क्षेत्रों में सामूहिक अप्रवासन है जिसके परिणाम स्वरूप मूल स्थानीय तिब्बती जनसंख्या उपेक्षित हो रही है तथा नाजुक पर्यावरण को खतरा पैदा हो रहा है। इससे स्पष्ट है कि परम पवित्र यह सुझाव नहीं दे रहे कि तिब्बत में केवल तिब्बती ही रहेंगे तथा

अन्य राष्ट्रीयताएँ नहीं रह सकेंगी। वास्तव में मुद्दा शक्तियों के उपयुक्त विभाजन का है जिसमें गतिशील, मौसमी मजदूरों और स्थायी रूप से बसने वाले लोगों के व्यस्थापन का है, ताकि तिब्बती क्षेत्रों में असुरक्षित मूल तिब्बत वासियों की रक्षा हो सके।

ज्ञापन का उत्तर देते हुए चीन की केन्द्रीय सरकार ने आंशिक रूप से इस प्रस्ताव को ठुकरा दिया कि स्वायत्तशासी अधिकारी पीआरसी के अन्य भागों से आने वाले और आर्थिक गतिविधियों में लिप्त होने वाले लोगों का व्यवस्थापन करेंगे क्योंकि, "क्षेत्रीय राष्ट्रीय स्वायत्तता विषयक कानून और संविधान में गतिशील जनसंख्या पर नियंत्रण लगाने का कोई प्रावधान नहीं है।" वास्तव में, क्षेत्रीय राष्ट्रीय स्वायत्तता की धारा 43 में स्पष्ट रूप से इसका प्रावधान है।

"कानूनी शर्तों के अनुसार राष्ट्रीय स्वायत्तशासी क्षेत्र की सरकार ऐसे उपायों पर काम करेगी जिनसे गतिमान जनसंख्या पर नियन्त्रण रखा जा सके।" इस प्रकार, इस सन्दर्भ में तिब्बतियों द्वारा ज्ञापन में रखा गया प्रस्ताव संविधान से असंगत नहीं है।

(घ) धर्म

ज्ञापन में एक बिन्दु यह है कि तिब्बतियों को अपने धर्म को अपनी आस्था के साथ व्यावहारिक रूप देने की पूरी आजादी होनी चाहिए, यह पीआरसी के संविधान के धार्मिक स्वतंत्रता विषयक प्रावधानों से मेल खाता है। यह राजनीति और धर्म को अलग रखने के विश्व के अनेक राज्यों द्वारा अपनाए गए सिद्धान्तों के अनुसार है।

धारा 36 में यह सुनिश्चित किया गया है कि कोई भी व्यक्ति "नागरिकों को किसी धर्म में विश्वास रखने या न रखने के लिए विवश नहीं कर सकता।" हम इसका समर्थन करते हैं परन्तु यह भी देखते हैं कि सरकारी अधिकारी ही कई प्रभावी तरीकों से तिब्बतियों के धर्माचरण की क्षमता में बाधा डालते हैं।

गुरु और शिष्य में आध्यात्मिक संबंध और धर्मोपदेश देना धार्मिक आचरण के आवश्यक अंग हैं। इन पर प्रतिबंध लगाना धार्मिक आजादी का उल्लंघन है। इसी प्रकार से पुनर्जन्म प्राप्त लामाओं की पहचान में राज्य और उसकी संस्थाओं द्वारा सीधे हस्तक्षेप करना, जैसा कि पुनर्जन्म में लामाओं की पहचान प्रबंधन के प्रावधानों को 18 जुलाई, 2007 को राज्य द्वारा स्वीकृत और लागू किया गया, वह संविधान प्रदत्त धार्मिक स्वतंत्रता के अधिकार का गम्भीर उल्लंघन है।

तिब्बतियों में धर्माचरण व्यापक और मूलभूत हैं। बौद्ध धर्माचरण को खतरा मानने की जगह संबंधित अधिकारियों को इसका सम्मान करना चाहिए। परम्परागत रूप से और ऐतिहासिक दृष्टि से बौद्ध मत तिब्बत और चीन के लोगों के बीच सकारात्मक एकता का कारण रहा है।

(ङ) एकल प्रशासन

तिब्बतियों की एक ही स्वायत्तशासी क्षेत्र के भीतर प्रशासित किए जाने की इच्छा पूरी तरह से संविधान के स्वायत्तता के नियमों के अनुरूप है। तिब्बती राष्ट्रीयता की अखण्डता की तर्कसंगतता को ज्ञापन में स्पष्ट रूप में दिया गया है और इसका अर्थ "वृहत्तर अथवा लघुत्तर तिब्बत नहीं है" वास्तव में जैसा ज्ञापन में संकेत किया गया है क्षेत्रीय स्वायत्तता विषयक कानून में ही सुनिश्चित प्रक्रियाओं से होते हुए इस प्रकार की प्रशासनिक सीमाओं में परिवर्तन का प्रावधान है। इस प्रकार यह सुझाव भी किसी तरह से संविधान का उल्लंघन नहीं करता है।

जैसा कि पहले हुई वार्ताओं में हमारे प्रतिनिधियों ने बताया है कि अनेक चीनी नेताओं जिनमें चीन के प्रधान मंत्री झाऊ एनलाई, उप प्रधानमंत्री चेन यी और पार्टी सचिव हू-याओबांग हैं, ने भी सभी तिब्बतियों को एक ही प्रशासनिक इकाई के अधीन लाने का समर्थन किया था। पीआरसी में कुछ प्रमुख नेताओं ने जिनमें 10वें पंचेन लामा नगाबो नगावांग जिग्मे और वपा फुन्स्टोक वंग्याल ने भी इसकी माँग यह स्वीकारते हुए की है कि ऐसा करना पीआरसी के संविधान और उसके कानूनों के अनुरूप होगा। 1956 में एक विशेष समिति जिसमें वरिष्ठ साम्यवादी नेता सांग्ये येशी

(तिआन बाओ)भी थे, का गठन चीन की केन्द्रीय सरकार ने इसलिए किया था कि वह तिब्बती क्षेत्रों को एक प्रशासनिक इकाई के अधीन लाने के लिए व्यापक योजना बनाएँ। परन्तु कट्टर वामपंथी तत्त्वों के दबाव में बाद में यह कार्य रोक दिया गया। तिब्बती क्षेत्रों को एकीकृत करने का कारण तिब्बतियों द्वारा एक ही प्रशासन के अधीन, एक जाति के रूप में स्वायत्तता का उपभोग करने की गहन लालसा है ताकि वे अपनी संस्कृति और सांस्कृतिक मूल्यों को इस प्रकार से सुरक्षित और विकसित कर सकें। जैसा कि संविधान की धारा 4 में भी दर्शाया गया है कि क्षेत्रीय राष्ट्रीय स्वायत्तता के सिद्धांतो का भी यही प्रमुख वायदा और लक्ष्य है। तिब्बती लोग अपनी राष्ट्रीयता के एकीकरण को लेकर चिंतित हैं जिसे इस प्रस्ताव में मान्यता दी गई है परन्तु वर्तमान व्यवस्था इसे मान्यता नहीं देती। समान ऐतिहासिक विरासत, आध्यात्मिक और सांस्कृतिक पहचान, भाषा और यहाँ तक कि अद्वितीय तिब्बती पर्यावरण से संबद्धता तिब्बती राष्ट्रीयता को सुगठित करते है। पीआरसी के अन्तर्गत तिब्बतियों को एक राष्ट्रीयता के रूप में मान्यता है, अनेक राष्ट्रीयताओं के रूप में नहीं। वे तिब्बती जो तिब्बती स्वायत्त प्रांतों या जिलों में रह रहे हैं जिन्हें अन्य जिलों में समाहित कर लिया गया है वे भी तिब्बती राष्ट्रीयता का अंग हैं । परम पवित्र दलाई लामा सहित सभी तिब्बती मूल रूप से तिब्बती संस्कृति, आध्यात्मिक मूल्यों, राष्ट्रीय पहचान और पर्यावरण की रक्षा और विकास को लेकर चिंतित है। तिब्बती लोग, तिब्बत के स्वायत्त क्षेत्र के विस्तार की बात नहीं कर रहे वे तो केवल यह माँग कर रहे है कि जिन क्षेत्रों को पहले से ही तिब्बती स्वायत्त क्षेत्र माना जाता है उन्हें एकीकृत प्रशासन के अधीन लाया जाए जैसा कि पीआरसी के अन्य स्वायत्त क्षेत्रों में किया गया है। जब तक तिब्बतियों को एकीकृत प्रशासन व्यवस्था के अधीन नहीं लाया जाता तब तक उनकी संस्कृति और जीवन शैली को प्रभावी रूप से सुरक्षित नहीं किया जा सकता। वर्तमान में तिब्बती लोगों की आधे से अधिक आबादी को विभिन्न प्रांतीय सरकारों की सर्वप्रथम और सबसे महत्त्वपूर्ण वरीयताओं और हितों को सहन करना पड़ता है जिनमें उनकी कोई महत्त्वपूर्ण भूमिका नहीं होती।

जैसा कि ज्ञापन में स्पष्ट किया गया है कि तिब्बत के लोग उसी अवस्था में वास्तविक स्वायत्तता का उपभोग कर सकते है जबकि उनकी अपनी स्वायत्त सरकार हो, पीपल्स कांग्रेस तथा स्व सरकार के अन्य अंग हों तथा सम्पूर्ण तिब्बती राष्ट्रीयता उसके अधिकार क्षेत्र में हो। यह सिद्धान्त संविधान से दर्शाया गया है जिसमे अल्पसंख्यक राष्ट्रीयताओं के क्षेत्रीय स्वायत्तता के प्रयोग को मान्यता दी गई है जोकि 'उन क्षेत्रों में सघन रूप में निवास करते हैं। वे वहां स्वशासन के विभिन्न अंग गठित कर सकते है ताकि स्वायत्तता की शक्तियों का उपयोग कर सकें। (धारा-4)

यदि राज्य की ओर से अल्पसंख्यक राष्ट्रीयताओं के "अपने आन्तरिक मामलों को शासित करने के अधिकार" के लिए सम्मान और आश्वासन का (जिसे क्षेत्रीय राष्ट्रीय स्वायत्तता के कानून भी प्रस्तावना में सत्यनिष्ठापूर्वक घोषित किया गया है) यह अर्थ लगाया जाता है कि इसमें सघन आबादी वाले क्षेत्रों के साथ लगते क्षेत्रों में जहाँ वैसे ही समुदाय सघन रूप में आबाद हैं उन्हें चुनकर साथ नहीं मिलाया जा सकता तो यह संवैधानिक सिद्धान्तों का अवमूल्यन करना होगा।

तिब्बतियों को बाँट कर रखने और उन्हें विभिन्न कानूनों और नियमों के अधीन शासित किया जाना उनके वास्तविक स्वायत्तता के उपभोग में बाधक है और उनके लिए अपनी विशिष्ट सांस्कृतिक पहचान बनाए रखना कठिन हो जाता है। केन्द्र सरकार के लिए आवश्यक प्रशासनिक समायोजन के माध्यम से उन्होंने यह आन्तरिक मंगोलिया, निंगक्षिया तथा गुआंगक्षी क्षेत्र में किया है।

(च) **राजनीतिक, सामाजिक और आर्थिक प्रणाली**

परम पूज्य दलाई लामा जी ने बार-बार और लगातार यह बात दुहराई है कि कोई भी, और कम से कम वह स्वयं तो नहीं चाहते कि तिब्बत 1959 के पूर्व की राजनीतिक, सामाजिक और आर्थिक व्यवस्था में पुनः स्थापित कर दिया जाए। भविष्य के स्वायत्त तिब्बत की अकांक्षा आर्थिक और राजनीतिक स्थिति को और अधिक सुधारने की होगी न कि अतीत में लौट जाने की। यह बात परेशान करने वाली और उलझन मे डालने वाली

है कि चीन की सरकार इस बात पर अड़ी हुई है और परम पूज्य दलाई लामा पर यह आरोप लगाती है कि वह और उनका प्रशासन तिब्बत में पुरानी व्यवस्था कायम करना चाहते हैं जब कि प्रमाण इसके बिल्कुल विपरीत हैं।

सभी देशों में जिसमें चीन भी सम्मिलित है ऐसी शासन व्यवस्थाएँ अतीत में रही हैं जो कि आज बिल्कुल भी स्वीकार्य नहीं है। संसार सामाजिक और राजनीतिक दृष्टि से विकसित हुआ है और उसने मानवाधिकारों और जीवन स्तर ऊँचा उठाने में असीम प्रगति की है। प्रवासी तिब्बतियों ने आधुनिक प्रजातांत्रिक प्रणाली और शैक्षिक और स्वास्थ्य की प्रणालियाँ तथा संस्थाएँ विकसित कर ली हैं। इस प्रकार, तिब्बती लोग विश्व नागरिक बन चुके हैं और अन्य देश के लोगों के समान हैं। यह भी स्वाभाविक है कि पीआरसी में रहने वाले तिब्बतियों ने भी चीनी शासन के अधीन विकास किया है तथा अपने सामाजिक, शैक्षिक और स्वास्थ्य तथा आर्थिक स्तर को सुधारा है। फिर भी पीआरसी में रहने वाले तिब्बतियों का जीवन-स्तर बहुत नीचा है और तिब्बतियों के मानवाधिकारों का सम्मान नहीं किया जाता।

6. मूल समस्या को पहचानना

परम पवित्र दलाई लामा जी और निर्वासित नेतृत्व के अन्य सदस्यों की कोई व्यक्तिगत माँग नहीं है। परम पवित्र दलाई लामा की चिंता केवल तिब्बतियों के अधिकारों और कल्याण को लेकर है। इसलिए जिसका समाधान खोजा जाना आवश्यक है, जो मूलभूत समस्या है वह है वास्तविक स्वयत्तता का ईमानदारी से अनुपालन, जिससे कि तिब्बती अपनी मेधा और आवश्यकताओं के अनुसार अपना विकास कर सकें और स्वशासन चला सकें।

परम पवित्र दलाई लामा तिब्बतियों की ओर से बात करते हैं जिनके साथ उनके पूर्ण विश्वास पर आधारित ऐतिहासिक और गहरे संबन्ध है। वास्तव में दलाई लामा की तिब्बत वापसी के मुद्दे पर तिब्बती जिस तरह एकमत हैं वैसा शायद और किसी मुद्दे पर नहीं। इस बात पर विवाद नहीं किया जा सकता कि

परम पवित्र दलाई लामा जी वैध रूप से तिब्बतियों का प्रतिनिधित्व करते हैं और उनके द्वारा उन्हें अपना प्रतिनिधि और प्रवक्ता स्वीकार किया जाता है। केवल परम पवित्र दलाई लामा के साथ वार्ता करके ही तिब्बत समस्या का समाधान पाया जा सकता है। इस सच्चाई को पहचानना महत्त्वपूर्ण है।

इससे इस बात को बल मिलता है जिसे परम पवित्र दलाई लामा कई बार कहते हैं कि उनकी तिब्बत मुद्दे से प्रतिबद्धता किन्हीं व्यक्तिगत अधिकारों को पाने के लिए नहीं है या अपने लिए राजनीतिक पद पाने के लिए नहीं और न ही निर्वासित सरकार के दावे को पुष्ट करने का प्रयास है। एक बार यदि समझौता हो गया तो निर्वासित तिब्बती सरकार भंग कर दी जाएगी और तिब्बत में कार्यरत लोग तिब्बत का प्रशासन चलाने की मुख्य जिम्मेदारी सम्भालेंगे। परम पूज्य दलाई लामा ने अनेक अवसरों पर यह स्पष्ट किया है कि वह तिब्बत में कोई राजनीतिक पद नहीं सम्भालेंगे।

परम पावन दलाई लामा का सहयोग

परम पवित्र दलाई लामा ने ऊपर विवेचित विषयों पर यह प्रस्ताव किया है कि वे इस बात के लिए तैयार हैं कि वे चीन की केन्द्र सरकार के सभी सन्देहों और चिन्ताओं को दूर करने के लिए अपनी स्थिति और इरादों के विषयों में वक्तव्य देने को तैयार हैं।

इस प्रकार के वक्तव्य का संरूपण परम पूज्य दलाई लामा जी के प्रतिनिधियों और चीन की केन्द्रीय सरकार के प्रतिनिधियों के मध्य पर्याप्त विचार विमर्श के पश्चात तैयार किया जाना चाहिए जिसे चीन की केन्द्र सरकार की मूलभूत आवश्यकताओं के साथ-साथ तिब्बतियों की आवश्यकताओं को भी संतोष मिले।

यह भी महत्त्वपूर्ण है कि दोनों पक्ष किसी भी मुद्दे पर सीधे अपने समकक्षों से चर्चा करें न कि उस मुद्दे की आड़ में वार्ता की प्रक्रिया को बाधित करें जैसा कि अतीत में होता आया है।

परम पवित्र दलाई लामा जी इस विश्वास के साथ यह पहल कर रहे हैं कि यह संभव है कि जनवादी गणतंत्रीय चीन के संविधान में दिए स्वायत्तता विषयक सिद्धान्तों और तिब्बत के हितों के बीच कोई मध्य बिन्दु खोजा जा सकता है। इसी भावना के साथ परम पवित्र दलाई लामा जी की यह अपेक्षा और आशा है कि ज्ञापन और टिप्पणी द्वारा प्रस्तुत इस अवसर को पीआरसी के प्रतिनिधि वार्ताओं को और गम्भीर बनाने और गति देने के लिए प्रयोग करेंगे ताकि पारस्परिक समझदारी विकसित हो सके।

नोट्स

भूमिका

12 *इस दस्तावेज का प्रारम्भ इस कथन से होता है: 1951 से तिब्बत : स्वतंत्रता, विकास और सम्पन्नता* (The State Council Information Office of the People's Republic of China, May 2021), 3-4. http://english.www.gov.cn/archiv/whitepaper/202105/21/content_WS60a724e7c6d0df57f98d9da2.html.

13 *अनेक प्रस्ताव पारित किए गए हैं: तिब्बत पर पारित किये गए महत्त्वपूर्ण प्रस्तावों के लिए, देखें* https://tibet.net/international-resolutions-and -recognitions-on-tibet-1959-to-2021/.

अध्याय 1 : आक्रमण और हमारे नये मालिक

18 *सेवा में महासचिव*: Full text in Dalai Lama, My Land and My People (New York: Grand Central Publishing, 1997), appendix II. चीन की तिब्बत में घुसपैठ पर प्रतिक्रया देते हुए, 7 दिसंबर, 1950 को प्रधानमंत्री जवाहरलाल नेहरू ने संसद में जिसमें उन्होंने बयान दिया, "जबकि तिब्बत चीन की तरह नहीं है, इसलिए अंततः तिब्बत की जनता की इच्छा को प्रधानता दी जानी चाहिए।"

23 *भोजन की खोज में भटकते हुए:* यह बयान एडगर स्नो की किताब Red Star Over China में रिपोर्ट की गई है (New York: Random House, 1938), 193.

अध्याय 3 : भारत की यात्रा

34 *वहाँ उन्होंने मठ पर बम बरसाए: लिथांग मठ पर मार्च 1956 में हुई बमबारी और पूर्वी तिब्बत के अन्य भागों में हुए तिब्बतियों के जनसंहार के विस्तृत विवरण के लिए देखें-* Jianglin Li, *When the Iron Bird Flies: China's Secret War in Tibet* (California: Stanford University Press, 2022), विशेष रूप से chapters 3-6.

35 *प्रत्येक श्रद्धालु बौद्ध, बोध गया को :* Dalai Lama, *My Land and My People* (New York: Grand Central Publishing, 1997), 121.

35 *मैंने स्वतंत्र भारत द्वारा अशोक के धर्म चक्र को: दलाई लामा के अभिभाषण का पूरे अंग्रेजी पाठ यहाँ उपलब्ध है*-W. D. Shakabpa, *Tibet: A Political History* (New Haven: Yale University Press, 1967), 329-31.

37 *भारत की यात्रा में झाऊ:* Jianglin Li's *Agony in Tibet: Lhasa 1959, trans. Su-san* Wilf (Cambridge: Harvard University Press, 2016), chap. दूसरे अध्याय में भारत की 1956 की यात्रा के दौरान दलाई लामा की झाऊ से मुलाकातों और झाऊ की नेहरू से मुलाकातों का विस्तृत ब्यौरा है।

39 *झाऊ ने नेहरू को यह प्रलोभन भी दिया था: यह बात नेहरू ने भी सत्यापित की है, देखें- Selected Works of Jawaharlal Nehru,* series 2, vol. 36 (New Delhi: Jawaharlal Memorial Fund, 2005), 600.

अध्याय 4 : घर से पलायन

42 *परन्तु बुद्ध का अनुयायी और गांधी के: दलाई लामा का इंकार यहाँ दर्ज किया गया है-* John Kenneth Knaus, *Orphans of the Cold War: America and the Tibetan Struggle for Survival* (New York: Public Affairs, 1999), 141.

47 *अतीत में हजारों वर्ष से: इस उद्घोषणा का अंग्रेजी अनुवाद और साथ ही तिब्बती शब्दों का लिप्यन्तरण यहाँ देखा जा सकता है-* Melvyn C. Goldstein, *A History of Modern Tibet,* vol. 4, *In the Eye of the Storm* (Berkeley: University of California, 2019), 473, appendix B.

48 *एशिया में साम्यवाद के फैलाव को रोकने की योजना :* यह तिब्बती जन प्रतिरोध बाद में पुनर्गठित हुआ और मस्तांग, नेपाल में इसका आधार क्षेत्र बना. वस्तुतः यह दलाई लामा का रेकॉर्डेड सन्देश था जिसमें तिब्बती विद्रोहियों से हथियार छोड़ने का अनुरोध किया गया था, दलाई लामा के बहनोई और प्रमुख सुरक्षा अधिकारी फुंसोक ताशी ताक्ला के नेतृत्व में आये धर्मशाला के एक प्रतिनिधिमंडल के सदस्य इसे लेकर आये थे. तिब्बत और विशेषकर तिब्बत के विद्रोही लड़ाकों को अमेरिका की मदद के विस्तृत विवरण के लिए देखें- Knaus, *Orphans of the Cold War* (New York: Public Affairs, 1999).

अध्याय 5 : एक भू-राजनीतिक चिंतन

50 *एक प्राचीन ग्रंथ में लिखा है कि "यह राजा :* The Old Tibetan Chronicle, Pelliot Tibétain MS 1286; English translation of the excerpts from Matthew T. Kapstein, *The Tibetans* (Oxford: Blackwell, 2006), 35.

54 *"मैं अब लगभग अठावन वर्ष का हो चुका हूँ: संक्षिप्त विवरण के अंग्रेजी अनुवाद के लिए देखें* -Glenn H. Mullin, *The Fourteen Dalai Lamas: A Sacred Legacy of Reincarnation* (Santa Fe: Clear Light Publishers, 2001), 437-39.

57 *चीन का विस्तार हमारे बाहरी दरवाजे तक हो गया है: प्रधानमंत्री जवाहलाल नेहरू को लिखे सरदार पटेल के पत्र यहाँ देखे जा सकते हैं-Indian Leaders on Tibet*, 5-11. https://tibet.net/indian-leaders-on-Tibet/.

59 *अंत में इतना ही कि लापरवाही से, मशीनी और केवल व्यापारिक:* तिब्बत क्यों मायने रखता है, खातौर से एक पर्यावरणीय दृष्टिकोण से, कम्युनिस्ट चीन के द्वारा तिब्बत के पर्यावरण के विनाश

पर देखें - Michael Buckley, *Meltdown in Tibet: China's Reckless Destruction of Ecosystems from the Highlands of Tibet to the Delta of Asia* (New York: Palgrave Macmillan, 2014).

60 *एक जाने माने चीनी पर्यावरणविद, जिसने : निम्न स्थान पर उल्लेख मिलता है*- He Huaihong, *Social Ethics in a Changing China: Moral Decay or Ethical Awakening?* (Washing-ton, DC: Brooking Institution Press, 2015).

अध्याय 6 : घर में विध्वंस और निर्वासन में पुनर्निमाण

62 *मैंने अपनी बात समाप्त करते हुए कहा कि : दलाई लामा के पहले प्रेस वक्तव्य के पूरे पाठ के लिए देखें*-Facts *About the 17-Point "Agreement" Between Tibet and China* (Dharamsala: Department of Information and International Relations, 2022), 110-13, https://tibet.net/facts-about-17-point-agreement -between-tihet-and-china-2001/.

63 *कोई भी नहीं चाहता कि भारत तिब्बत के लिए चीन से युद्ध करे: इस बयान के सम्पूर्ण पाठ के लिए देखें*-*Indian Leaders on Tibet,* 18-19. https://tibet.net/indian-leaders-on-Tibet/.

64 *यदि किसी सन्धि को एक पक्ष निरस्त कर देता है तो :इस प्रेस वक्तव्य का पूरा पाठ यहाँ मौजूद है*-Facts About the 17-Point *"Agreement,"* 114-17. https://tibet.net/facts-about -17-point-agreement-between-tibet-and-china-2001/.

64 *हमने शरणार्थियों के विवरणों से जो कुछ जाना था : न्यायविदों का अंतरराष्ट्रीय कमीशन-The Question of Ti-bet and the Rule of Law* (Geneva: International Commission of Jurists, 1959), iv, 17, 18, 68.

64 *न्यायविदों के अन्तरराष्ट्रीय कमीशन की दूसरी रिपोर्ट* : न्यायविदों का अंतरराष्ट्रीय कमीशन- *Tibet and the Chinese People's Republic: A Report to the International Commission of Jurists by Its Legal Inquiry Committee on Tibet* (Geneva: International Commission of Jurists, 1960), 13.

65 *इस प्रकार सितम्बर माह में दिल्ली से : संयुक्त राष्ट्र सचिव को लिखे गए पत्र का सम्पूर्ण पाठ यहाँ देखा जा सकता है* - in Dalai Lama, *My Land and My People* (New York: Grand Central Publishing, 1997), 218-20.

65 *21 अक्तूबर, 1959 को संयुक्त राष्ट्र संघ की महासभा ने* : इसके और संयुक्त राष्ट्र द्वारा समय समय पर तिब्बत के विषय में पारित प्रस्तावों के लिए देखें- Central Tibetan Administration, *International Resolutions and Recognitions on Tibet (1959 to 2021)*, 6th ed. (Dharamsala: Department of Information and International Relations, 2021).

65 *राज्य सचिव क्रिश्चियन ए. हर्टर की ओर से दो पत्र प्राप्त हुए: अक्टूबर 1960 में सेक्रेटरी ऑफ़ स्टेट के द्वारा दलाई लामा को लिखे गए पत्रों के सम्पूर्ण पाठ यहाँ देखे जा सकते हैं*-https://history.state.gov/historicaldocuments/frus1958-60v19/d402.

67 *'एकता की महान शपथ' (ना-गन थुनमोचे) ली गई* : इस महान शपथ का अंग्रेजी अनुवाद और मूल तिब्बती पाठ यहाँ उपलब्ध है-Lodi Gyaltsen Gyari, *The Dalai Lama's Special Envoy: Memoirs of a Lifetime in Pursuit of a Reunited Tibet* (New York: Columbia University Press, 2022), appendix A.

69 *इस मसौदे में धारा 36, उपधारा (ई) के अधीन: 10 मार्च, 1936 को घोषित तिब्बत के संविधान का सम्पूर्ण पाठ यहाँ उपलब्ध है-* https://www.tibetjustice.org/materials/tibet/tibet2.html.

69 *पिछले वर्षों में इस संविधान में कई परिवर्तन :* 1991 में दलाई लामा की अर्ध सेवानिवृत्ति और राजनैतिक शक्तियों के सम्पूर्ण परित्याग के मद्देनज़र इस दस्तावेज़ को संशोधित किया गया और इस संशोधित दस्तावेज़ का सम्पूर्ण पाठ यहाँ उपलब्ध है- https://tibet.net/about-cta/constitution.

71 *अनेक भूलों और गलतियों के कारण... : इंग्लैड में तिब्बत सूचना नेटवर्क(TIN) इस लम्बी याचिका की एक प्रति प्राप्त कर सका, जिसका अंग्रेजी अनुवाद इस शीर्षक से प्रकाशित हुआ- A Poisoned Arrow: The Secret Report of the 10th Panchen Lama* (London: Tibetan Information Network, 1997), 113-14.

72 *एक बार किसी कौम की भाषा, वेशभूषा, रीति-रिवाज : Poisoned Arrow, 69.*

72 *प्रजातांत्रिक सुधारों से पूर्व तिब्बत में 2500 से अधिक :Poisoned Arrow, 52.*

73 *विशेष रूप से मार्च 1987 में बीजिंग में आयोजित : 1987 में बीजिंग में पीपल्स कांग्रेस के दौरान तिब्बत स्वायत्तशासी क्षेत्र की स्टैंडिंग कमेटी में पंचेन लामा के भाषण के सम्पूर्ण पाठ का अंग्रेजी अनुवाद केन्द्रीय तिब्बती समिति के पास यहाँ उपलब्ध है- The Panchen Lama Speaks* (Dharamsala: Department of Information and International Relations, 1991),

73 *मुक्ति के पश्चात निश्चय ही विकास हुआ है परन्तु : जैसा कि चाइना डेली द्वारा 25 जनवरी को रिपोर्ट किया गया और इसाबेल हिल्टन ने उद्धृत किया- The Search for the Panchen Lama* (London: Viking, 1999).

76 *मुझे बताया गया कि उनके अनुसार तिब्बत में चीन की उपस्थिति : सचिव श्लेसिंगर का मूल बयान यहाँ उद्धृत है* - Warren Smith, *Tibetan Nation* (Boulder: West-view Press, 1996), 560n58.

अध्याय 7 : बातचीत के लिए संदेश

77 *यदि तिब्बत के साठ लाख तिब्बती पहले से कहीं अधिक : बयान का सम्पूर्ण पाठ यहाँ उपलब्ध है -* https://www.dalailama.com/messages/tibet/10th-march -archive/1978.

78 *परन्तु स्वतंत्रता से इतर किसी भी मुद्दे पर :अपने संस्मरण में दलाई लामा के भाई, डेंग जियाओपिंग के साथ अपनी पहली बैठक का विस्तृत विवरण उपलब्ध कराते हैं-* Gyalo Thondup and Anne F. Thurston, *The Noodle Maker of Kalimpong* (New York: Public Affairs, 2015), 258-62.

83 *यदि तिब्बतियों की पहचान की सचमुच रक्षा की जाती है और वे: डेंग जियाओपिंग को लिखे दलाई लामा के पत्र का सम्पूर्ण पाठ यहाँ उपलब्ध है-* https://tihet.net/important-issues /sino-tibetan-dialogue/important-statements-of-his-holiness-the-dalai -lama/his-holiness-letter-to-deng-xiaoping/.

85 *और अब जो अधिक प्रासंगिक है वह यह है कि भविष्य में हम : 10 मार्च, 1981 के इस बयान का सम्पूर्ण पाठ यहाँ देखा जा सकता है -* https://www.dalailama.com/messages / tibet/10th-march-archive/1981.

अध्याय 8 : अपने चौथे शरणस्थल से सम्पर्क

88 *उन्होंने सीधी बातचीत को समर्थन देते हुए चीन को लिखा :* Point 14 of Sec. 1243 of Foreign Relations Authorization Act, Fiscal Years 1988 and 1989, H.R. 1777, 100th Cong. (1987) (enacted).

89 *विश्व अधिकाधिक परस्पर निर्भर होता जा रहा है: अमेरिकी कांग्रेस की मानवाधिकार समिति के सम्मुख, दलाई लामा के द्वारा प्रस्तुत पाँच सूत्रीय शान्ति योजना का पूरा पाठ यहाँ उपलब्ध है-* https://www.dalailama.com/messages/tibet/five-point-peace-plan.

91 *संपूर्ण तिब्बत, जिसे चोलका-सुम : स्ट्रासबर्ग प्रस्ताव का सम्पूर्ण पाठ यहाँ उपलब्ध है-* https://www.dalailama.com/messages/tibet/strasbourg -proposal-1988.

94 *मेरी इस स्पष्ट घोषणा के पश्चात् भी कि हम: नई दिल्ली के चीनी दूतावास का प्रेस वक्तव्य, जैसा वह यहाँ उपलब्ध है- News from China,* no. 40 (September 28, 1990), is cited in Dawa Norbu, "China's Dialogue with the Dalai Lama 1978-90: Prenegotiation Stage or Dead End?," *Public Affairs* 64, no. 3 (Autumn 1991): 351-72.

98 *मैं इस पुरस्कार को कहीं भी रहने वाले दमित लोगों की ओर से: नोबल शान्ति पुरस्कार समारोह में दलाई लामा का औपचारिक पुरस्कार स्वीकार वक्तव्य, यहाँ उपलब्ध-* https://www.nobelprize.org/prizes/peace/1989/lama/acceptance-speech/#:-:text=1%20accept%20the%20prize%20with,life%20taught%20and%20inspired%20me.

अध्याय 9 : तियानानमेन के पश्चात

103 *कांग्रेस यह मानती है कि तिब्बत, जिसमें वे सब क्षेत्र: रिजोल्यूशन को मुकम्मल रूप से यहाँ देखा जा सकता है-* https://www.congress.gov/bill/102nd-congress/house-concurrent -resolution/145/text.

104 *इसके गठन के काल से ही यहाँ पर नियुक्त हर: 12 जुलाई, 2024 को राष्ट्रपति जो बिडेन चीनी तिब्बती विवाद ऐक्ट के रिजोल्यूशन पर हस्ताक्षर किया। जिसमें कहा गया, "तिब्बत के खिलाफ़ चीनी सरकार* On July 12, 2024, President Joe Biden signed into law the Promotion of a Resolution to the Tiber-China Dispute Act, which states "अमेरिकी सरकार के बयान और दस्तावेज, आवश्यकता अनुसार, चीन की सरकार और चीनी कम्युनिस्ट पार्टी द्वारा तिब्बत के बारे में फैलाई जा रही गलत जानकारी का खंडन करें, जिसमें तिब्बत के इतिहास और संस्थाओं से संबंधित दुष्प्रचार भी शामिल हो।" https://www.congress.gov/bill/118th-congress/senate-bill/138.

104 *किस प्रकार से, कुछ ही वर्षों में विश्व नाटकीय ढंग से बदल गया है* इस भाषण का पूरा पाठ निम्नलिखित स्थान पर उपलब्ध है.. https://tibet.net/important-issues/sino-tibetan-dialogue/important-statements-of-his-holiness-the-dalai-lama/embracing-the-enemy/.

106 *यदि चीन चाहता है कि तिब्बत चीन के साथ रहे तो: दलाई लामा द्वारा जियांग जेमिन को भेजे गए पत्र के साथ संलग्न इस विस्तृत टिप्पणी का पूरा पाठ परिशिष्ट 'ग' में प्रस्तुत किया गया है और इसे निम्न स्थान पर भी देखा जा सकता है...* https://tibet.net/important-issues/sino-tibetan-dialogue/important-statements-of-his-holiness-the-dalai-lama/note-accompanying-his-holiness-letters to deng-xiaoping-and-jiang -zemin-dated-september-11-1992/

107 *इस दस्तावेज में तिब्बत की आज़ादी के विरुद्ध अनेक तर्क प्रस्तुत किए गए :* https://en.humanrights.cn/1992/09/30/ 9ed6ff95f0ce4c2099928 hafef562f98.html.

108 *उदाहरण के लिए एक आधिकारिक वक्तव्य में कहा गया: अंग्रेज़ी अनुवाद, जैसा कि रॉबर्ट बार्नेट (संपादक) द्वारा उद्धृत किया गया है... Cutting Off the Serpent's Head: Tightening Control in Tibet, 1994 1995* (London: Human Rights Watch, Tibet Information Network, 1996), 32.

108 *इसी दस्तावेज में मठवासियों को ज़ोर देकर कहा गया कि:* Barnett, *Cutting Off the Serpent's Head, 33.*

108 *जातीय शिक्षा को सफल नहीं माना जा सकता:* Barnett, *Cutting Off the Serpent's Head, 42.*

अध्याय 10 : अभ्यास, जो पीड़ा में मेरे मददगार बने

110 *कोई भी आन्दोलन जिसकी नींव घृणा पर रखी गई है, कितने भी: 10 मार्च के इस बयान का पूरा पाठ निम्न स्थान पर उपलब्ध है...* https://www.dalailama.com/messages/tibet/10th -march-archive/1976.

अध्याय 11 : सहस्राब्दि का अंत होते होते

122 *तिब्बत के लिए आज़ादी की माँग किए बिना: इस वक्तव्य को मुकम्मल तौर पर यहाँ पाया जा सकता है-* https://tibet.net/important-issues/sino-tibetan-dialogue/the -middle-way-approach-a-framework-for-resolving-the-issue-of-tibet-2/.

123 *इस दस्तावेज के अन्त में कहा गया था- "निर्वासित दलाई लामा ने :* http://un.china-mission .gov.cn/eng/gyzg/bp/199802/119980201_8410934.htm.

123 *यदि दलाई लामा यह घोषित करें कि तिब्बत चीन का अभिन्न अंग है : इस प्रेस कान्फ्रेंस के बातों को समग्र रूप से यहाँ देख सकते हैं-* https://china.usc.edu/presidentclinton-and-president-jiang-zemin-%E6%B1%9F% E6 %B3%BD%E6%B0%91-news-conference-beijing-1998.

अध्याय 12 : वार्ताओं की अन्तिम शृंखला

128 *18 मार्च 2008 में तिब्बत स्थित साम्यवादी दल के नेता ने कहा: यह क्रिस्टोफर बोडीन की रिपोर्ट में प्रकाशित हुआ था-* "Dalai Lama 'a Wolf in Monk's robes': China," *Toronts Star,* March 19, 2008, citing the *Tibet Daily newspaper.*

129 *'कांग्रेसनल गोल्ड मेडल' सेरेमनी के अवसर पर बोलने के लिए आमन्त्रित किया गया: दलाई लामा का इस समारोह में दिया गया पूरा भाषण यहाँ पर उपलब्ध है-* https://www.dalailama.com/messages/acceptance-speeches/u-s-congressional-gold-medal/congressional-gold-medal.

130 *मैंने जोर देकर कहा कि चीनी और तिब्बती लोग, महायानी बौद्ध धर्म की साझी आध्यात्मिक विरासत: दलाई लामा के इन अपीलों के पूरे पाठ निम्न स्थान पर उपलब्ध हैं...*https://www.dalailama.com/messages/tibet.

131 *यद्यपि इस विषय में हमारी स्थिति वर्षों से स्पष्ट थी:* 'तिब्बती लोगों के लिए वास्तविक स्वायत्तता पर यह ज्ञापन' का पूरा पाठ परिशिष्ट-घ में सम्मिलित है और इसे यहाँ भी पाया जा सकता है... https://tibet.net/important-issues/sino-tibetan -dialogue/memorandum-on-geniune-autonomy-for-the-tibetan people/.

132 *आलोचना की यही विधि 2009 में जारी श्वेत पत्र में भी अपनाई गई: पूरा पाठ यहाँ पर उपलब्ध है..* http://un.china-mission.gov.cn/eng/gyzg/xizang/200903 /t20090303 8410897.htm.

133 *ऐसे कुतर्कपूर्ण और अत्यधिक नकारात्मक प्रतिक्रिया के समक्ष मैं अपनी निराशा को:* दलाई लामा के यूरोपीय संसद के पूर्ण सत्र को संबोधित करने वाले भाषण का पूरा पाठ निम्न स्थान पर उपलब्ध है https://tibet.net/address-to-the-plenary-session-of -the-european-parliament/.

133 *हमारे प्रस्तावों पर तुरन्त और जानबूझकर किए गए हमलों के होते हुए भी:* इस ज्ञापन पर नोट का पूरा पाठ परिशिष्ट ई में प्रस्तुत किया गया है और इसे निम्नलिखित स्थान पर भी पाया जा सकता है https://tibet.net/important-issues/sino-tibetan-dialogue/note-on-the -memorandum-on-genuine-autonomy-for-the-tibetan-people/.

133 *19 मार्च, 2011 को, जब मैं 75 वर्ष का हुआ:* दलाई लामा के सेवानिवृत्ति पर दिए गए भाषण का पूरा पाठ निम्न स्थान पर उपलब्ध है https://www.dalailama.com /messages/retirement-and-reincarnation/retirement-remarks.

अध्याय 13 : लेखा जोखा

138 *स्पष्ट प्रतिक्रिया 2013 में चीन द्वारा प्रकाशित श्वेत-पत्र में आयी:* https://www.chinadaily.com.cn/kindle/2013 -10/23/content 17052580.htm

अध्याय 14 : मुझे क्या आशान्वित करता है

147 *मैंने कहा कि बीजिंग सरकार तिब्बत में स्थिरता पर जोर देती है परन्तु:* दलाई लामा के साथ इस लाइव इंटरनेट प्रश्नोत्तर का पूरा अंग्रेज़ी अनुवाद इस स्थान पर उपलब्ध है https://www.nybooks.com/online/2010/05/24/talking-about-tibet printpage=true.

अध्याय 15 : वर्तमान स्थिति और भविष्य का मार्ग

150 *चिंताजनक समाचार कुछ स्रोतों से यह भी आ रहे हैं कि:* उनमें से एक यह भी है- https://www.ohchr.org/en/press-releases/2023/02/china-un-experts-alarmed-separation-1-million-tibetan -children-families-and.

154 *2011 में विशेष रूप से, तिब्बत की सभी धार्मिक परम्पराओं:*इस बयान का पूरा पाठ निम्न स्थान पर उपलब्ध हैhttps://www.dalailama.com/news/2011/statement-of-his-holiness-the-fourteenth-dalai-lama-tenzin-gyatso-on-the-issue-of-his-reincarnation.

अध्याय 16 : अपील

161 *जिन संतों ने सदियों तक की है सतत साधना:* ये श्लोक शांतिदेव की 'बोधिचर्यावतार' से लिए गए हैं- *(A Guide to the Bodhisattva Way)*, 1.7-8, 3.17, 21-22, and 10:55. अंग्रेजी में अनुवाद अंग्रेजी पुस्तक के संपादक ने किया था, हिन्दी में हिन्दी के अनुवादक ने .

परिशिष्ट (क) : तिब्बत एक सिंहावलोकन

164 *तिब्बत और चीन उन्हीं सीमाओं में रहेंगे जहाँ वे आज हैं:* इस अंग्रेज़ी अनुवाद का स्रोत एच. ई. रिचर्डसन हैं-"The Sino-Tibetan Treaty Inscription of AD 821-823 at Lhasa," *Journal of the Royal Asiatic Society 2* (1978): 153-54.

168 *उन्होंने बताया कि वह अपने अनेक वर्ष के शोधकार्य पर एक पुस्तक लिखने जा रहे हैं:* हांग-कांग यूनिवर्सिटी में होन-शियांग लाउ चेयर प्रोफेसर थे, और उनकी चीनी भाषा में लिखी गई पुस्तक का

शीर्षक है *Tibet Was Never Part of China Since Antiquity,* बाद में ताइवान से प्रकाशित हुई 2019.

परिशिष्ट (घ) : तिब्बतियों के लिए वास्तविक स्वायत्तता का ज्ञापन

197 *'तिब्बती लोगों के लिए वास्तविक स्वायत्तता पर ज्ञापन' दलाई लामा के प्रतिनिधिमंडल द्वारा 31 अक्टूबर 2008 को उनके चीनी समकक्षों को प्रस्तुत किया गया था। यह संवाद 2002 से 2010 के बीच आयोजित औपचारिक वार्ताओं के दूसरे चरण के आठवें दौर के दौरान हुआ। इसका अंग्रेज़ी अनुवाद निम्न स्थान पर उपलब्ध है* https://tibet.net/important-issues/sino- tibetan -dialogue/memorandum-on-geniune-autonomy-for-the-tibetan-people/.

परिशिष्ट (ङ) : "तिब्बतियों के लिए वास्तविक स्वायत्तता के ज्ञापन पर" टिप्पणी

215 *'तिब्बती लोगों के लिए वास्तविक स्वायत्तता पर ज्ञापन' पर एक टिप्पणी: यह टिप्पणी परम पावन दलाई लामा के दूतों द्वारा बीजिंग में आयोजित संवाद के नौवें दौर के दौरान औपचारिक रूप से उनके चीनी समकक्षों को प्रस्तुत की गई थी। इसका अंग्रेजी अनुवाद यहाँ देखा जा सकता है-* https://tibet.net/important-issues/sino-tibetan-dialogue /note-on-the-memorandum-on-genuine-autonomy-for-the-tibetan-people/.

संदर्भ ग्रन्थ

A Poisoned Arrows: The Secret Report of the 10th Panchen Lama. London: Tibetan Information Network, 1997.

Avedon, John F. *In Exile from the Land of Snous,* New York: Vintage Books, 1986.

Barnett, Robert, ed. *Cutting Off the Serpent's Head.* London: Human Rights Watch, Tibet Information Network, 1996.

Barnett, Robert, and Shirin Akiner, eds. *Resistance and Reform in Tibet.* London: C. Hearst & Co., 1994.

Brook, Timothy, Michael van Walt van Praag, and Miek Boltjes, eds. *Sacred Mandates: Asian International Relations Since Chinggis Khan.* Chicago: University of Chicago Press, 2018.

Buckley, Michael. *Meltdown in Tibet: China's Reckless Destruction of Ecosystems from the Highlands of Tibet to the Delta of Asia.* New York: Palgrave Macmillan, 2014.

Dalai Lama, the. *Freedom in Exile. London:* Hodder & Stoughton, 1990. Dalai Lama, the. *My Land and My People.* New York: Grand Central, 1997; first published in 1962 by Weidenfield & Nicolson.

Franke, Herbert. "Tibetans in Yuan China." In *China Under Mongol Rule,* edited by John D. Langlois, Princeton: Princeton University Press, 1981. Goldstein, Melvyn C. A History of Modern Tibet. Vol. 1, The Demise of Lamaist

State, 1913-1951. Berkeley: University of California Press, 1989, Goldstein, Melvyn C. *A History of Modern Tibet.* Vol. 4, *In the Eye of the Storm: 1957-1959.* Berkeley: University of California Press, 2019.

Gyari, Lodi Gyaltsen. *The Dalai Lama's Special Envoy: Memoirs of a Lifetime in Pursuit of a Reunited Tibet.* New York: Columbia University Press, 2022.

International Commission of Jurists. *The Question of Tibet and the Rule of Law.*

Geneva: International Commission of Jurists, 1959.

International Commission of Jurists. Tibet and the Chinese People's Republic:

A Report to the International Commission of Jurists by Its Legal Inquiry Committee on Tibet, Geneva: International Commission of Jurists, 1960.

Knaus, John Kenneth. *Orphans of the Cold War: America and the Tibetan Struggle for Survival.* New York: Public Affairs, 1999.

Laird, Thomas, with the Dalai Lama. *The Story of Tibet: Conversations with the Dalai Lama*. New York: Atlantic Books, 2006.

Li, Jianglin. *Agony in Tibet: Lbasa 1959.* Translated by Susan Wilf. Cambridge:

Harvard University Press, 2016.

Li, Jianglin. *When the Iron Bird Flies: China's Secret War in Tibet.* Translated by Stacy Masher. California: Stanford University Press, 2022.

McCorquodale, Robert, and Nicholas Orosz, eds. *Tibet: The Position in International Law.* Report of the Conference of International Lawyers on Issues Relating to Self-Determination and Independence for Tibet. London: Serindia, 1994,

Schwartz, Ronald D. *Circle of Protest: Political Ritual in the Tibetan Uprising, 1987-1992*. New York: Columbia University Press, 1995.

Shakabpa, W. D. *Tibet: A Political History.* New Haven: Yale University Press, 1967. Reprinted by Potala Publications in 1984.

Shakya, Tsering. *The Dragon in the Land of Snous.* London: Pimlico, 1999, Smith, Warren. *Tibetan Nation*. Boulder: Westview Press, 1996.

Thondup, Gyalo, and Anne F. Thurston. *The Noodle Maker of Kalimpong.* New York: Public Affairs, 2015.

van Schaik, Sam. Tibet: A History, New Haven : Yale University Press, 2011.

van Walt van Praag, Michael C. The Status of Tibet: History, Rights, and Prospects in International Law, Boulder: Westview Press, 1987.

van Walt van Praag, Michael C., and Miek Boltjes. *Tibet Brief 20/20.* Outskirts Press, 2020.

Woeser, Tsering. *Tibet on Fire: Self-Immolations Against Chinese Rule.* Translated by Kevin Carrico. New York: Verso, 2016.